U0897043

课题资助：

（1）2015 年韶关学院教学质量与教学改革工程项目“韶关市城管局公共管理实践教学基地”（编号：402—230079020101）；

（2）2016 年广东省教学质量与教学改革工程项目“韶关市城管局公共管理实践教学基地”（编号：402-230079020102）；

（3）2017 年韶关学院校级重点科研项目“走向善治：城管综合行政执法研究”（编号：SZ2017SK04）；

（4）2018 年韶关市社科规划项目“走向善治：城管综合行政执法研究”（编号：Z2018013）。

CHENGGUAN ZONGHE ZHIFA LILUN
YU SHIJIAN YANJIU

城管综合执法理论与实践研究

梅献中◎著

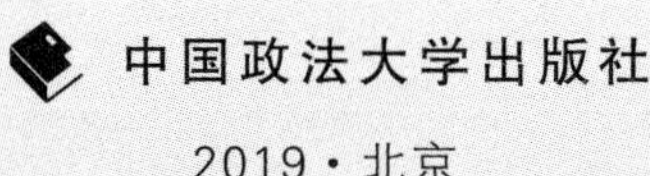

中国政法大学出版社

2019·北京

图书在版编目（CIP）数据

城管综合执法理论与实践研究/梅献中著.—北京:中国政法大学出版社,
2019.11
ISBN 978-7-5620-9290-2

Ⅰ.①城… Ⅱ.①梅… Ⅲ. ①城市管理－行政执法－研究－中国
Ⅳ.①D922.297.4

中国版本图书馆 CIP 数据核字(2019)第 248788 号

出 版 者　中国政法大学出版社
地　　址　北京市海淀区西土城路 25 号
邮寄地址　北京 100088 信箱 8034 分箱　邮编 100088
网　　址　http://www.cuplpress.com（网络实名：中国政法大学出版社）
电　　话　010-58908586（编辑部）58908334（邮购部）
编辑邮箱　zhengfadch@126.com
承　　印　固安华明印业有限公司
开　　本　880mm×1230mm　1/32
印　　张　11
字　　数　270 千字
版　　次　2019 年 11 月第 1 版
印　　次　2019 年 11 月第 1 次印刷
定　　价　56.00 元

前　言
PREFACE

城市是经济、社会和文化发展的重要载体，是人类文明进步的象征。良好的城市管理是充分发挥城市载体功能的重要支撑，是城市化进程和建设现代化城市的重要保障，搞好城市管理是政府的重要职责和永恒命题。改革开放以来，我国城镇化发展迅速。2002 年至 2011 年，我国城镇化率以平均每年 1.35 个百分点的速度发展，城镇人口平均每年增长 2096 万人。2018 年 3 月 5 日，李克强总理在第十三届全国人民代表大会第一次会议上作的《政府工作报告》中指出，在过去五年里，我国城镇化率从 52.6%提高到 58.5%，8000 多万农业转移人口成为城镇居民。2012 年，由世界银行和中国国务院发展研究中心联合完成的中国展望报告——《2030 年的中国：建设现代、和谐、有创造力的高收入社会》中指出："中国的城市化……在未来也将快速发展……到 2030 年，城市居民占总人数比重将从 1/2 上升到 2/3。这又会成为中国经济增长的推动力……"

20 世纪 90 年代以来，我国实行市场经济制度，随着经济的快速发展，城市化进程快速推进，人口流动性增强，城市问题的多样性、复杂性和综合性显现，城市管理工作日益受到重视。目前，中国仍处于高速经济发展、高速城市化的进程中，仍处于经济体制改革转轨的过程中，仍处于对内对外更大范围、更深程度的开放中，不可避免地会带来大规模的人口流动，形成新的城市化问题，不可避免地会引发城市管理的新课题、新任务。进入21世纪，面对我国城市化建设的新形势、新任务和新要求，我国的城市管理体制还存在很多缺陷，在一定程度上影响了我国城市化水平的提高。

以习近平总书记为核心的党中央高度重视城市管理工作，提出城市管理“要像绣花一样精细”的思想。党的十八届三中全会提出了“深化行政执法体制改革，理顺城管执法体制，提高执法和服务水平”的要求，并将加强城市管理与行政执法工作写入《中共中央关于全面深化改革若干重大问题的决定》之中。2015年12月发布的《中共中央、国务院关于深入推进城市执法体制改革改进城市管理工作的指导意见》，提出了我国城市管理综合执法下一步的改革指导思想，即牢固树立创新、协调、绿色、开放、共享的发展理念，以城市管理现代化为指向，以理顺体制机制为途径，将城市管理执法体制改革作为推进城市发展方式转变的重要手段，与简政放权、放管结合、转变政府职能、规范行政权力运行等有机结合，构建权责明晰、服务为先、管理优化、执法规范、安全有序的城市管理体制，推动城市管理走向城市治理，促进城市运行高效有序，实现城市让生活更美好。这为新时期我国的城市管理与行政执法工作指明了方向。

近年来，为做好城市管理与行政执法工作，我们不断实行综合执法体制改革，实施相对集中行政处罚权，产生了积极的效果。城市管理综合执法是将以往各专业化的城市管理队伍在执法中所暴露出来的矛盾和问题，通过行政、法律等手段进行有机整合，组建成新的执法力量，形成执法合力，在一定程度上解决了重复执法、多头执法、执法扯皮、相互推诿等问题，提高了执法效率。但是，综合执法毕竟跨越了多个部门的职责权限，涉及多个领域的管理规范和执法依据，如果不能科学合理地完善立法、设置机构、配置职权、优化管理，不能严格规范文明公正执法，多个部门职责的“物理组合”能否产生积极的“化学反应”，是否都很好地解决了在以往城市管理中出现的问题，是非常值得研究的课题。本书认为，要实现城市管理综合执法的良性运行，需要完善对综合执法的立法保障，加强综合执法的体制机制建设，提高城管执法人员的业务素质，同时提供足够的物质和技术保障。

本书通过全新的视角、全新的素材、全新的观点，对我国的城市管理与行政执法问题进行了深入的探讨，既在理论上拓展了对城管综合执法研究的领域和认识，也对实务部门提供了有益的参考意见和工作思路。本书首先从我国城市化快速发展的现实国情谈起，分析了加强城市管理综合行政执法的重要性、必要性，介绍了城管综合执法体制产生的由来与利弊，对城管综合执法的一项标志性权力，即相对集中行政处罚权进行了详细的分析论证，提出了完善该项权力实施的对策建议。同时，该书立足于当前中共中央、国务院加强我国城市管理的最新政策，借鉴学术界最新的研究成果，对加强和改进城管综合执法工作提出了许多新思考、新论断，尤其对住房和城乡建设部提出的“721 工作法”进行了专章论述。另外，本书不回避公众高度关注、反响强烈的城管执法负面新闻和最新动态，对城管打人、城管换装、群众围观拍照等现象也进行了深度探讨，做了详实的案例分析，见解发人深省，读来令人耳目一新。

CONTENTS 目 录

CHAPTER 1

第一章 城市与城市管理

第一节　城市是什么

一、城市的概念

城市，是以工商业和非农业人口集聚形成的较大居民点。在汉语里，城市是“城”与“市”的组合词。“城”主要是指为了防卫，并且用城墙等围起来的特定空间。城以墙为界，有内城、外城的区别，内城叫“城”，外城叫“郭”。而“市”则是指进行交易的场所，“日中为市”。《管子·度地》中说：“内为之城，城外为之郭。”唐代大诗人李白《送友人》一诗中，那句脍炙人口的“青山横北郭，白水绕东城”，也道出了“城”与“郭”的区别。内城里住着皇帝及其眷属、高官，外城里住着平民百姓。《吴越春秋》一书有这样的记载：“筑城以卫君，造郭以守民。”“城”“郭”都是城市最原始的形态，但严格地说，两者都不是真正意义上的城市。《辞源》一书中，城市被解释为人口密集、工商业发达的地方。城市的出现，是人类社会走向成熟和文明的标志，也是人类群居生活的高级表现形式。“城市”一词在西方最早出现于拉丁语 civitas 中，意思是公民组成的社区。

早期，人类居无定所，随遇而栖，三五成群，渔猎而食。但是，在对付庞大、凶猛的动物时，三五个人的小群体力量显得很单薄，只有联合其他群体，才能获得成功。随着群体力量的强大，猎获物也就丰富了起来。但由于猎获物不便携带，人们便找地方将其贮藏起来，久而久之，储藏猎获物较多的地方便成为人类定居的地方。但凡人类选择定居的地方，都是些水草丰美、通行便利，也是动物出没较多的处所。定居下来的先民，为了抵御野兽的侵扰，便在定居地周围扎上篱笆，于是便形成了早期的原始村落。随着人口的繁衍，村落规模也不断扩大，猎获物也越来越多。收获丰沛的部落群体，不仅消费不完猎获物，还可以把多余的猎获物拿出来，与其他群体进行交易，换取自己没有的东西，于是，早期的“市”便形成了。《世本·作篇》中记载：颛顼时“祝融作市”。颜师古注曰：“古未有市，若朝聚井汲，便将货物于井边货卖，曰市井。”这便是“市井”的来历。

国内外的学者从政治、经济、社会、地理、历史、军事、生态等不同的角度，对城市下过各种各样的定义。至今学界关于城市还没有一致的定义。美国著名城市学家刘易斯·芒福德（Lewis Mumford，1895～1990）指出：“人类用了五千多年的时间，才对城市的本质和演变过程获得一个局部的认识，也许要用更长的时间才能完全弄清那些未被认识的潜在特性。要想更深刻地理解城市的现状，我们必须掠过历史的天际线去考察那些依稀可辨的踪迹，去了解城市更远古的结构和更原始的功能，这应成为我们城市研究的首要任务。”〔1〕马克思指出：“城市本身表明了人口、生产工具、资本、享乐和需求的集中；而在乡

〔1〕［美］刘易斯·芒福德：《城市发展史：起源、演变和前景》，倪文彦、宋峻岭译，中国建筑工业出版社1989年版，第1页。

村里所看到的却是完全相反的情况：孤立和分散。”[1]列宁认为：“城市是经济、政治和人民精神生活的中心，是社会前进的主要动力。”[2]地理学家认为，城市是占据一定区域空间，地处重要交通线上的永久性的人类聚居区。经济学家则把城市看作是工业、商业、信贷、贸易的集中地。如德国学者马克斯·韦伯认为：“城市永远是个‘市场聚落’，它拥有一个个市场，构成聚落的经济中心，在那儿，城外的居民和城内的市民以交易的方式取得所需的工业或商业用品。”[3]社会学家总是以居民的行为和社群关系作为城市定义的基础，认为城市生活带给人们大量的精神刺激，增加人们的相互接触，以致必然会改变他们的心理和行为，而这些改变正是城市居民和农村居民的主要差别。从人口学的角度看，城市是有一定的人口规模，并以非农业人口为主的居民聚居地，是聚落的一种特殊形态。从行政学的角度看，城市是政治、经济、文化的中心，如我国 1990 年《城市规划法》（现已失效）第 3 条第 1 款规定“本法所称城市，是指国家按行政建制设立的直辖市、市、镇”，[4]强调了城市的行政管辖职能。《城市规划基本术语标准》规定，城市（城镇）是指以非农业和非农业人口聚集为主要特征的居民点，包括按国家行政建制设立的市和镇。在权威工具书中，也对城市作出了定义。如《不列颠百科全书》对“城市”的定义是：“一个相

〔1〕《马克思恩格斯全集》（第 3 卷），人民出版社 1960 年版，第 57 页。

〔2〕《列宁全集》（第 19 卷），人民出版社 1959 年版，第 264 页。

〔3〕［德］马克斯·韦伯：《韦伯作品集Ⅵ：非正当性的支配——城市的类型学》，康乐、简惠美译，广西师范大学出版社 2005 年版，第 4 页。

〔4〕为了加强城乡规划管理，协调城乡空间布局，改善人居环境，促进城乡经济社会全面协调可持续发展，2007 年 10 月 28 日，第十届全国人民代表大会常务委员会第三十次会议通过《城乡规划法》，自 2008 年 1 月 1 日起施行，《城市规划法》同时废止。

对永久性的、高度组织起来的人口集中的地方，比城镇和村庄规模大，也更为重要。”再如《现代汉语词典》对“城市”的解释是：“人口集中、工商业发达、居民以非农业人口为主的地区，通常是周围地区的政治、经济、文化中心。”

城市是一个异常复杂的系统，因而几乎不可能给出一个清晰、完整，为各方面所接受的“城市”定义，但反映城市某个或某些侧面特征的定义却很多。概括而言，对城市的认识必须基于三个基本前提：①城市是相对于农村而言的，因此城市的定义应在与农村相比较中得出。城市相对于农村，具有人口总量和非农业人口数量多，人口密度大，居民职业构成、社会构成复杂，以人工景观为主，各种物质和文化现象高度集聚，生活方式高度市场化和社会化等特征。②城市的概念是发展变化的。对城市本质的认识以及城市本身都是发展变化着的。昔日“墙垣围起来进行交易的场所”就是城市，而今这只能算是偏远地区的农村集市，而且现在也不会再被“围起来”，倒是越来越开放。因此，现在对城市所下的定义只能是基于现代城市的特征和本质，基于目前对城市的认识水平，也即城市定义具有发展变化的特征。③城市的定义是一种综合性的概念。上述有关城市定义中的各个要素，是相互联系而不是相互割裂的，应该作为一个整体来认识。

综上所述，本书将城市的定义表述为：城市是指主要由非农业人口集中在一起从事工商业等为主的生产经营活动的居民点，是一定地域范围内政治、经济、社会、文化活动的中心，是许多要素有机结合的一个整体。

二、城市的特点

与农村相比较，城市具有以下主要特点：

1. 空间上的聚集性

聚集性是城市所特有的根本属性之一。城市不仅聚集了大量的人口、资源和社会经济文化活动，而且密集于一定的地域空间之中。与农村相比，城市具有稠密的人口、密集的建筑、繁忙的交通、丰富的文化、热闹的集市以及复杂的社会关系等景象，成为人流、物流、资金流、信息流的高聚集地。

2. 结构上的系统性

城市这个巨大的系统包括经济子系统、政治子系统、社会子系统、文化子系统、空间环境子系统以及要素流动子系统等。城市各构成要素、各个子系统之间是相互交织重叠、共同发挥作用的，任何一个子系统出现缺陷，都会导致整个大系统运转的不协调、不完美。

3. 经济形态上的多样性

城市作为一个经济文化区域，是工业、商业、贸易、金融、服务、运输等多种经济形态的聚集地，它与农村的农业经济在专业与地域方面有明显的分工。也正因为如此，才表明了城市是社会经济发展过程中专业化分工加深的结果，它代表了先进的生产力和生产关系。城市经济与乡村经济相辅相成、分工协作，共同维系并推动着整个国民经济的发展。

4. 构成上的异质性

异质性又称“多样性”“流动性”。城市与农村相比，在人口上的种族与民族、风俗与文化、语言表达与生活习惯等方面，以及宗教信仰、道德观念和政治意识的构成上，都具有很强的异质性。正因为如此，在城市里发生的各类事件，往往更容易引起社会各方关注，对城市里发生的事件，不同的人分析评价的立场、态度和方法也有很大的不同。

5. 布局上的开放性

城市是各种要素汇集和交流的场所，只有与周边农村和其他城市交流与合作，城市才能生存与发展下去，才能保证蓬勃旺盛的活力，才能担负起中心与枢纽的作用。而且，社会分工越来越精细，社会联系越来越紧密，城市必须要与周边地区进行开放式交流，形成以城市为中心的流通网、信息网，从而发挥出城市的中心作用。

6. 城市问题日益突出

随着城市化进程的不断加快，城市问题也逐渐升级。当人们在沐浴现代城市的文明中，享受着现代城市带来的种种便利与快捷的同时，却也越来越感受到城市化发展所带来的种种问题，如交通问题、环境问题、治安问题、食品安全问题、社会保障问题等。当前，城市问题成为社会各界广泛关注的焦点问题之一，也是城市管理与行政执法时刻要面对的问题。

城市的特点是多样化的，也是十分复杂的，人类对城市本质的认识是个漫长的过程。所以，刘易斯·芒福德指出，人类用了五千多年的时间，才对城市的本质和演变过程获得了一个局部的认识；也许要用更长的时间，才能完全弄清楚它那些尚未被认识的潜在特性。可见，认识城市的特点是不容易的，而搞好城市管理与行政执法工作同样具有复杂性和艰巨性。

三、城市的地位与作用

城市是现代产业和人口聚集的地区，是人类文明和社会进步的标志。它无论规模大小，总在区域经济社会发展中起主导作用。可以说，没有城市的发展和城市的现代化，就不会有国家的发展和国家的现代化。城市的蓬勃发展必然会创造出强有力和高效率的发展动力，推动国家的现代化进程。一个国家掌握了城市就等于掌握了国家的“大脑”和“心脏”，所以管理好城市意义十分重大。从人类社会与文明的发展规律来看，城市的地位与作用主要体现在：

1. 城市是人类文明的摇篮

人类社会在漫长的演化中，曾长期在荒野中跋涉，在没有文字、没有城垣、没有集市的野外生活。城市的产生，使人类逐渐克服了动物性的本能，并构建起社会群体意义上的理性和文化生活。在进入国家形态后，又表现出一种区域性的地缘政治、地域经济和地域文化，并创造和演绎着不同民族的文化特色和社会属性。城市学家刘易斯·芒福德曾说，城市实质上就是人类的化身——城市从无到有、从简单到复杂、从低级到高级的发展历史，反映着人类社会、人类自身的发展历程。〔1〕

2. 城市是文明进步的载体

城市是一种建筑空间，更是一种文化空间；城市是人类智慧最集中展现的地方，也是人类文化沉淀最丰富、最完整的场所。正如斯宾格勒所说，人类所有伟大的文化都是由城市创造的。城市本身具有积聚文化的功能，也正是这样一种功能才使城市成为人类社会的经济、文化中心。对任何城市来说，城市的历史与记忆都是城市发展的有效资源。在城市发展的历史中，我们可以看到不同的城市文化发展、城市文化模式、城市文化人格。不同的城市在自己的范围内，演绎着不同的文化，创造自身发展的文化机制和动力因素，形成独特的城市个性和人文精神，并通过它的纪念性建筑物、地理标志、文字记载等方式，把不同族群和不同时代的音乐、舞蹈、礼仪、技艺等移植和保存下来，为后世留下优秀的历史文化遗产，使城市拥有历史延

---

〔1〕〔美〕刘易斯·芒福德：《城市发展史：起源、演变和前景》，倪文彦、宋峻岭译，中国建筑工业出版社 1989 年版，序言第 7 页。

续性和时代性，使城市不是僵化、静止的建筑物的堆积与组合，而是一个有精神、有灵魂、有活力并充满人情味的人类家园。

3. 城市是经济增长的发动机

城市是地域生产力最集中的表现形式。古代城市主要是军事和政治中心，但随着社会化大分工促进城乡分离，城市开始成为经济中心。工业革命则使城市发生了根本变化，工厂的大量出现与集中，使城市成为先进生产力的代表。市政、金融、商业和交通等实业的发展，进一步提高了城市的经济地位，而农村日益处于从属地位。城市是生产要素的集聚中心，是生产、交换和消费中心，是拉动经济增长的强大“引擎”。城市通过发挥集散功能，在一定空间范围内聚集各种经济要素。城市通过发挥生产中心功能，提供源源不断的生产和生活资料，为提高人民的生活水平提供坚实的基础。城市通过发挥服务功能，为各种经济活动和经济要素的自由流动提供全面、高效、便捷的服务。城市通过发挥创新功能，使经济领域保持活力和生机，推动地区和国家经济不断向前发展。

4. 城市是国家的象征

城市从产生的那天起就是国家和制度的象征。中国古典文献中的“城”即“国”，“倾国倾城”这个成语即表达了这个意义。在今天的全球化发展中，城市的整体意义与价值，更深刻地代表着“国家象征”意义。国际上的大型政治、经济、社会、文化活动往往是以城市为载体进行的。刘易斯·芒福德指出，如果说在过去许多世纪中，一些名都大邑成功地支配着各自国家的历史的话，那只是因为这些城市始终能够代表他们的民族的文化，并把其绝大部分流传给后代。苏联经济地理学家巴朗斯基则认为，城市如一个国家的指挥部，它在国家的一切方面——经济、政治和文化方面担负着组织的职能。在现代社会，城市成为各级行政机构的所在地，成为经济和文化生活的组织中心和管理中心，成为国家管理的关键性节点。

5. 城市是乡村振兴的引导者

一部世界经济发展史，就是一部经济重心从农村向城市转移的历史。前工业化时代和工业化初始阶段，农业在国民经济中占较大比重，工业通过工农产品“剪刀差”等各种形式从农业中无偿获得资源的积累。当工业化达到相当程度后，工业自身积累和发展的能力不断增强，工业反哺农业、城市支持农村就成为大势所趋。纵观一些工业化国家发展的历程，在工业化初始阶段，农业支持工业、为工业化提供积累带有普遍性的趋向；但在工业化达到相当程度以后，工业反哺农业，城市支持农村，实现工业与农业、城市与农村协调发展也带有普遍性的趋向。从长远看，农民增收、农业发展、农村稳定问题的根本解决，只有靠城市化，靠大量人口向非农产业转移才能实现。加快农村发展，主战场在农村，突破口在城市，推动力在城市。统筹城乡发展是一个历史性命题，依靠城市化引领我国“三农”问题的解决、实现乡村振兴，是一个根本性的战略。城市化不仅可以创造城市美好的明天，更可以引领乡村走向光明的未来。

6. 城市是人类追求美好生活的阶梯

人类为了追求美好的生活走入城市，城市也在人类追逐美好生活的过程中不断发展进步。早在两千多年前，亚里士多德就说过，人们来到城市是为了生活，人们居住在城市是为了更好地生活。从古希腊人们向往自由与美好的社区生活，到文艺复兴时期人们对理想城市的追求、美好生活的企盼，如同一束光线，引导着城市的发展。历史在前进，城市本身也在新陈代谢，各行各业逐渐由为宫廷、贵族和富商服务，转向以满足居民生活需求为主，新行业不断增加，行业分工越来越精细，为居民多种多样的生活需求提供了条件，城市生活也因此变得五光十色、丰富多彩。联合国人居署于 1996 年发布的《伊斯坦布尔宣言》指出，我们的城市应当成为人类能够过上有尊严的、健康、安全、幸福和充满希望的美好生活的地方。正像 2010 年上海世界博览会的主题所弘扬的那样，“城市，让生活更美好”[1]（Better City，Better Life）。

第二节　城市化

一、城市化的概念和特征

城市化（urbanization）也称“城镇化”“都市化”，是指随着一个国家或地区社会生产力的发展、科学技术的进步以及产业结构的调整，其社会由以第一产业的农业为主的传统乡村型社会向以第二产业的工业和第三产业的服务业等非农产业为主的现代城市型社会逐渐转变的历史过程。

城市化进程具有一定的鲜明特征：一是城市人口占总人口的比重不断上升，农村人口不断下降；二是在产业结构中，农业、工业、商业、服务业及其他行业的比重此消彼长，不断变化，尤其是农业的比重逐渐降低；三是城市化水平与人均国民生产总值的增长一般成正比；四是城市化水平高，不仅是建立在第二、三产业发展的基础上，同时也是农业现代化的结果。可以说，城市化的过程包含着人口结构和职业的转变、产业结构的调整、土地及地域空间的变化以及生活方式、思维方式的转变等多个方面。

城市化的概念最早是由西班牙工程师塞尔门在 1867 年提出

---

〔1〕 王国平：《城市论》，人民出版社 2009 年版，第 12~17 页。

的，他在撰写的《城市化的理论问题》一书中，分析了“城市化”和“乡村化”。[1]从城市兴起到工业革命以前，是人类社会以农业经济和乡村聚落为特色的漫长发展过程。这期间，城市的兴衰起伏剧烈，总体的发展水平很低，远未成为社会发展的主导力量，这一过程属于乡村化过程。工业革命以后，城市化过程的许多特征才在全世界作为一种普遍规律显现出来。不同国家的城市化过程并不都是采取同样的形式，也不是任何地方都以同样的速度发展。城市化可以从人口学、地理学、经济学和社会学等多个方面去理解。从人口学角度看，就是农村人口向城市集中、农民变市民、城市人口不断增长的过程；从地理学角度看，就是城市向周边地区扩展、农村变城市、城市规模不断扩张、新兴城镇不断涌现的过程；从社会学角度看，就是城市文明向农村地区传播，城市生活方式、组织方式、管理方式取代农村生活方式、组织方式、管理方式的过程；从经济学角度看，就是生产要素向城市聚集、城市生产方式取代农村生产方式的过程。可见，城市化不仅是一个人口聚集、财富聚集、技术聚集、服务聚集的过程，同时也是一个生活方式、生产方式、管理方式、思想意识转变的过程。城市化是工业革命的产物，是一种经济社会现象，是现代文明发展的主导趋势。同时，城市化也是世界现象，是不可阻挡的历史发展潮流。综观世界发展历史，任何一个国家的工业化、现代化的过程都是逐步实现城市化的过程，没有城市化，也就不可能有现代化。

二、城市化的积极意义和消极影响

既然城市化是不可阻挡的历史发展潮流，自有它的积极意

〔1〕 城市学文库编辑委员会：“城市理论与发展”，载 http://www.urbanchina.org/n1/2016/0125/c369543-28082274.html，2018 年 4 月 7 日访问。

义。同时，盲目的城市化也会带来破坏性的后果，产生一些消极的影响。

（一）城市化的积极意义

1. 合理的城市化可以改善环境

例如，通过城市化集约使用土地资源，提高各类公共资源的使用效率，减少人类对环境的破坏，使得环境向着有利于提高人们生活水平和促进社会发展的方向转变，降低人类活动对环境的压力。合理的城市化可以改善环境，不合理的城市化容易破坏环境。我们应当充分发挥城市化的积极作用，使城市化向有利于环境改善和生态文明建设的方向发展。

2. 城市化促进人口转化

城市能够创造出比较多的就业机会，大量吸收农村剩余劳动力，劳动力由此逐渐从第一产业向第二产业、第三产业、第四产业转移。我国自改革开放以来，大量的农民工在城市就业，城市吸纳了无数的外来人口，实现了大规模的人力资源和产业转移，快速提升了中国的城市化水平。

3. 城市化带动产业结构调整

产业结构调整是指产业之间相互关系的变动和调整。我国必须坚持走新型工业化道路，以信息化带动工业化、城市化，以工业化、城市化促进信息化，走科技含量高、经济效益好、资源消耗低、环境污染少、安全有保障、人力资源优势得到充分发挥的发展道路，努力推进经济增长方式的根本转变。城市化过程能够卓有成效地带动广大农村的发展，有利于改善地区的产业结构。

4. 城市化推动工业发展

城市化有助于提高工业生产的效率，工业化使城市化获得持续推进的动力。工业化带动城市化，城市化又进一步提升工业化的水平，汇集工业化的成果，提高工业化的质量。

5. 城市化引领科技进步

科学技术的进步和信息化的推进，使现代城市成为主要的科技创新基地和信息交流中心，进而提高区域的整体发展水平。近现代以来，几乎所有重大科研成果和技术攻关项目，都与城市有关，包括大城市和中小城市。因为城市是人才的高地、信息的中心、合作的平台、交通的枢纽、智慧的宝藏，城市化水平越高，引领科技进步的能力就越强。

6. 城市化促进文化交流

随着城市文化向乡村广泛地扩散和渗透，必将影响乡村自给自足的生产方式和生活方式，并提高乡村的开放与包容程度，有利于城市与乡村的交流，缩小城乡发展差距。同时，城市化也意味着信息化、科技化、便捷化、多元化。多元文化在城市汇集，多种信息在城市交流，多种思想在城市碰撞，必将促进文化的繁荣发展。

（二）城市化的消极影响

当然，在看到上述城市化的积极意义时，我们还应当重视城市化带来的不利影响。这主要表现在以下几个方面：

1. 不合理的城市化带来严重的环境问题

不合理的城市化导致生物多样性降低、耕地面积减少，以及土壤污染、地面沉降等问题；城市化容易造成空气污染，加剧热岛效应和温室效应，还会产生酸雨现象；城市化使地面雨水下渗减少、地表径流增多和水质恶化、水资源短缺。人类环境保护的历史，几乎与工业化、城市化发展的历史是同步的，不合理的工业化、城市化带来的环境问题，至今仍在全球各地存在着，在个别地方还有恶化的趋势，引起了全社会的高度重视。

2. 城市化带来复杂的社会问题

城市化的过程，往往伴随着交通拥挤、住房紧张、就业困难、社会秩序混乱、道德水平下降、社会保障压力增大和行政管理上的困难增多等复杂的问题。这既是城管部门和城管工作存在的社会条件，也是强化城管工作的必要性。

3. 城市化对经济发展也有负面影响

城市化带来地价上涨、房价高企、生活成本提高、生活压力增大等问题。垄断经营者为了经济利益往往不择手段、铤而走险，从而导致不公平竞争现象。合理的规划、有效的管理有利于城市经济的发展；反之，不合理的规划、低效的管理妨碍城市经济的发展，这样的例子并不少见。

4. 城市化带来粮食安全等问题

城市化使农民大量背井离乡，离开原来耕种的土地，产生弃耕抛荒等问题，使粮食进口率逐渐增高，给一个国家的粮食安全带来隐患，不利于社会发展和政局稳定。当然，粮食安全问题不能说是城市自身的问题，归根结底在于政府的管制措施和发展政策。不过，不合理的城市化带来的粮食安全问题，始终是需要警惕的。

城市化的不利影响促使政府和社会各界重视“大城市病”，努力在法律、政策和制度层面寻求解决之道，做好城市规划、建设、管理和行政执法工作，使城市让生活变得更美好。

三、我国的城市化问题

城市是人类文明进步的标志，是各个国家和地区经济、政治、文化和社会活动的中心。城市化程度是衡量一个国家和地区经济、社会、文化、科技水平的重要标志，也是衡量国家和地区社会组织程度和管理水平的重要指标。城市化是人类进步的必然过程，也是社会结构变革的一个重要机制，实现了城市化，往往也标志着实现了国家的现代化。只有经过城市化的洗礼和变革，人类才能迈向更加辉煌的时代。然而，仅仅看到城市化所带来的积极意义和丰硕成果是远远不够的，尤其像我国这样一个传统农业大国，实现城市化的问题更多、困难更大。正确认识城市化所带来的问题，并采取积极的措施予以预防和解决，对当下的中国有着十分重要的现实意义。

研究认为，中国的城市化从20世纪90年代的“民工潮”，到2000年以来政府持续推动的“城镇化”，每年由农村向城镇转移的人口达千万以上。〔1〕与现代以来的中华民族的发展历程相对应，当代中国的城市化也表现出与众不同的特殊性。一方面，这与我国深厚的农业传统、巨大的人口基数、城市化起点低而发展快、城市发展的层次多而区域差别大等独特国情和现实矛盾紧密相关，另一方面，与主要以现代工业为中心的传统城市化进程不同，我国城市化一直处于以农业经济为基础的城镇化（towniztion）、以工业经济为主体的城市化（urbanization）以及以服务经济为中心的都市化（metropolitanization）的复杂网络体系中，人类在不同历史阶段的不同需要、矛盾和问题既彼此缠绕又相互冲突，是新中国、特别是改革开放以来我国城市化呈现出很多独特经验和现实景观的根源。〔2〕

中国科学院可持续发展战略研究组主持的项目《中国新型城市化报告2012》指出，党的十六大以来，我国城镇化发展迅速。2002年至2011年，我国城镇化率以平均每年1.35个百分点

---

〔1〕 孙永正、王秀秀：“中国城市化和城市治理的反思与转型”，载《城市问题》2016年第1期，第17页。

〔2〕 刘士林：“关于中国式城市化的若干问题与启蒙思考”，载《江苏社会科学》2013年第5期，第129页。

的速度发展，城镇人口平均每年增长2096万人，2011年，城镇人口比重达到51.27%，比2002年上升了12.18个百分点。[1]中国社会科学院社会学研究所、社会科学文献出版社发布的《社会蓝皮书：2012年中国社会形势分析与预测》中指出，2011年中国城镇人口占总人口的比重，数千年来首次超过农业人口，这是中国城市化发展史上具有里程碑意义的一年，标志着我国开始进入以城市社会为主的新发展阶段。继工业化、市场化之后，城市化成为推动中国经济社会发展的巨大引擎。中国社会状况综合调查课题组负责人李炜表示，中国城市化水平超过50%，标志着中国数千年来以农村人口为主的城乡人口结构，在2011年发生了根本的逆转。根据国家统计局第六次全国人口普查结果，2010年底之前，全国城镇人口就已经达到49.68%，2011年底这一比例已经超过50%。该蓝皮书同时透露，在城市化进程中，29.7%的农业户籍人口已经居住在城镇，他们不再务农。调查显示，46.6%的农业人口已经完全从事非农工作，只有40%的农业人口完全从事农业劳动，兼务农业和非农职业的农业人口占13.4%。对农民来说，非农就业已经成为主流方向，超过了在农业领域的就业数量。中国从一个具有几千年农业文明历史的农业大国，进入了以城市社会为主的新成长阶段。该蓝皮书研究认为，这种变化不是一个简单的城镇人口百分比的变化，它意味着人们的生产方式、职业结构、消费行为、生活方式、价值观念都将发生十分深刻的变化。继工业化之后，城市化成为推动中国经济社会发展的巨大引擎。工业化、城市化和市场化，已成为拉动中国巨大社会变迁的“三驾马车”。研究同时提醒，在城市化进程中，我国应该注意避免诸多问题。例

[1] 牛文元主编：《中国新型城市化报告2012》，科学出版社2012年版，第20页。

如，城市待遇不能均等普及的“半城市化”，政府过度干预的“行政城市化”，城市高速扩张的“房地产城市化”，农民工进城流动务工的“隐性城市化”等，都不利于城市化的健康发展。上述数字及背后的问题每年都在更新。据国家统计局发布的相关数据显示，2017年末，我国城镇常住人口达81 347万人，比上年末增加2049万人；城镇人口占总人口的比重（城镇化率）为58.52%，比上年末提高1.17个百分点。[1]2018年3月5日，李克强总理在第十三届全国人民代表大会第一次会议上作的《政府工作报告》中指出，在过去五年里，我国城镇化率从52.6%提高到58.5%，8000多万农业转移人口成为城镇居民。这说明，中国的城市化正在快速发展中。由世界银行和中国国务院发展研究中心联合完成的中国展望报告——《2030年的中国：建设现代、和谐、有创造力的高收入社会》中同样指出，中国的城市化将快速发展。到2030年，城市居民占总人数比重将从1/2上升到2/3。这又会成为中国经济增长的推动力。[2]

在中国高速经济增长和快速城市化的同时，其背后存在的问题丝毫不容忽视。《中国新型城市化报告2012》揭示，当前中国城市化发展存在五大战略性弊端：一是在世界格局中，中国的城市化明显滞后于工业化所对应的“非匹配”；二是中国的城市化进程中，明显地表现出土地城市化快于人口城市化的“非规整”；三是中国的城市化亟须克服“城市和农村、户籍人口与常住人口”的“非公平”；四是中国的城市化偏重城市发展的数

---

〔1〕 陈炜伟：“我国城镇化率升至58.52% 释放发展新动能”，载http://www.xinhuanet.com/2018-02/04/c_ 1122366246.htm，2018年4月8日访问。

〔2〕 世界银行、中国国务院发展研究中心：“1978—2030：中国发展之路”，载《社会科学报》2012年4月26日。

量和规模，忽略资源和环境的代价，呈现出粗放式生产的"非集约"；五是中国的城市化必须解决如何进入现代管理制度、消除城市病的"非成熟"。[1]可以说，当今中国的"大城市病"已经相当严重，交通拥挤、房价高企、资源紧缺、空气污染、管理难度大、城市居民生活质量受影响等问题，逐渐困扰着城市的发展，也阻碍着城市化的进程。

导致上述问题出现的原因很多，但政府管理理念和方法的落后，也是其中一个重要的原因。即城市管理的一元化、功利化和封闭化导致了经济和社会发展失衡、城市与农村发展失衡、生产与消费增长失衡，这既不利于农村的发展，也影响着城市的发展。为此，应深刻反思传统城市化和城市管理存在的诸多问题，由此更新发展理念、统筹城乡关系，推动城市化和城市管理并联转型。在思想认识和法律政策上，要从行政管理向合作治理转变，从依靠人治向依靠法治转变，从政府的单极治理向多元社会主体联合治理转变，从在城市治理目标上由唯 GDP 增长目标向人本化目标转变，在城市治理空间上由城乡分割治理向城乡统筹治理转变，从而使我国的城市化走上良性、协调、可持续的发展轨道。[2]

第三节　城市管理

一、城市管理的含义与特征

（一）城市管理的含义

考察城市发展的历史，可以说，自从有了城市便开始了城

---

〔1〕 牛文元主编：《中国新型城市化报告 2012》，科学出版社 2012 年版，第 23 页。

〔2〕 孙永正、王秀秀："中国城市化和城市治理的反思与转型"，载《城市问题》2016 年第 1 期，第 17~19 页。

市管理的实践。在今天，现代化的城市管理已成为文明都市生存和发展的必要条件。

在我国，广义上的城市管理是指以城市政府为主体、以城市为客体，为实现特定目标对城市运转和发展所进行的规划、指挥、协调、控制和服务等活动的总和。狭义上的城市管理，主要是指以城市政府为主体，对城市的公用事业、公共设施、公共秩序等方面的事前规划、事中建设和事后维护的控制与协调活动。在现代社会和市场经济条件下，城市管理的主体开始向多元化方向发展，城市政府不再是唯一的管理者，除城市政府外，企事业单位、非政府公共组织、社会公众也日益成为现代城市新的管理、治理主体。公众参与下的城市管理，逐渐向城市治理的方向转型。

进一步而言，广义的城市管理是指城市存在和运营的各个方面的管理，大到城市经济管理、城市社会管理、城市建设管理和城市公共事业管理，小到乱吐乱丢、随地便溺等都涵盖其中。从管理的内容看，可以包括以下几个方面：由城市财政管理、市场管理、房地产管理等构成的城市经济管理；由城市人口管理、社会治安管理、城市交通管理、社会保障管理等构成的城市社会管理；由城市教育管理、科技管理、文化管理、卫生管理等构成的城市公共事业管理；由城市环境保护、污染防治等构成的城市环境卫生管理，以及城市规划管理、城市基础设施建设管理等。狭义的城市管理主要是指对城市的公共事业、公共设施和公共秩序等方面的规划、建设、控制、指导，通常包括城市规划管理、市政设施管理、环境卫生管理、园林绿化管理、公共事业管理、公共秩序管理等。可以说，狭义上的城市管理是广义上城市管理的某些部分或者某些方面，表现为日常性、动态性、反复性等特点。

本书研究的城市管理及其综合行政执法，主要是以城市政府特定的行政执法机关为主导，以狭义城市管理概念为范畴的一种管理活动。

（二）城市管理的特征

基于城市的特点和城市管理的内涵与功能，我们不难发现，现代城市管理表现出以下几个特征：

1. 城市管理的综合性

现代城市是一个综合而庞大的循环系统，聚集了人力、财力、物力、信息等各种要素，涉及政治、经济、社会、文化、环境等各个方面，它们之间相互影响又相互制约。城市管理内容的综合性决定了城市管理的首要任务是要保障城市的正常运转，而不能仅限于对构成城市某一因素的运转管理上，还应协调、控制城市构成各要素之间的相互联系，从而决定了城市管理具有综合性的特点。

2. 城市管理的开放性

城市是个开放的大系统，它对自然资源、社会资源的依赖迫使城市对外部区域开放。只有开放式的管理，才能增强城市的生存能力、适应能力。城市的开放性主要表现在：对农村的开放，对周边城市的开放，对国内市场的开放，对国际市场的开放，以及技术、文化、人流、物流、信息流、资金流的大规模的输入与输出等。

3. 城市管理的动态性

现代城市作为一个有机整体，各个局部的运转都会影响到整体的运行。因此，要掌握城市运转的规律，应从长远的、动态的角度来实施城市发展的战略目标，进行总体动态的规划，而不能静止地、孤立地、封闭地管理城市的各个构成要素。对城市管理不仅要管好局部，而且要协调好整体。[1]

4. 城市管理的流动性

正像货物、资金、信息是时刻在流动的一样，在城市生活、工作的居民也表现出相当强的流动性。改革开放以来，随着我国市场经济的发展和城乡二元结构的瓦解，进城务工的农民工成为新入城的一大群体。由于许多人没有固定的职业和赖以谋生的技能，农民工的流动性极强，这也带来城市管理上的一大难题。

5. 城市管理的法律性

法与城有着不解之缘。法的最初产生，就与城市以及商品交换有密切联系，可以说，法是在城市中产生，更是在城市中发展的。经过数千年的演进，法已经渗透到城市生活的方方面面。当今城市的发展和治理，已经越来越依赖于法治的发展和成就，越来越取决于法治的地位和作用。这既是由城市发展本身的特性决定的，也是由法治在经济社会发展中的地位决定的。[2]依法管理和治理城市，是我国城市建设与发展的必由之路，也是必然选择。

二、城市管理的主要内容

城市管理是指以城市为对象，运用决策、计划、组织、指挥、协调等一系列措施，采用法律、经济、行政、技术等手段，通过政府、市场与社会的互动，围绕城市规划、建设与运营进行的决策引导、指挥协调、管理服务等行为。具体而言，包括

---

〔1〕熊文钊主编：《新时期城市管理综合行政执法指导全书》（第1卷），新华出版社2003年版，第25页。

〔2〕袁曙宏："法治：让城市生活更美好的基石"，载上海世博会事务协调局编：《城市与法治》，法律出版社2010年版，第1页。

以下几个方面：

（一）城市规划管理

城市规划管理是城市规划编制、审批和实施等一系列工作的统称。城市规划管理包括城市规划编制管理、城市规划审批管理和城市规划实施管理。城市规划编制管理主要是组织城市规划的编制，征求并综合协调各方面的意见，对规划成果的质量进行把关、申报和管理。城市规划审批管理主要是对城市规划文件实行分级审批制度。城市规划实施管理主要包括建设用地规划管理、建设工程规划管理和规划实施的监督检查等。

自从有了城市，就有了城市管理。随着生产力的发展和科学技术的进步，城市管理工作日趋复杂，其作用也日益重要。管理的实质就是为了实现组织目标，利用一定的权力，统筹协调各方面利益而进行的一种控制过程。现代管理的基本目标是建立一个充满活力的体系，以便在当今急剧变化的时代中得以持续、协调、高效运作。城市政府为实现城市发展目标，使城市各项功能发挥出最大效用，就必须对城市的各项活动进行控制、指挥、协调。城市规划管理是城市管理中一个不可或缺的重要组成部分。城市规划管理是为了实施城市规划，通过法律、经济、行政等多种手段，对城市各项建设和活动进行的控制、指挥、协调，使之纳入有序轨道。

城市规划管理有广义和狭义之分。从广义上说，城市规划管理就是从宏观层面上就城市发展与建设的方针、政策作出决策。比如，“控制大城市规模，合理发展中等城市，积极发展小城市”，“节约用地、珍惜并合理利用每一寸土地”和“统一规划、合理布局、因地制宜、综合开发、配套建设、基础设施先行”等原则。从狭义上说，就是负责城市建设项目选址规划管理、建设用地管理、建设施工管理以及违法建设管理和城市规划实施监督检查等，也就是我们通常所说的城市规划实施管理。狭义的城市规划管理是城市政府的一项行政职能。根据市场经济体制的要求，城市政府的一项重要职能就是搞好城市的规划、建设和管理，认真执行城市规划及其管理是建立法治政府和服务型政府的一项不可缺少的组成部分。

城市规划管理是规范城市建设、统筹城市发展、调整合理布局和安排城市各项工程建设的综合部署，是一定时期内城市发展的蓝图，是城市管理的重要组成部分，是城市建设和管理的依据，也是城市规划、城市建设、城市运行三个阶段管理的前提。城市规划具有指导和规范城市建设的重要作用，是城市综合管理的前期工作，是城市管理的龙头，具有基础性的地位。

（二）城市建设管理

城市规划的根本就是为了促进城市发展，为城市建设提供依据，是城市合理建设和土地合理开发利用的基础条件，也是建设现代化新型城市的主要手段。随着我国经济社会的快速发展，城市建设管理显得越来越重要。在城市管理中，怎样面对全新的时代，怎样提升城市化水平，怎样开展好管理与服务活动，从根本上处理好管理与服务的关系，其中关键的一项就是要做好城市建设管理。

要做好城市建设管理，第一，要加强城市的规划工作。在进行城市建设的时候，一定要做好城市规划工作，在遵守我国相关法律法规的前提下，对城市的规划进行编制和审批，从而更好地保证城市规划的合法性。为了更好地保证城市建设过程的合理性，就要加强对城市的蓝图规划，从而为城市建设与管理提供指导。第二，要提高城市的建筑水平。为了更好地提高我国城市的建筑水平，城市政府要完善现有的建筑安全条例、质量监督管理条例等，通过立法更好地保证城市建筑的质量，提高城市建筑的安全性和实用性。除此之外，还应建立健全相关的安全控制制度，提高对城市建筑过程的安全控制水平。第三，要完善城市的公共服务设施。针对城市公共服务设施建设，当前我国的目标是在 2020 年之前，基本完成城镇的危房改造、城中村改造以及棚户区改造，切实提高城镇居民的居住环境和生活水平。除此之外，城市政府还应该尽快完善城市的公共交通体系，加强对社区交通设施和区级交通设施之间的衔接，进而更好地完善公共服务设施环境。第四，要加强营造城市的宜居环境。近年来，由于我国在城市化建设过程中，过度追求经济增长和建设速度，导致城市的人文宜居环境越来越差。为此，必须提高城市建设的水平，提高城市生活质量，加强营造城市的人文宜居环境。比如加强对城市停车难的管理和造成内涝的排水设施建设，加强对城市水资源的循环利用，提高城市的自然生态宜居环境。〔1〕第五，要塑造城市的特色风貌。在进行城市建设过程中，城市要塑造出属于自己的特色风貌，在协调自身城市景观风貌的前提下，突出建设地域特色、地理气候特色、历史文化传统、民族特色以及城市精神的城市。在进行城市建设的过程中，不能过分追求城市建筑的外观形象，针对具有城市特色风貌的建筑，应该加强保护与修缮，保留建筑原有的特色，打造城市名片。良好的城市硬件不但要美观，而且要实用，对后期的城市管理能带来很大便利。城管部门对城市建筑的管理，主要表现为对违章建筑的强制拆除等工作，这往往会引发激烈的冲突。

（三）城市市政设施管理

城市市政设施是指由政府、企业单独或联合出资建造的公

---

〔1〕 黄静："如何加强城市建设管理"，载《中国房地产业》2016 年第 12 期，第 132~133 页。

共设施，一般指规划区内的各种建筑物、构筑物、设施，大致包括城市道路设施、城市桥涵设施、城市排水设施、城市河道设施等方面。具体而言，城市市政设施包括城市道路桥梁、城市轨道交通、供水、排水、燃气、热力、园林绿化、环境卫生、道路照明、工业和医疗垃圾、生活垃圾处理设备以及场地及附属设施等。城市市政设施是为社会生产和城市居民生活提供公共服务的物质工程，是用于保证国家或地区社会经济活动正常进行的公共服务系统，是社会赖以生存发展的物质条件，是国民经济各项事业发展的基础，关系千家万户的基本生活需要。因而，建设、管理好城市市政设施，是做好城市各项管理工作的基础，具有十分重要的作用。城市市政设施管理就其管理内容而言，可谓领域广泛、事项众多、千头万绪，关系千家万户和居民的日常用行。进一步细分，其管理事项包括：

（1）城市道路设施管理。包括对城市机动车道、非机动车道、人行道、公共停车场、广场、管线走廊和安全通道、路肩、护栏、街路标牌、道路建设及道路绿化控制用地及其他附属设施的管理等。

（2）城市公共文体设施管理。包括对公园、绿道、公共体育和文化场馆、休闲健身场所及其设施的管理等。

（3）城市桥涵设施管理。包括对城市桥梁、隧道、涵洞、立交桥、过街人行桥、地下通道及其他附属设施的管理等。

（4）城市排水设施管理。包括对城市雨水管道、污水管道、雨水污水合流管道、排水河道及沟渠、泵站、污水处理厂及其他附属设施的管理等。

（5）城市防洪设施管理。包括对城市防洪堤岸、河坝、防洪墙、排涝泵站、排洪道及其他附属设施的管理等。

（6）城市道路照明设施管理。包括对城市道路、桥梁、地下通道、广场、公共绿地、景点等处的照明设施的管理等。

（7）城市建设公用设施管理。包括对城市供水、供气、供热的管网、城市公共交通的供电线路及其他附属设施的管理等。

（8）城市生活垃圾处理设施管理。包括对城市生活垃圾、粪便的清扫、收集、转运、处置、卫生填埋或焚烧发电设施的管理等。

（9）城市精神文明设施管理。包括对城市户外公益广告宣传栏、宣传牌、公益活动场所建设与管理等。

（四）城市公共空间秩序管理

城市公共空间是指城市规划区域内向社会公众开放、供公众使用和活动的场所，包括道路、公园、广场、绿地、体育场地、公共停车场、公共交通换乘站、城市河湖区域等。公共秩序（public order）也称“社会秩序”，是指为维护社会公共生活所必需的秩序，主要包括社会管理秩序、生产秩序、工作秩序、交通秩序和公共场所秩序等。公共秩序关系到人们的生活质量，也关系到社会的文明程度，遵守公共秩序是宪法规定的公民的基本义务之一。

谈到城市建设与管理，离不开城市公共空间（public space）这一概念。20 世纪 50 年代，英国社会学家查尔斯·马奇和美国政治哲学家汉娜·阿伦特分别在《私人和公共空间》和《人的条件》中将其作为特定专用词汇提出。城市公共空间的概念是特定社会政治、经济、文化背景下的产物。第二次世界大成后，以美国为首的西方国家的城市公共空间出现了深刻而快速的重构：一方面，由于大规模基础设施建设和城市中产阶层居住“郊区化”，城市呈现出前所未有的空间膨胀和离散化趋势；另一方面，庞大的城市人口外迁以及不同阶层空间隔离的加剧引发了日益严重的社会分化和城市中心区域的衰败。在此背景下，城市公共空间成为市政管理机构及相关学科探讨城市问题乃至构筑环境与社会关系的平台。到20世纪60年代初，这一概念逐渐渗入城市规划学及设计学领域。20世纪70年代，“公共空间”被普遍接受并成为学术界探讨的对象。1959年，美国人类学家霍尔的《无声的语言》出版，引起了世界的关注。他提出“空间会说话”（space speaks）的理念，这深刻影响了西方城市文明建设以及跨文化交际能力建设。公共空间具有人员流动性和交互性大的特征，当互不相识甚至毫无关联的群体活动于某一特定空间时，必然要有规则来管束其行为，旨在维持“公共秩序”。所谓的规则，即“行为规范”，在现实公共空间中，一种是显性的，如各种法律法规、规章制度，公共场所禁止吸烟等；另一种则是隐性的，被人们默默遵守，俗称“心灵契约”，如女士优先、机动车礼让行人等。

基于此理解，城市公共空间是指城市承载和支持市民社会生活和活动的均衡、共享的空间，对享用者的权益有保障作用，对享用者的行为也有规范作用。它不仅局限于城市规划与设计学所界定的建筑物之间的外部空间，还包括诸如商厦、影剧院、医院、办公楼、办公室、公园乃至公交、地铁、高铁、航空器、候车室、停车场、公共电梯等有公共行为发生的内部空间。不过，基于管理主体的职责范围不同，城管部门对城市公共空间的管理，主要是城市广场、公园、绿地、城市道路、公共厕所、公共停车场、公共电梯等有公共行为发生的外部空间，而不包括不同单位各自管理的内部空间。公共空间的使用和管理影响着每个人的利益。生活的有序性和适宜性，既与市民在公共空间的行为方式密切相关，也与城市管理者的管理理念和方法密不可分。

（五）城市市容和环境卫生管理

“城市市容”，简言之就是城市的容貌，它是一个城市外观面貌的综合反映。市容管理就是对一个城市容貌的管理，主要是指与城市环境密切相关的城市建筑物、构筑物、市政公用设施、公共场所、临街景观等的整洁与完好。“环境卫生”，是从人与环境相统一的观点出发，研究大气、水、土壤、城乡规划与建设、居住环境等自然和社会因素对人类健康的影响，以及这些因素的卫生要求和标准；同时研究相应的卫生措施，以便有目的地改善、控制和清除上述环境中的有害因素，利用其有利因素，以预防和消灭疾病，并创造有益健康的工作、生活环境。从城市环境卫生管理的对象看，主要是指城市街巷、道路、广场、公共建筑物、水域等区域的环境整洁，城市垃圾、粪便等生活废弃物的收集、清除、运输、中转、处置、综合利用，以及城市环境卫生设施规划、建设管理工作等。[1]

市容环境卫生管理是城市管理的重要组成部分，也是城市实施可持续发展战略的重要环节。其特点主要如下：一是综合性，即市容环境卫生管理是市容环境卫生科学、管理学、管理工程学交叉渗透的产物，具有较高的综合性。它既有管理对象和内容的综合性，也有管理手段和方法的综合性。二是群众性，即市容环境卫生工作的主要服务对象是城市居民，维护市民良好的生活环境，保障身体健康，是市容环境卫生管理的首要任务。城市居民既享有良好的市容环境卫生的权利，也有维护市容环境整洁、美观的义务。三是系统性，即市容环境卫生管理是周而复始地循环进行的，每个环节都不可中断。四是反复性，即该项工作很难维持一个长久不变的良好秩序，因为商品、货物、人员是时刻在流动的，管理工作必然反复进行。搞好市容环境卫生管理具有重要意义：市容环境卫生管理是文明城市建

---

〔1〕 熊文钊主编：《新时期城市管理综合行政执法指导全书》（第2卷），新华出版社2003年版，第927页。

设的重要标志，是保证城市正常运转的基本条件，也是建设清洁、卫生城市的基本要求。[1]

三、城市管理的原则

现代城市的管理，要求科学化、人性化、法治化。而管理科学化、人性化、法治化的实现，必须树立先进的管理理念，制定相应的管理制度和法律规范，以确保城市发挥其应有的功能，满足人民群众不断增长的物质和文化需要。尽管每个城市的基础条件、发展定位不一，所遵循的具体原则也未必完全一致，但总体来说应当遵循以下几个基本原则：

（一）最大限度满足人民群众需要的原则

为城市居民创造舒适、美好的生活和工作环境，是每一个城市发展中应追求的目标。这里所谓的“最大限度”，是指在当前经济条件，尤其是在当前生产力条件下能够满足人民群众需要的最大限度。要处理好“一要吃饭，二要建设，三要管理”的关系，统筹兼顾居民生活、城市建设与城市管理，兼顾效率与公平、秩序与自由，让“民生是最大的政治”的理念落到实处。

（二）系统管理原则

系统管理原则也就是统一规划、统一建设、统一管理的原则。一般认为，系统一般具有三个特点：系统是由若干相互联系的要素以一定的结构组成的整体；系统整体可以分解为若干个相对独立的要素；系统整体有不同于各组成部分的独特功能。城市管理中坚持系统化的原则，就是要将系统论的思想和方法作为研究、分析和处理城市管理问题的准则。城市是个完整的

〔1〕 熊文钊主编：《新时期城市管理综合行政执法指导全书》（第2卷），新华出版社2003年版，第820页。

系统，只有各个子系统在城市政府的统一规划、指挥和协调下，才能发挥整体的功能。多年来的实践证明，计划经济时代延续下来的条块分割的管理体制，割裂了城市各主管部门之间的有机联系，导致各自为政，造成重复执法、相互冲突，带来了许多社会问题。只有坚持系统论的原则，才能防止城市管理主体之间相互割裂的现状，实现城市管理的优化。

（三）综合效益原则

综合效益原则，即指经济效益、社会效益和环境效益相统一的原则。坚持综合效益原则就是要从城市总体战略目标出发，对经济活动、社会生活、环境保护做全面综合的规划管理，以使城市的经济效益、社会效益和环境效益得到协调发展。在城市建设与管理中，一定要兼顾三方的利益，取得最佳的综合效益。考核城市发展的指标也不应单纯从经济上考量，而应是深层次、系统化、多向度的目标体系，促使城市的经济建设、文化建设、社会建设、精神文明建设与环境保护协调发展。

（四）因市制宜原则

不同的城市具有不同的地理环境、经济特点和文化内涵，具有不同的区位优势和资源禀赋。正因为城市的基础不同、条件不同，每个城市的发展定位和政策目标也应不同，在管理理念和方式上必然存在差异性和多样性。为此，因地制宜、因市制宜，制定不同的规章制度和地方立法，应当作为城市管理者的一项基本遵循。

（五）合理控制城市规模原则

城市规模的大小主要由城市人口、地理条件、经济结构、土地供应和发展水平等因素决定。如果城市过度膨胀，超过城市环境的“承载力”，就会产生一系列的城市社会问题，即“城市病”，其症状普遍是：交通拥挤、空气污染、住房紧张、精神压抑、秩序紊乱等，给城市管理造成很大压力。世界城市发展的经验告诉我们，城市规模在一定限度内，它的经济效益是递增的，超过一定的限度，它的经济效益是递减的，发展是呈“S”型的。[1]因此，不是城市规模越大，效益就越好，确定适度的城市规模是城市发展的重要问题，城市规模不是越大越好，也不是越小越好，而是要寻求它的合理性。在今后，“重点发展中小城市及小城镇、合理控制大城市发展规模”应作为城市发展的一项重要原则。

（六）法治原则

现代社会是法治社会，现代城市管理也应依法进行。所谓法治（the rule of law），是指以民主为前提和目标，以严格依法办事为核心，以制约权力为关键的社会管理机制、社会活动方式和社会秩序状态。[2]法治的核心是严格依法办事，法治的关键在于制约权力。权力拥有者必须受到法律的制约，因为他们不依法办事，要比一般社会主体更难以追究；他们的违法行为对法治的破坏，要比一般社会主体更为严重。法治作为一种社会管理机制，与人治是对应和对抗的，它是社会控制者通过法所进行的社会运作过程和社会组织形式。在法治状态中，法的

---

〔1〕 1975年，美国城市学者诺瑟姆在总结欧美城市化发展历程的基础上，把城市化的轨迹概括为拉长的“S”型曲线，即城市化进程可分为三个阶段：第一是城市化起步阶段，城市化水平较低，发展速度也较慢，农业占据主导地位。第二是城市化加速阶段，人口向城市迅速聚集，城市化推进很快。随着人口和产业向城市集中，市区出现了劳动力过剩、交通拥堵、住房紧张、环境恶化等问题。私家车普及后，许多人和企业开始迁往郊区，出现了郊区城市化现象。第三是城市化成熟阶段，城市化水平比较高，城市人口的比重增长趋缓甚至停滞。在有些地区，城市化地域不断向农村推进，一些大城市的人口和工商业迁往离城市更远的农村和小城镇，使整个大城市人口减少，出现“逆城市化”现象。

〔2〕 张文显主编：《法理学》（第3版），高等教育出版社、北京大学出版社2007年版，第396页。

规定是社会管理的根据和手段，法的实现是社会管理的目标和要求，法的实施是连接法的规定和法的实现的桥梁。法治也是一种社会活动方式，在法治状态中，人们都自觉地把法当作自己的行为准则，用法来引导自身的行为，衡量他人的行为。法治还是一种社会秩序状态。社会的秩序状态是各种各样的，法治是一种良性的社会秩序状态。只有在法律制度相当完备，又被很好地实施、实现了以后，才可能建立起作为良好社会秩序状态的法治。城市管理遵循法治原则，首先应当制定良好的城市管理法律法规，其次要严格遵守法律、严格依法办事，最后还要规范制约行政管理与执法权力，通过行政主体与社会各界的通力合作，共同实现良好的社会秩序状态。

应当注意的是，城市管理的原则不是一成不变的，是不断发展变化着的，随着时代变迁和国家政策的调整，城市管理的原则会被赋予新的内涵，体现时代特色。为深入推进城市管理执法体制改革，改进城市管理工作，《中共中央、国务院关于深入推进城市执法体制改革改进城市管理工作的指导意见》提出了城市管理的五项新型原则，〔1〕包括：

（1）以人为本原则。城市管理要牢固树立为人民管理城市的理念，强化宗旨意识和服务意识，落实惠民和便民措施，以群众满意为标准，切实解决社会各界最关心、最直接、最现实的问题，努力消除各种“城市病”。

（2）依法治理原则。城市管理要完善执法制度，改进执法方式，提高执法素养，把严格规范公正文明执法的要求落实到城市管理执法全过程。

（3）源头治理原则。城市管理要增强城市规划、建设、管

---

〔1〕“中共中央、国务院关于深入推进城市执法体制改革改进城市管理工作的指导意见”，载《人民日报》2015年12月31日。

理的科学性、系统性和协调性，综合考虑公共秩序管理和群众生产生活需要，合理安排各类公共设施和空间布局，加强对城市规划、建设实施情况的评估和反馈。变被动管理为主动服务，变末端执法为源头治理，从源头上预防和减少违法违规行为。

（4）权责一致原则。城市管理要明确城市管理和执法职责边界，制定权力清单，落实执法责任，权随事走、人随事调、费随事转，实现事权和支出相适应、权力和责任相统一。合理划分城市管理事权，实行属地管理，明确市、县政府在城市管理和执法中负主体责任，充实一线人员力量，落实执法运行经费，将工作重点放在基层。

（5）协调创新原则。城市管理要加强政策措施的配套衔接，强化部门联动配合，有序推进相关工作。以网格化管理、社会化服务为方向，以智慧城市建设为契机，充分发挥现代信息技术的优势，加快形成与经济社会发展相匹配的城市管理能力。

四、我国城市管理的现状与趋势

（一）我国城市管理的现状

世界城市的发展历程表明，城市的发展一般都经历了两个阶段：一个是侧重建设阶段；一个是侧重管理阶段。20 世纪 50 年代至 70 年代，西方发达国家的城市处于侧重建设阶段，各大主要城市普遍进行了耗资巨大、规模空前的城市建设。然而盲目进行城市建设却忽略了城市管理，使得“城市病”突出。从 20 世纪 80 年代开始，西方城市大规模的建设基本停止，各大主要城市相继进入了注重管理的阶段。通过现代管理不断提高城市管理水平，来解决城市发展与运行中遇到的各种矛盾。

1978 年，国务院召开了第三次中央城市工作会议，提出加强城市管理的要求。1987 年，实施的《国务院关于加强城市建设工作的通知》（现已失效）和《中共中央关于经济体制改革的决定》均明确指出，城市政府的主要职责是规划、建设、管理城市。在此号召下，改革开放以来我国城市数量、城市规模发展很快，城市面貌也发生了历史性变化。然而，我们仍然逃不过城市发展普遍规律的制约，大规模的城市建设与落后的城市管理，凸显了两大矛盾：一方面，我国经济基础薄弱，城市基础设施陈旧，城市道路建设落后，公共服务不足；另一方面，改革开放以来经济与社会各项事业的发展迅速，城市经济一直保持良好的增长势头，给城市的资源承载能力和行政执法带来了很大压力，迫切需要城市加快硬件和软件建设。20 世纪 70 年代末，百废待兴，城市工作的重点是加强城市建设。到 20 世纪末，随着改革开放力度的加大和城市的快速发展，国家提出“控制大城市规模，合理发展中等城市，积极发展小城市”的主张，但那时的重点仍然在于发展和建设。如今中国的常住人口城镇化率为 55%，7 亿人生活在城镇，但空气污染、交通拥堵、垃圾围城、城市建设“摊大饼”以及城市文化缺失等“城市病”也普遍发作，到了我们该调整城市管理思路的时候。

（二）城市管理应理顺的几个关系

1. 理顺城市管理与经济、社会发展和环境保护的关系

城市管理的任务和目的是对城市经济、社会发展和环境保护之间设置可为与不可为的边界，使城市经济、社会发展和环境保护三者的交集实现最大化，实现城市发展方向和目标最大化的发展，打造清洁宜居的城市环境、平安有序的公共秩序、和谐友爱的社会氛围和包容持续的城市发展。

2. 理顺城市管理与城市规划、建设的关系

当前一段时期内，城市管理应从城市规划水平、基础设施建设水平、公共服务提供水平、公共环境管理水平和公共秩序

维护水平五个方面，坚持规划先行和建管并重，坚持创新、传承和保护相结合，坚持城市软实力和城市硬实力发展相匹配，遵循约束性和预期性指标，加强市政公用设施、公共秩序、环境卫生和园林绿化的规划、建设与运行管理的统筹协调，把城市规划好、建设好、管理好。

3. 理顺城市管理与行政执法、服务的关系

城市管理部门需要理顺管理、执法和服务之间的关系，让城市管理成为行政管理、行政执法和公共服务的统称，克服职责边界不清、管理方式简单、执法行为粗放和服务意识淡薄等问题，杜绝相互扯皮、乱作为、不作为等现象。城市管理部门要通过法律和政策措施，对相关领域行使好行政管理权和执法权，同时也要为社会生产、生活等活动提供好公共服务产品，在管理、执法过程中体现服务，在服务过程中体现管理、执法的要求，激发社会活力，增加社会和谐友爱的正能量。

4. 理顺城市管理与城市治理的关系

推进依法治理城市，改革城市管理体制，完善城市治理机制，促进城市管理走向城市治理，从自上而下的管理转变为政府与社会公众之间的双向互动与合作，实现治理主体多元化。除进一步完善国家和政府的管理、发挥政府的主导作用外，还要强调积极引入社会力量，加强法治建设、道德建设，加强信息化管理和信用体系建设等，实现公共利益最大化。

（三）城市管理的趋势：城市管理法治化

城市管理法治化，是整个国家和社会法治化的一个重要组成部分。若要建设法治国家、法治社会，就必须建设好法治城市。近年来，尽管中央和不少地方陆续出台了一些城市管理法律、法规和规范性文件，但法律供给和法律实施仍然不能适应现代城市管理的需要。为了确保现代城市的管理需要和我国可

持续发展战略目标的实现，必须尽快建立健全城市管理法规体系和法治体系，坚持依法治市，加快实现城市管理法治化步伐，全面推进城市现代化进程。

近年来，我国的城市建设十分迅速，城市管理的任务也越来越繁重。在城市管理法律法规尚不健全的情况下，随意执法的现象就不可避免地出现在城管工作中。一些领导从个人的好恶出发实施管理，导致认识偏差和决策失误；执法人员自由裁量权比重偏大，罚不罚、罚多少，完全由执法人员说了算；城管执法队员之间素质参差不齐，个别人员以罚代管、以收代罚、吃拿卡要等现象屡禁不止，损害了城管的整体形象，同时也严重破坏了政府与群众之间的关系。此外，城市管理因与市民的日常生活和切身利益密切相关，违法行为易发性强、反复性大。由于缺乏法律法规依据，加之少数执法人员的执法水平不高，城市管理也只能在低水平徘徊。因此，要解决以上问题，仅靠行政手段显得十分乏力，必须通过建立健全法律法规来规范和调整。笔者认为，实现城市管理法治化，需要从以下几个方面着手：

1. 建立健全城管法规体系

依法管理城市，必须改变目前城管工作立法不足的现状。党的十一届三中全会以来，我国对城市管理工作日趋重视，国家和地方也颁布了一批法律、行政法规、地方性法规和规章，国务院还颁布了一大批规范性文件，用来指导城市建设与管理工作。但由于法律法规的模糊性、割裂性，欠缺统一和规范，带来了执法上的困难。实践中，规范性文件是一种重要的城市管理依据，但规范性文件不是法，无法直接作为执法依据，导致在实际执法过程中遇到了很多法律缺位的难题。纵观现有城管法律法规，尚存在立法滞后、立法不统一、行政处罚种类单

一、处罚幅度畸轻畸重等问题。这些方面的不足造成了城市管理中的难点，形成“管也不是，不管也不是”的局面，还造成了各地城市管理执法主体的不确定和管理职能的不规范，严重阻碍了城市管理工作的健康发展。因此，建立健全城市管理方面的法规体系，制定专门的《城市管理法》，已成当务之急。

2. 建立健全城管法治体系

法治体系，它同法规体系、法律体系虽一字之差，但含义不同。法治体系是指法治运转机制和运转环节的全系统，包括立法体系、执法体系、司法体系、守法体系、法律监督体系等，由这些体系组成的一个纵向的法治运转体系。总体上说，法治是一个过程，包括了静态的法律规范制度和动态的法律实施监督等。法治体系既有法律的制定，也有法律的实施，法规体系只是具体的制度内容，是静态的法律文本；法规体系着重说明的是静态的法律本身的体系构成，而法治体系则既包括静态的法律规范，也包括动态的法治运转机制。从相互关系来讲，法治体系包括法规体系或法律体系，而法规体系则组合在法治体系之中。与法规体系不同，法治体系不是一个静止的存在，而是一个动态的过程，包括法律的制定、实施、监督、实现等过程。城管执法仅靠城管局一家单打独斗是不可能管理好城市的，它需要通过城市管理立法、执法、司法、守法和法律监督等各个环节的相互作用，依靠全民参与得以实现。

3. 建立高素质的城管执法队伍

城管执法队伍是城市管理行政主管部门领导的执法力量，担负着城市管理方面法律法规的实施和查处、纠正有关违法违章行为的重任。只有建立一支思想好、作风硬、纪律严、业务精、形象美的执法队伍，才能保证各项城管法律法规的顺利、正确实施，才能完成党和政府赋予的城市管理任务。

城管执法是一项专业性较强的行政执法工作，要求执法队员既要具备一定的理论素质，又要具备一定的城市管理方面的业务素质，因此，依法管理城市，必须加强执法队伍素质的教育。城管执法人员应当加强政治理论和相关法律法规的学习，不断更新法律知识，适应执法工作的新要求。城管执法人员的言行举止，不仅是执法人员自身文明素质和形象的反映，而且直接代表了城管行政机关的素质和形象，背后还影响着政府和老百姓的关系。因此，改进理念、改善形象、文明执法应当成为加强执法队伍建设的一项重要内容。城管执法人员在执法过程中应当努力做到以理服人、耐心教育、严格规范，在社会上塑造良好的城管队伍形象。

4. 切实加强城管执法监督

要实现城市管理法治化，不仅要建立健全城管法规体系，建立高素质的城管执法队伍，而且要建立一套完整的城管执法监督机制，以确保城管执法的合法性、合理性，规范城管人员的执法行为。

首先，在城管机关内部，要加强内部监督，建立执法责任追究制度，形成监督执法人员行使权力的纪律保障。可根据有关法律法规的规定，在城管系统制定执法监督规定、自由裁量权行使规则、违纪处分办法等规章制度，约束城管工作人员的执法行为。其次，要成立一支专门的城管执法督察队，通过明察暗访、巡察自纠，对违纪违法的人员严肃处理。最后，还要建立重大案件备案审查制、错案追究制，以此对城管人员的执法行为进行严格的监督与问责，确保公正文明执法。城市管理工作是一项复杂的社会系统工程，它与城市居民、社会各界的联系极为密切，城管执法人员的一言一行都代表着政府的形象。因此，要加强对城管执法的外部监督，通过新闻舆论监督、人大代表和政协委员监督，以及专门聘请社会监督员监督等方式，加强对城管执法行为的监督工作。另外，行政复议和行政诉讼也是重要的监督方式。国家应当完善城管执法的行政复议和行政诉讼制度，加强复议机构的建设，健全行政诉讼渠道，保证行政相对人享有充分的行政复议权和行政诉讼权。

5. 提升公民素养，加强公众参与

提升公民法治素养，加强城市管理公众参与，是当今城市管理中新的时代课题。如果公民的素养，尤其是法治素养不能提升的话，他们就会随心所欲地占道经营、乱丢乱扔、私搭乱建，做损公肥私甚至违法犯罪的事。公众参与不足的话，城市管理行政执法工作最终必将变成无本之木、无源之水，整个管理工作就将彻底陷入一种单边管理的状态之中。所谓“单边管理”，即仅仅依靠部分专业执法人员对整个城市秩序进行执法管理，而忽视群众对城市管理的广泛参与和监督管理，由此城市管理将变得愈发艰难而繁重，最终也会导致我们在城市管理方面的路越走越窄。城市治理主体应是多元的，不能只是政府及相关部门单打独斗，而要组织和动员广大社会力量，如行业协会、社会团体、基层自治组织、社区组织、志愿者组织以及管理相对人的组织等。创建良好的治理环境，要找到最佳治理方案，最大限度地调动管理相对人的积极性，以消除执法阻力。城管执法要履行治理责任，兼顾个人利益与公共利益，避免社会矛盾激化，防止发生群体性事件。[1]

〔1〕 姜明安：“城管执法何以不难”，载《人民日报》2016年5月22日。

第二章 城市的管理体制

城市是需要管理的，但管理城市的方式方法、体制机制，却因国情、政体、文化的不同而存在着差异性与多样性。那么，城市管理的理论基础是什么，城市管理综合行政执法又有着什么样的内涵与特点呢？本章将对此问题加以探讨。

第一节　城市管理体制内涵与原理

一、城市管理体制的内涵

一般认为，体制是国家机关、企事业单位的机构设置、隶属关系和权责划分等方面的体系和制度的总称。体制是管理机构和管理规范的结合体或统一体，不同的管理机构和不同的管理规范相结合就形成了不同的体制。而管理体制是指包括领导体制、行政机构、组织人事制度、行政法律规范等在内的体系和制度的统称，其目的在于调整相关的社会关系，提高管理工作效能，促进社会、经济、文化等事业的发展。城市管理体制就是有关城市管理的机构设置、隶属关系和权责划分等方面的体系和制度的总称。

一般而言，城市管理体制具有以下四个方面的内容：

一是有关城市规划、建设与管理等机构的领导体制。它包括城市管理系统中诸多机构间的行政隶属关系，以及各自的管理幅度与管理层次。城市管理系统内的各机关及其职能机构的关系网络，构成了城市管理体制的主要内容。

二是城市管理系统内各机构之间的职能及权责关系。城市管理系统各组织机关的职能由相应的法律法规规定，其权责结构由职能体系所决定。

三是城市管理体制中的市、区、街道“三级管理”体制。首先涉及三级管理中的职能分工，如市级的宏观决策、指导与综合协调职能；区级的具体分解、具体协调及落实职能；街道级的执行职能等。其次是事权分配及管理原则，如市级的政策制定权、区一级的决策指导权、街道的执行处理权。最后是指同一层级上的各管理机构之间的相互合作关系。

四是城市管理系统中政府、企事业单位、社会公众之间的关系定位。城市管理体制中的政、企、事、民关系错综复杂，彼此制约，这是由城市管理的特点所决定的。在城市管理中，既需要发挥政府的主导作用，也需要调动社会各界参与城市管理的积极性，形成公众参与、协同共治的良性局面。

城市管理体制中，最核心的问题就是管理机构的设置及其运作。马克思在《德意志意识形态》中指出，随着城市的出现，就需要行政机关、警察、赋税等，一句话，就是需要公共的政治机构。[1]这些公共机构就是城市管理的主体。主体的设立及其职权配置状况，对城市管理的效能将产生直接的影响，因此，城市管理的中心问题，往往也是管理体制问题。

---

〔1〕《马克思恩格斯选集》（第1卷），人民出版社1972年版，第56页。

二、城市管理的理论基础

（一）有限政府理论

一般认为，所谓有限政府，是指政府的权力、职能、规模和行为方式都受到宪法和法律的明确限制，并接受社会公众监督和制约的政府。有限政府与全能政府相对应。与全能政府不同，有限政府严格界定自己权力的范围，它不是什么事情都要管，眉毛胡子一把抓，而是以人为本，尽量避免干涉私人事务，充分尊重人的自由、权利，尽量避免直接干预社会经济活动，尊重市场机制在资源配置中的基础作用。全能政府是指政府的行政权力不受限制地渗透并控制社会生活的全部领域和各个层面，政府包揽政治、经济、社会的绝大部分事务。在国家生活中，政府是万能的，权力是无限的，政府垄断一切资源，成为整个社会生活的主角。洛克在其重要著述《政府论》中，把政府看作是“必要的恶”，明确提出“有限政府”的概念，强调以生命权、财产权和自由权等基本人权来为政府行为设置“底线”，并以法治和人民的“革命”权来抗击政府的强权。有限政府理论的提出，为建立近代民主国家提供了理论基础。有限政府理论的核心是自然权利理论、社会契约理论、分权制衡理论。

有限政府理论认为，政府是经由市场机制实现私人产品的有效供给，而由公共部门负责安排公共产品的提供。城市管理要让市场在资源配置中发挥决定性作用，政府的基本职责在于纠正市场失灵和社会失灵。在市场经济体制下，城市政府只能是有限政府而不能是全能政府。当前，我国的城市管理仍受制于全能政府模式，政府仍大规模投身于竞争性行业，仍旧既当“裁判员”又当“运动员”。从全能政府走向有限政府的过程，是不断规范行政权力的过程。建设有限政府难免会遇到来自政府内部的阻力，从这个意义上讲，城市管理体制必须进行自我改造，并依靠市场和社会力量的推动才能取得成功。

（二）服务型政府理论

服务型政府是针对管制型政府的弊病而言的。管制型政府坚持“官本位”，政府对社会经济资源拥有绝对支配权，公众不得不依赖政府获取社会服务。与管制型政府不同，服务型政府坚持以人为本的公民本位，政府必须以人民的满意为基础。公民本位意味着普通民众是公共服务的决策主体，公众满意度是评价政府绩效的最终标准。建设服务型政府，需要推进政务公开，完善信息公开制度，提高政府透明度，健全决策听证、价格听证、专家论证等公众参与制度。建设服务型政府，还需要提高政府部门的应急反应能力，及时回应社会需求，更好地为公众服务，不断提高政府的公信力。

城市政府在应对和解决公共事务中占有举足轻重的地位。如果没有政府提供高效的服务，经济、社会持续稳定快速发展就不可能实现。为此，必须建设服务型政府，努力实现政府管理方式从管制型向服务型模式的转变，把政府职能切实转到协调经济、监管市场、管理社会和服务公共领域上来，真正体现为人民服务的宗旨。党的十九大报告指出，要“建设人民满意的服务型政府”，这为我们建设服务型政府提供了基本遵循。建设服务型政府，是政府管理模式演变的方向，是政府的必然选择。随着世界政治、经济、科技等的快速发展及我国由计划经济向市场经济的转变，传统管制型政府开始显得力不从心，迫切需要一个全新的能够代替并且超越管制型模式的政府，一个积极的能迅速适应相关外部条件变化的新型政府管理模式出现。而改变现有模式，建设服务型政府是目前政府转型的必然选择。[1]

（三）新公共管理理论

新公共管理理论也称“企业化政府”理论，其核心观点是将竞争机制引入公共服务供给之中。[2]

新公共管理作为一种新的管理理论或管理模式，其理论基础与以往的管理理论有很大区别。如果说传统的公共行政以“政治—行政”二分论和科层制论为其理论支撑点的话，新公共管理则以现代经济学和私营企业管理理论和方法作为自己的理论基础。首先，新公共管理从现代经济学中获得诸多理论依据，如从“理性人”的假定中获得绩效管理的依据；从公共选择和交易成本理论中获得政府应以市场或顾客为导向，提高服务效率、质量和有效性的依据；从成本—效益分析中获得对政府绩效目标进行界定、测量和评估的依据等。其次，新公共管理又从私营部门管理方法中汲取营养。新公共行政管理认为，私营部门的许多管理方式和手段都可为公共部门所借用。如私营部门的组织形式能灵活地适应环境，而不是马克思·韦伯所说的僵化的科层制；对产出和结果的高度重视，而不是只管投入，不重产出；人事管理上实现灵活的合同雇佣制和绩效工资制，而不是一经录用，永远任职等。总之，新公共管理理论认为，那些已经和正在为私营部门所成功地运用着的管理方法，如绩效管理、目标管理、人力资源开发等并非为私营部门所独有，它们完全可以运用到公共部门的管理之中。

新公共管理理论试图摆脱传统行政管理对科层制的倚重，

---

〔1〕 宋红团：“建设服务型政府的几个着力点”，载 http://www.rmlt.com.cn/2017/1121/503783.shtml，2018 年 5 月 13 日访问。

〔2〕 杨宏山编著：《城市管理理论与实务》，中国人民大学出版社 2016 年版，第 54 页。

转而采用私营企业管理的方法和工具，以企业精神重塑政府部门和公务人员。面对财政约束，城市政府不得不“少花钱多办事”，努力降低行政成本，消减公共支出和项目服务，提升公共服务供给效率。于是，引入市场竞争机制逐渐成为公共服务供给的一种政策选择。新公共管理理论的基本主张是政府应“多掌舵少划桨”，它在恪守公共管理核心价值的同时，吸收了企业管理奉行的顾客至上、绩效管理、目标管理等理念和工具，强调结果导向、责任制和绩效评估等。

（四）城市治理理论

作为英语国家的日常用语，治理（governance）概念源自古典拉丁文或古希腊语“引领导航”（steering）一词，原意是控制、引导和操纵，指的是在特定范围内行使权威。它隐含着一个政治进程，即在众多不同利益共同发挥作用的领域建立一致或取得认同，以便实施某项计划。[1]

随着全球对公共治理的关注变得更为广泛和日益重要，这一概念逐渐引入到城市治理领域。20 世纪 80 年代以来，由于传统城市管理模式面临挑战，学界开始探讨城市治理问题。城市治理强调发挥城市政府与利益相关者之间的合作关系，包括政府与市场、社会、市民之间的合作，以及政府内部的府际合作、部门间合作。传统城市管理模式主张，市政管理是以政府为主体的单中心管理，公共产品生产、公共服务供给和公共事务处理都由政府承担。政府通过设立国有企事业单位，直接生产公共产品和公共服务。城市治理理论认为，政府不应垄断公共事务管理权，尽管政府有责任提供公共产品和服务，但不必事必躬亲，非政府公共组织、企业、社区和市民都可参与其中。城

〔1〕 乾泉：“什么是城市治理？”，载《人民政协报》2015 年 10 月 26 日。

市治理理论主张，城市善治的根本保障在于推进多元主体合作治理，实现治理主体多元化。

（五）绩效管理理论

绩效管理也称结果导向型管理，是根据绩效目标，运用评估指标对政府部门履行行政职能所产生的结果及其影响进行评估，通过划分绩效等级、提出绩效改进计划、运用评估结果来改进绩效的活动过程。绩效管理起源于企业界，后被引入政府管理系统，它强调结果为本，通过持续的绩效评估来测量组织和个人履行既定职责、完成既定目标的状况。绩效管理的基本流程包括五个环节：部门目标—工作分析—绩效指标—绩效评估—绩效追踪。其中，绩效评估在绩效管理中居于核心地位。绩效管理理论通过设立独立的绩效评价机构，定期公布绩效评价报告，促使各部门改进管理方式；强调质量控制，降低行政成本，提高行政效能，保持高效运作。

（六）公众参与理论

公众参与是指公共权力在进行立法、制定公共政策、决定公共事务或进行公共治理时，由公共权力机关通过开放的途径从公众和有利害关系的个人或组织获取信息、听取意见，并通过反馈互动对公共决策和治理行为产生影响的各种行为。它是公众通过直接以政府或其他公共机构互动的方式决定公共事务的过程。公众参与所强调的是决策者与受决策影响的利益相关人的双向沟通和协商对话，遵循“公开、互动、包容性、尊重民意”等基本原则。[1]公众参与的内容可以分为三个层面：第一是立法层面的公众参与，如公众参与立法听证会；第二是公共决策层面，包括政府和公共机构在制定公共政策过程中的公

〔1〕 蔡定剑主编：《公众参与：风险社会的制度建设》，法律出版社 2009 年版，第 5 页。

众参与；第三层面是公共治理层面的公众参与，包括法律政策实施、基层公共事务的治理等。

城市管理必须坚持以人为本，基于现实情形进行决策，致力于满足社会的公共需求。公众参与城市治理可减少政府与公众之间的误解与隔阂，提升公众的责任感与归属感。公众参与政策制定还可提升公民和社区对政策的理解和接受程度。在参与方式上，立法听证、价格听证、民意调查、热线电话等，都是公众参与的有效途径。

上述理论从不同侧面表达了政府管理、城市治理，以及政府与社会、政府与市场的关系的基本认识及其发展演变。每个理论都有其合理内核和建构基础，对我们当下的城市管理及其体制改革具有重要的启发借鉴意义。应当指出的是，任何单一的理论都有其合理性，也有其局限性。只有撷取不同理论的精华，并紧密结合本国城市发展和城市管理面对的现实国情，我国的城市管理与体制改革才能获得更好的发展与进步。

第二节　我国的城市管理体制

一、我国城市管理体制的产生与发展

在我国历史上，城市管理及其体制建设，自从有城市开始，就是一个相随相伴的话题。

民间自古就有“黎明起、扫庭院”的习惯。秦法中有“弃灰于道者刑”的法律。元初，意大利人马可·波罗游历中国，在他的《马可波罗行纪》中提到南宋都城临安的商业繁盛、人烟稠密、市容整洁，誉之为“世界最富丽华贵的城市”。根据他的记载，在古临安，城市人口聚居，大量的垃圾有专人进行清除，并以此业为生。到了清末，开始由警察机构管理清洁工作，

包括清理街道、收运垃圾、厕所保洁等内容。这是对政府管理城市环卫工作的早期记载。民国时期，城市环卫工作队伍已初具规模，1929 年前后，大城市逐渐使用洒水汽车在道路上洒水降尘，同时陆续使用汽车运输垃圾，政府还拨款修建了一批公共厕所。另外，许多地方政府颁布了有关清洁卫生的管理条例，清洁工作开始制度化和经常化。

中华人民共和国成立前夕的 1949 年 3 月，解放战争已看到胜利的曙光。在这大转折时刻，党中央在西柏坡举行的中共七届二中全会上首次指出，党的工作重心将由农村转移到城市，必须要用极大的努力学会管理城市和建设城市。20 世纪 60 年代初，为加强对城市的集中统一管理和解决当时城市经济生活的突出矛盾，1962 年 9 月和 1963 年 10 月，中共中央、国务院先后召开全国第一次和第二次城市工作会议，各级城市人民政府相继组建城市建设监察队伍，从事城市建设管理与行政执法工作。自此，全国逐渐形成了较为完整的城建监察制度和城建监察执法队伍组织体系，但也出现了分散执法、多头执法、委托执法、野蛮执法等问题。1980 年 3 月，经国务院批准的《国家基本建设委员会、中央爱国卫生运动委员会、国家劳动总局、国家城市建设总局关于加强城市环境卫生工作的报告》，明确国家城市建设总局作为全国环境卫生管理工作的主管部门。这是城市管理体制的重大变化，是对几十年城市建设和管理工作实践经验的全面总结。1982 年 12 月，原城乡建设环境保护部发布《城市市容环境卫生管理条例》，这是我国第一部关于城市市容环境卫生管理的部门规章。1987 年 5 月，发布的《国务院关于加强城市建设工作的通知》（现已失效），要求改革城市建设体制，搞好城市规划，管好用好城市管理资金，并强调城市政府的主要职责是把城市规划好、建设好、管理好。1989 年 1 月，发布的《建设部关于加强城建管理（市容）监察工作的通知》，要求各省、自治区、直辖市建委（建设厅、局）归口管理全省（自治区、直辖市）城建管理监察工作，城建管理监察工作得到有序规范。1990 年 7 月，发布的《建设部关于进一步加强城建管理监察工作的通知》，要求各级城市建设行政主管部门加强对城建管理监察工作的领导，城建管理监察队伍由城市的建委或管委、市容委统一归口管理。城建管理监察队伍的工作范围，原则上应当与各地城市人民政府对城市建设行政主管部门及规划、市政、公用、园林、市容环卫等专业行政主管部门规定的职责范围相一致。1992 年 6 月，建设部颁布《城建监察规定》（现已失效），明确规定全国的城建监察执法主体及其职责范围等，实现了全国城建监察行政执法队伍名称、执法主体、执法内容、执法体制、服装标志、归口管理“六统一”。1995 年 2 月 24 日，发布的《建设部关于印发〈城建监察队伍标志和装备规定〉的通知》，对城建监察队伍标志和装备进行了统一规范，推动了城建监察队伍规范化建设。

1996 年 3 月，《行政处罚法》（已被修改）颁布，规定国务院或者经国务院授权的省、自治区、直辖市人民政府可以决定一个行政机关行使有关行政机关的行政处罚权。这是我国第一次以法律的形式确认相对集中行政处罚权制度，为我国行政管理体制改革、开展城市管理相对集中行政处罚权工作提供了法律依据。之后，全国各地相继推进相对集中行政处罚权的试点工作。2002 年 8 月，《国务院关于进一步推进相对集中行政处罚权工作的决定》发布，国务院授权省、自治区、直辖市人民政府可以决定在本行政区域内有计划、有步骤地开展相对集中行政处罚权工作。此举标志着相对集中行政处罚权工作进入全面推进阶段，并向县（区、县级市）延伸。2002 年 10 月，《国务院办公厅转发中央编办关于清理整顿行政执法队伍实行综合行政执法试点工作意见的通知》实施，标志着综合行政执法试点工作正式启动，成为深化行政管理体制改革、推动行政执法体制创新的又一新举措。2003 年 2 月，《中央编办、国务院法制办关于推进相对集中行政处罚权和综合行政执法试点工作有关问题的通知》生成，就综合行政执法和相对集中行政处罚权两项工作的关系和贯彻落实问题作出详尽安排，综合行政执法试点工作在全国范围内逐步展开。之后，全国各地城市政府开始探索管理与执法相结合的城市管理模式。经过几年探索，服务、管理、执法“三位一体”的观念深入人心，城市综合管理模式成为全国城市管理者的共识。2008 年 2 月，党的十七届二中全会召开，通过了《中共中央关于深化行政管理体制改革的意见》。2008 年 3 月，第十一届全国人民代表大会第一次会议通过了《国务院机构改革方案》，开启了以政府职能转变为核心的新一轮行政管理体制改革。在此轮改革中，大多数城市的城市管理部门增加了市容环卫、市政公用、园林绿化、城市风景区和公园管理等城市建设管理领域的相关管理职能，形成了服务、管理、执法相结合的城市管理模式。2008 年 7 月，《国务院办公厅关于印发住房和城乡建设部主要职责内设机构和人员编制规定的通知》，将城市管理的具体职责交给城市人民政府，并由城市人民政府确定市政公用事业、绿化、供水、排水、节水、污水处理、城市客运、市政设施、市容、园林、环卫和建设档案等方面的管理。2008 年 9 月，浙江省第十一届人民代表大会常务委员会第六次会议通过《浙江省城市管理相对集中行政处罚权条例》（已被修改），这是我国第一部省级人民代表大会通过的有关城市管理相对集中行政处罚权的地方性法规。2010 年 11 月，长沙市十三届人大常委会第 27 次会议通过《长沙市城市管理条例》，这是全国第一部地方性城市管理法规。2011 年 5 月，杭州市组建市城市管理委员会，加挂市城市管理行政执法局牌子，使杭州成为国内少数既实行管理与执法相结合的城市管理模式，又实行“高位管理”的城市。

党的十八大以来，以习近平总书记为核心的党中央高度重视城市管理及体制建设工作。2013 年 11 月，党的十八届三中全会通过《中共中央关于全面深化改革若干重大问题的决定》，明确提出要理顺城管执法体制，提高执法和服务水平。2014 年 10 月，党的十八届四中全会在北京召开，会议通过《中共中央关于全面推进依法治国若干重大问题的决定》，再次提出理顺城管执法体制，加强城市管理综合执法机构建设，提高执法和服务水平。2015 年 12 月发布的《中共中央、国务院关于深入推进城市执法体制改革改进城市管理工作的指导意见》指出，要推进执法体制改革改进城市管理工作，要坚持以人为本、源头治理、权责一致、协调创新原则，构建权责明晰、服务为先、管理优化、执法规范、安全有序的城管体制。要加快推进执法重心和执法力量向市县下移，推进城市管理领域大部门制改革，实现机构综合设置，统筹解决好机构性质、执法人员身份编制等问题。要健全法律法规体系和执法制度，建设一支素质过硬的执法队伍，真正做到依法、规范、公正、文明执法。2015 年 12 月，中央城市工作会议在北京举行，习近平总书记在会上发表重要讲话，分析了城市发展面临的形势，明确了做好城市工作的指导思想、总体思路、重点任务等。2016 年 10 月，《住房城乡建设部关于设立城市管理监督局的通知》指出，设立城市管理监督局，建立健全城市管理协调机制和考核机制。根据中央编办批复，住房城乡建设部稽查办公室整体改编为“城市管理监督局”。2017 年，住房和城乡建设部颁布《城市管理执法办法》，住房和城乡建设部、财政部颁布《城市管理执法制式服装和标志标识供应管理办法》，设立全国统一的城市管理执法系统和制式标识。

二、我国城市管理体制的内容与特点

从城管部门产生到发展的历程来看，城市管理的内容庞杂，包揽万象，甚至可以说边界非常模糊。事实上，城管部门是将我国有城市管理职责的相关政府机构所拥有的执法职能集中行使，包括市容环境卫生、城市规划管理（无证违法建设处罚）、道路交通秩序（违法占道处罚）、工商行政管理（无照经营处罚）、市政管理、公用事业管理、城市供水管理、停车管理、园林绿化管理、环境保护管理、施工现场管理（含拆迁工地管理）、城市河湖管理，以及黑车、黑导游等方面需要执法管理的事项。

世界城市发展的历史进程表明，城市发展一般都要经历两个阶段：第一个阶段是侧重建设的阶段，第二个阶段是侧重管理的阶段。第二次世界大战后，从 20 世纪 50 年代到 70 年代，西方发达国家的城市处于侧重建设的阶段，各大主要城市普遍进行了耗资巨大、规模空前的城市建设，然而盲目推进城市建设却忽略了城市管理，使得“城市病”越来越突出。从 20 世纪 80 年代开始，西方主要城市大规模的建设基本停止，各大主要城市相继进入注重管理的阶段，通过推行现代化的管理，不断提高管理水平来解决城市在发展与运行中遇到的各种矛盾。〔1〕

我国的城市发展与管理虽然与西方发达国家有着相似的经历，但是城市化进程要晚很多，直到今天，我国大规模的城市建设还在进行中。相应地，长期以来“重建设、轻管理”的弊

〔1〕 王震国主编：《城市管理综合执法概论》，中国建筑工业出版社 2015 年版，第 5 页。

端没有得到根本解决，城市管理中存在的突出问题需要从管理体制上认真思考，并加以切实改进。研究认为，我国现行的城市管理体制有其发展的规律和特点，并呈现出多元模式并存的样态。概括起来有三种态势：一是规划、建设及运行管理合一的大建委或大管委模式；二是建设与管理合一的模式；三是规划、建设、运行管理各自分离的模式。这种城市管理体制，是伴随着长期的城市管理实践而逐步产生的。我国现行城市管理体制的形成最早可以追溯到新中国成立初期。但是，真正对现行城市管理体制产生实质影响的还是改革开放以后。在改革开放40年的发展过程中，加强城市在“以经济建设为中心”战略中的核心地位，强化城市的辐射功能是我国城市发展的主线。现行的城市管理体制就是在这一进程中逐步形成的，其中经济体制改革和机构改革则是直接促进我国城市管理体制形成的两大背景要素。改革开放以来的城市管理体制的变化主要分成三个阶段：第一阶段，1980年至1992年。这期间，经济体制改革已经在城市铺开，并进行了新中国历史上的五次机构改革。城市经济建设的推进，必然对城市的规划、建设和管理提出新的要求。这一阶段的城市管理体制主要围绕三个方面作了相当大的改革：一是抓住城市管理转变职能的突破口，重新调整、凸显了城市的建设职能。到20世纪90年代时，随着《城市规划法》[1]的实施，城市的规划职能逐步明确，并在城市管理体制中占有了一席之地。但是，相关的市政等管理职能一直未能引起足够的重视。二是实行简政放权，赋予了区级政府一定的权力。这一时期权力下放的基本指导思想是：条块结合，以块为主。为了便于领导，区级普遍设立了同市级对应的机构，并明

〔1〕 2007年10月28日，第十届全国人民代表大会常务委员会第三十次会通过《城乡规划法》，自2008年1月1日起施行，《城市规划法》同时废止。

确了市、区两级的职责权限和任务分工。由于没有专门的法律法规保障，在向区、县下放权力的同时，也产生了一些问题，如市、区两级的职权界定太细，操作中出现的新情况，市、区两级都难以应付；规划权的下放造成违章建筑很是普遍等。三是调整城市管理的内部结构。这段时间刚好是我国城市建设的酝酿准备阶段和大规模城市建设的起步时期，所以城市建设成为城市工作的重点之一。在向建设倾斜的过程中，一些诸如“基础设施先行”的口号和方针很明显地反映了这些结构的调整趋势。总之，这一时期城市管理体制改革的成就不是很显著，政企不分、行政干预、粗放管理等现象十分普遍，改革的进程还有待继续深化。第二阶段：1993 年至 2014 年，这是我国历史上城市管理体制改革步子加快，取得显著成果的时期。这一阶段，城市管理体制改革的背景也是两个：一是按照 1992 年召开的中共十四大所确立的建设社会主义市场经济的目标，理顺体制，理顺关系；二是第六次机构改革的推动，从转变政府职能深化城市管理的机构改革。第三阶段：2015 年至今。这个阶段的主要标志是中共中央国务院于 2015 年 12 月 24 日通过的《中共中央、国务院关于深入推进城市执法体制改革改进城市管理工作的指导意见》（以下简称《指导意见》），〔1〕该意见回顾过去、立足现在、着眼未来，对新形势下深入推进城市执法体制改革、改进城市管理工作，提出了许多具有创新性的、具体的指导意见。

该《指导意见》提出，改革开放以来，我国城镇化快速发展，城市规模不断扩大，建设水平逐步提高，保障城市健康运行的任务日益繁重，加强和改善城市管理的需求日益迫切，城

〔1〕“中共中央、国务院关于深入推进城市执法体制改革改进城市管理工作的指导意见”，载《人民日报》2015 年 12 月 31 日。

市管理工作的地位和作用日益突出。但也要清醒地看到，与新型城镇化发展要求和人民群众生产生活需要相比，我国多数地区在城市市政管理、交通运行、人居环境、应急处置、公共秩序等方面仍有较大差距，城市管理执法工作还存在管理体制不顺、职责边界不清、法律法规不健全、管理方式简单、服务意识不强、执法行为粗放等问题，社会各界对此反映较为强烈，在一定程度上制约了城市健康发展和新型城镇化的顺利推进。深入贯彻党的十八大和十八届二中、三中、四中、五中全会及中央城镇化工作会议、中央城市工作会议精神，以“四个全面”战略布局为引领，牢固树立创新、协调、绿色、开放、共享的发展理念，以城市管理现代化为指向，以理顺体制机制为途径，将城市管理执法体制改革作为推进城市发展方式转变的重要手段，与简政放权、放管结合、转变政府职能、规范行政权力运行等有机结合，构建权责明晰、服务为先、管理优化、执法规范、安全有序的城市管理体制，推动城市管理走向城市治理，促进城市运行高效有序，实现城市让生活更美好。《指导意见》明确了城市管理的主要职责，提出城市管理的主要职责是市政管理、环境管理、交通管理、应急管理和城市规划实施管理等。具体实施范围包括：市政公用设施运行管理、市容环境卫生管理、园林绿化管理等方面的全部工作；市、县政府依法确定的，与城市管理密切相关、需要纳入统一管理的公共空间秩序管理、违法建设治理、环境保护管理、交通管理、应急管理等方面的部分工作。《指导意见》明确了城市管理的主管部门，提出国务院住房和城乡建设主管部门负责对全国城市管理工作的指导，研究拟定有关政策，制定基本规范，做好顶层设计，加强对省、自治区、直辖市城市管理工作的指导监督协调，积极推进地方各级政府城市管理事权法律化、规范化。各省、自治区、直辖市政府应当确立相应的城市管理主管部门，加强对辖区内城市管理工作的业务指导、组织协调、监督检查和考核评价。各地应科学划分城市管理部门与相关行政主管部门的工作职责，有关管理和执法职责划转城市管理部门后，原主管部门不再行使。《指导意见》提出要综合设置机构，按照精简统一效能的原则，住房和城乡建设部会同中央编办指导地方整合归并省级执法队伍，推进市县两级政府城市管理领域大部门制改革，整合市政公用、市容环卫、园林绿化、城市管理执法等城市管理相关职能，实现管理执法机构综合设置。统筹解决好机构性质问题，具备条件的应当纳入政府机构序列。遵循城市运行规律，建立健全以城市良性运行为核心，地上地下设施建设运行统筹协调的城市管理体制机制。有条件的市和县应当建立规划、建设、管理一体化的行政管理体制，强化城市管理和执法工作。〔1〕

三、现行城市管理体制存在的问题

城市管理工作是城市经济社会发展的重要组成部分，是城市化进程和建设现代化城市的重要保障。城市管理水平体现着一个城市的品位，也是一个城市的软实力、竞争力。党的十八届三中全会高度关注城市管理工作，首次将城市管理问题写入中央重大文件，提出了“深化行政执法体制改革，理顺城管执法体制，提高执法和服务水平”等要求，为城市管理事业的发展明确了方向。

城市管理的日常工作主要是由城管队伍来完成的，城管队伍的机构建设、职责权限、执法依据、装备供给、人员素质等，直接体现一个城市的形象和管理水平。应当看到的是，我国城

---

〔1〕“中共中央、国务院关于深入推进城市执法体制改革改进城市管理工作的指导意见”，载《人民日报》2015年12月31日。

管队伍是随着市场经济的迅速发展、城市管理压力的不断增大以及政府行政体制的深入改革应运而生的。这些年来，城管队伍在机构设置、人员配备、执法装备等方面，有了很大进步和明显改善，城市管理工作取得了显著成绩，但是，还存在着一些亟待解决的困难和问题，影响和制约了城市管理工作的健康发展。这主要表现在：

一是城市管理体制仍有待理顺。虽然 2015 年《指导意见》确定了国务院住房和城乡建设主管部门为全国城市管理的主管部门，但仍留下几个未统一、未明确的体制性问题：首先是各个省、自治区、直辖市的城市管理主管部门由各个省、自治区、直辖市政府自行确立，中央不做统一要求。这样安排的好处是，各个地方有了自行确定本地城市管理主管部门的自主权。但缺陷是，各地主管部门的不统一将会导致全国城管工作纵向上的不衔接、横向上的不一致，出现工作指导、沟通交流、监督检查的麻烦，有碍城管工作效能。其次是关于机构性质问题，《指导意见》提出“具备条件的”应当纳入政府机构序列，言外之意是，“不具备条件的”，可以不纳入政府序列。但具备什么条件、什么情况下才算具备条件，却没有明确的标准和约束，这必将导致各地自行其是，不利于城管队伍的规范化、标准化、法治化管理。最后是《指导意见》提出“有条件的”市和县应当建立规划、建设、管理一体化的行政管理体制，强化城市管理和执法工作。[1]这就意味着，在城市管理的体制上，当前和今后一个时期，全国各地的城管部门，有的地方会将规划、建设、管理职能统一起来，有的地方却处于分散状态；什么时候统一起来，是有条件的，而这个“条件”，目前仍未统一规定。

---

〔1〕“中共中央、国务院关于深入推进城市执法体制改革改进城市管理工作的指导意见”，载《人民日报》2015 年 12 月 31 日。

管理体制、职责权能的不统一，在全国所有行政管理部门中也是少有的，这说明我国的城市管理体制改革仍处于探索和完善之中。

二是缺少专门的城市管理法律法规。自 2000 年国务院法制办推行相对集中行政处罚权试点以来的十几年间，只有少数省份制定了地方性法规，城市管理法制建设严重滞后，城管执法的法律效力和法律地位明显不足，城管执法主体在执法过程中处于一种尴尬境地：它不仅面临着行政管理相对人的质疑，而且在与其他部门打交道的过程中也处于“弱势地位”。其颁布的规定既得不到行政管理相对人的认同，也得不到其他部门的有力配合。同时，也没有国家层面的法律法规对城管执法人员的履职范围、权利义务和法定职责等问题作出明确规定，使城管执法人员的执法缺乏明确的法律依据。2017 年 1 月 24 日，住房和城乡建设部通过了《城市管理执法办法》，自 2017 年 5 月 1 日起施行。其中，第 1 条规定：“为了规范城市管理执法工作，提高执法和服务水平，维护城市管理秩序，保护公民、法人和其他组织的合法权益，根据行政处罚法、行政强制法等法律法规的规定，制定本办法。”第 2 条第 1 款规定：“城市、县人民政府所在地镇建成区内的城市管理执法活动以及执法监督活动，适用本办法。”第 2 条第 2 款规定：“本办法所称城市管理执法，是指城市管理执法主管部门在城市管理领域根据法律法规规章规定履行行政处罚、行政强制等行政执法职责的行为。”从以上三条规定结合制定主体的住房和城乡建设部来看，该办法的适用范围是十分有限的，在性质上又属于部门规章，导致其既不能作为法律法规有效约束其他行政主体，也不能作为司法机关司法判案的“依据”，只能作为“参照”，这就在很大程度上影响到该办法的权威性和影响力，起不到对城管部门和城管队伍更大的保障作用。制定全国性的城市管理法律或者行政法规，应当早日纳入全国人大常委会或者国务院的立法视野。

三是城市公共基础设施建设和服务薄弱。长期以来，大部分城市存在“重建轻管”思想。不同程度地存在“重地上、轻地下”“重面子、轻里子”“重形象、轻民生”“重当前、轻长远”等问题，城市管理和服务经费投入和经费保障严重不足，公共厕所、停车场、农贸市场、公园绿地、休闲健身广场等城市公共基础设施欠账问题突出，现有的公共基础设施不能满足市民需要，服务功能弱，美观有余、实用不足，城市管理信息化、科技化水平较低，环卫保洁作业水平低、观念落后，远远不能满足市民实际需要。

四是城市管理保障机制亟待加强。实践中，暴力抗法、阻挠执法人员执行公务等事件屡次发生，基层公安部门对城管执法活动的配合保障力度明显不足。由于缺少国家或者省级的相关法规政策规定，一线城管执法人员、环卫工人和协管员的工资待遇与他们的工作强度和工作时间不成正比，且无法享受岗位津贴和应有补助，执法执勤车辆采购、更新、使用因没有专项编制而受到严格控制，无法满足实际执法工作需要，在很大程度上影响了城管人员的工作积极性。环卫工人、城管协管员工资水平远远达不到城市平均工资标准，亟待改变。

四、完善现行城市管理体制的几点建议

针对我国城市管理中存在的上述问题，尤其是体制性问题，应当从以下几个方面着手，加以完善：

一是进一步理顺城市管理体制。在《指导意见》明确住房和城乡建设部作为全国城市管理工作主管部门的基础上，确定各省、自治区、直辖市统一的主管部门，保持上下衔接一致，自上而下加强对城市管理工作的组织领导、业务指导和监督考

核。理顺全国城市管理体制，科学界定并统一城市管理机构编制、名称、职能，推广市区分级、管罚一体的城市综合管理模式。根据《指导意见》的要求，可将市政、市容、公用事业、园林绿化、环境卫生、户外广告、应急管理、公共空间秩序管理、建筑垃圾管理的职责与行政执法结合起来，提高城市管理效能，并充分发挥区、街道和居委会的基础性作用。建议由国务院牵头，组织人事、编制、财政、司法、公安等部门，出台《新形势下加强城市管理工作的指导意见》，从组织领导、体制机制、制度建设、财政投入、经费保障、行政协作等方面制定推动全国城市管理工作的政策文件。

二是制定出台专门的城市管理法律或行政法规。建议在住房和城乡建设部于2016年牵头制定的《城市管理执法办法》的基础上，经过深入调查研究和经验总结，由国务院制定《城市管理条例》，或者由全国人大常委会制定《城市管理法》。通过顶层设计，为全国的城市管理工作提供法律依据，从源头上解决执法依据不明、执法位阶过低、权威性不高等问题，从而提高城市管理规范化、法治化水平。

三是提高城市基础设施和公共服务设施建设水平。将城市基础设施和公共服务设施建设纳入各级政府目标任务，强化规划引领作用，编制和修订夜景亮化、户外广告、农贸市场、农副产品便民点、街景整治、公共停车位、健身休闲广场等专项规划，高标准组织建设。各专项规划的落实，与城市基础设施统一规划、统一建设、统一验收、统一使用。突出抓好公厕、垃圾中转站、农贸市场、公共停车位、休闲健身广场等基础设施建设和管理工作，满足市民群众需求。

四是建立城市管理公安司法保障机制。第一，建立城市管理公安保障机制或城管与警察常态公务协助机制。推广湖南省长沙市、陕西省西安市、河北省保定市、江苏省淮安市等加强城市管理公安保障的先进经验，设立专门的城市管理警察队伍或公安直属分局，强化城管、公安部门联动联勤机制，加强城市管理公安保障。第二，健全城市管理人事、财务保障机制。建议住房和城乡建设部牵头，进一步联合人事、编制、财政等部门，完善城市管理人员特别是城管执法人员编制配备、执法车辆、装备、办公经费等配备标准，提高城市管理工作的规范化。第三，健全城市管理后勤保障机制。参照公安干警岗位津贴和补助标准，探索建立城市管理人员岗位津贴、补贴制度，提高城市管理人员的待遇水平，提高环卫工人、城管协管员工资水平。第四，进一步完善适应“一级监督、两级政府、三级管理、四级网络”的城市管理财力支撑体系，并随着城市建设加快、规模扩大、任务增加、标准提高和管理手段更新而相应增长，使城市建设与城市管理相互促进、协调发展。第五，建立城市管理司法保障机制。通过城管部门和法院、检察院等部门的合作，探索城管执法案件的特点和规律，明确执法和司法依据，建立依法行政的长效机制。

第三节　城市管理体制的创新与发展

一、消除城市管理和管理体制的三个认识误区

对于城市管理及其体制问题，人们常有一些错误认识，导致不能正确地看待城市管理问题，因而出现思想认识和行为的偏差，这是应当纠正的。这些错误认识主要有三点：[1]

〔1〕许婷婷：“现代城市管理的认识误区及对策”，载《环球市场信息导报》2016年第8期，第4~5页。

（一）城市管理只是城市运行管理

由于中国城市建设发展的阶段性局限，通常人们将城市管理与规划、建设并列，称为城市规划、建设与管理，或者叫城市建设与管理。随着城市化进程加快，人们首先认识到城市规划、建设和管理是密不可分的，进而认识到了城市管理是规划、建设、运行全过程的管理，城市化进程的推进要求加强城市的运行管理，并进一步实现城市规划、建设与运行的协同和互动。

（二）城市管理只是城市各专业的自行管理

许多城市管理者认为城市管理就是城市交通、环卫、绿化、水务等的专业管理。随着城市结构由简到繁，城市管理也经历了从简单到复杂、从单一到多元、从人治到法治、从经验管理到科学管理的过程。城市的日益繁荣与发展推动了城市管理的专业化分工，由专业的城市管理部门来对城市管理各个子系统进行科学的管理。而随着城市系统的日趋复杂，以强调分解简化和专业化，将城市系统分割成若干子系统，以专业职能部门为基本单位强化专业的管理方式已经越来越不能适应时代发展的需要。因为城市管理各子系统之间的复杂交错性使其难以切割，而切割开来的小系统已不是原来的系统了，对这个系统的独立问题也很难进行综合。如要实现城市水务的绝对统管，最后发现城市水务系统与城市基础设施系统、城市河湖生态系统、公用事业系统，甚至是随供排水系统一起铺设的各类电力、通信、热力等地下管线及其之上的道路交通都是交融在一起的。对于实现交通系统的绝对统管，会发现交通系统与市政基础设施、园林绿化、市容环卫、各类地下管网，甚至是连接交通指挥灯的电力、连接道路排水系统的水务系统等都是无法分割的。仅通过分解、简化来解决城市管理这个复杂性问题显得越来越徒劳。这些冲突不仅反映在众多子系统局部利益之间的相互冲突，更多地体现在局部利益与城市整体发展的冲突上。条块分割、各自为政、职责交叉、管理粗放、缺乏协调等一系列问题成为当代中国城市的普遍现象。随着城市化的快速发展，采用把城市管理简单分解为若干子系统分别进行研究和专业管理，然后再叠加的办法已越来越暴露出其局限性。众多子系统的发展未必带来城市整体系统的优化发展。城市系统作为一个复杂的系统，其发展不仅在于各子系统的良好发展，更重要的在于各个子系统与城市系统总体发展管理目标的协同上。如何发挥城市管理的整体优势、聚集效应，使整个城市系统高效和有序的协调运行，成为现代城市管理者必须思考的问题，加强城市的综合研究、综合管理与综合协调是城市管理复杂性的必然要求。

（三）城市管理就是城管行政执法

城市管理综合行政执法，或城管执法（社会上俗称“城管”）是城市管理中位于规划、建设、管理的一个末端环节。城市管理行政执法局[1]的设置仅仅是为了将城市管理中各专业领域一揽子的决策与执行，通过一定程度的分离加以相互监督，同时加强各专业领域之间的整合，以提高行政效率。但由于部门之间的博弈关系，综合行政执法很难实现，往往是各部门将不好管的事项交由城管来管，而较易管理的事项则留在本部门。在此情况下，城管部门就成为各种城市疑难问题的“收容站”，不少地方的城管也成了各类社会矛盾集聚的焦点。

二、新形势下的城市管理体制创新

科学发展观和习近平新时代中国特色社会主义思想，为我

〔1〕 在新一轮机构改革背景下，许多地方已经将城市管理行政执法局更名为“城市管理综合执法局”。

们加强和改进城市管理提供了新的思路，就是要推进城市管理体制和机制改革，逐步建立起与社会主义市场经济体制要求相适应，政府、市场、社会各主体之间分工合理、职责明确、协调有序、运转高效的现代化城市管理体制，实现高水平管理城市，从而为全面、协调、可持续发展提供保障。

（一）进一步明晰政府的城市管理职能定位，推进城市管理体制创新

明晰政府的城市管理职能，是改进城市管理体制的基础。我国的城市管理工作，进行了数次体制改革，对其职能也进行了一些梳理，但政府的城市管理职能仍然不够清晰。一些职能部门，对于应该由本部门承担的管理事项，视而不见，敷衍了事，推诿扯皮，导致政府职能“缺位”；一些职能部门，对本来可以由社会力量来办的事，仍然大包大揽，既当“运动员”，又当“裁判员”，导致政府职能“越位”；一些职能部门，将手中的权力伸向不该伸的领域，为个人和小团体谋取不正当的利益，导致政府职能“错位”。凡此种种，不仅使城市社会服务组织发育不良，市场和社会在城市管理中难以发挥作用，削弱了城市的管理力度，还严重影响了老百姓的利益，损害了党和政府的形象。要解决这些问题，根本出路在于明确政府的职能，对政府职能该强化的强化，该弱化的弱化，该转化的转化，分清政府、市场、社会的界限，为从根本上完善城市管理体制，实现高水平的管理城市打下良好的基础。要合理设置城市管理机构。根据市场经济体制改革的实际，充分利用市场机制在城市管理中的作用，能够由市场完成的，就交给市场管理，不再设置相关的管理机构。要采取措施尽快建立适应市场经济发展需要的城市管理机构。对现有的城市管理机构，要组织专门力量，理顺其职能，以避免出现职能交叉和职能空档。要合理设置城市

管理层级，减少政府管理层次。根据城市管理内容的属性决定市、区、街道管理机构的设置。当管理项目更多地涉及城市的整体运行，需要从整个城市的角度进行管理时，只设立市一级的管理机构，对于工作量较大的事宜，可以通过在区一级行政区域内设立相应的派出机构的方式加以解决，以保证管理的整体性和协调性。对于一些不需要从城市总体的角度进行协调的地方性的事务，在区一级设立相应的机构，实行属地化管理，以发挥地方优势和主动性、积极性。至于街道，从长远来看，应该根据城市管理体制改革的推进，结合属地化管理的要求，逐步对其职能予以充实和优化。

《指导意见》提出，在城市管理中，要尽可能下移执法重心。按照属地管理、权责一致的原则，合理确定设区的市和市辖区城市管理部门的职责分工。市级城市管理部门主要负责城市管理和执法工作的指导、监督、考核，以及跨区域、重大复杂违法违规案件的查处。按照简政放权、放管结合、优化服务的要求，在设区的市推行市或区一级执法，市辖区能够承担的可以实行区一级执法，区级城市管理部门可以向街道派驻执法机构，推动执法事项属地化管理；市辖区不能承担的，市级城市管理部门可以向市辖区和街道派驻执法机构，开展综合执法工作。派驻机构业务工作接受市或市辖区城市管理部门的领导，日常管理以所在市辖区或街道为主，负责人的调整应当征求派驻地党（工）委的意见。逐步实现城市管理执法工作全覆盖，并向乡镇延伸，推进城乡一体化发展。[1]这为我们在新形势下搞好城市管理体制创新指明了方向。

---

〔1〕“中共中央、国务院关于深入推进城市执法体制改革改进城市管理工作的指导意见”，载《人民日报》2015年12月31日。

（二）创新城市管理运行机制和手段，降低城市管理成本，提高城市管理效率

城市管理涉及众多的部门和机构，需要良好的运行机制来保障整个管理体制正常、有效地运转。当前我国的城市管理中仍然存在着管理僵化、机制不灵、协调不力等现象。这些必须通过城市管理运行机制的创新来加以解决。第一，要建立科学的、民主的决策机制。建立健全政府官员、专家、群众相结合的科学民主决策机制，完善城市管理重大问题集体决策制度和决策责任制，优化政府重大决策的规范和程序，建立健全决策信息反馈和决策后评估机制，为决策的不断完善和优化提供客观依据。第二，要建立灵活有效的协调机制。从职能配置、人员组成、制度和形式创新等多个方面着眼，确保城市管理过程中各个方面、各个环节都能够进行高效、及时的协调，提高城市整体运行效率。第三，要建立政务信息公开机制。充分利用现代信息技术，大力发展电子政务，为市民直接提供有效的公共服务和公开平等的信息资源，尊重市民对城市管理工作的知情权，采取切实有效的手段，让广大市民知晓并理解、支持、参与城市管理工作。城市管理手段直接决定着城市的管理成本和管理效率。毋庸讳言，当前我国城市管理的弊病是过于依赖行政手段、行政处罚，虽然行政手段具有灵活、快速的特点，对城市管理中的一些事项，具有很好的对应性，但由于行政管理手段不利于发挥被管理对象即行政管理相对人的主动性和积极性，而且横向沟通协调困难，矛盾多，信息传递迟缓，有些时候管理效果并不理想。因此，要加大创新力度，学会综合运用法律、经济、行政、文化及其他手段管理城市，引导市场和社会主动、积极地按照城市可持续发展原则决定生产和生活行为。参与城市管理的各个部门，都要认真研究探索怎么才能用

最佳的手段来实现管理目的，引导全社会都自觉地实现管理目标，最大限度地节约管理成本，提高管理效率。

（三）组织和调动全社会力量参与城市管理，大力增强社会自我管理的能力

坚持全面、协调、可持续的科学发展观，贯彻创新、协调、绿色、开放、共享五大发展理念。在构建创新发展体制上，加快形成有利于创新发展的管理体制、分配制度、人才培养引进使用机制；在政府作用上，应深化行政管理体制改革，进一步转变政府职能，持续推进简政放权、放管结合、优化服务，提高政府效能，激发市场活力和社会创造力。这既需要推进政府城市管理体制改革，提高政府城市管理水平和效率，还需要组织和调动全社会的力量，发挥全社会的主动性、积极性和聪明才智。探索建立政府、市场、社会的良性互动，保障全社会管理、治理城市，是高水平管理城市的必然要求。要提高城市管理水平和运行效率，提高城市管理科学化、民主化水平，保障城市的可持续发展和人的全面发展，实现城市管理以人为本，调动全社会力量参与。

同政府机构相比较，各类社会组织更加贴近基层、贴近群众、贴近实际，而且灵活高效，在城市管理中具有独特的优势。从国外发达国家的城市管理经验来看，社会组织在城市管理中发挥了相当大的作用。比如，开拓社区服务功能，健全社区服务体系；承接政府的具体服务职能，使政府能够集中精力进行宏观管理；提供一些诸如温馨家庭、心理咨询、犯罪预防与干预等服务，能在一定程度上有效地缓解社会矛盾等。从总体上看，社会组织代替政府解决了许多管理难题。但在目前我国的城市管理工作中，社会组织发挥的作用还相当有限，因此必须采取有力措施，培育、发展和健全城市社会组织，全面提高社

会自我管理能力，减轻政府的管理压力。要立足于社区，培育和发展专业类、服务类的公益性民间组织，全面提升社区公共服务功能。要想方设法使城市管理部门同市民的沟通渠道进一步丰富、畅通、便捷，建立双向传递和交流机制，形成市民关注和踊跃参与城市管理的良好氛围。要通过政策支持、税收减免、资金援助等措施，引导社会组织深入研究城市管理问题，向政府献计献策。要进一步消除体制障碍和政策障碍，鼓励非公有制经济、私营企业参与城市管理与服务工作，不断增强城市的承载能力，提升城市的管理质量和水平。

(四) 进一步创新治理方式

针对新形势下城市管理如何创新治理方式的问题，《指导意见》提出了以下具体要求：[1]

(1) 引入市场机制。要发挥市场作用，吸引社会力量和社会资本参与城市管理。鼓励地方通过政府和社会资本合作等方式，推进城市市政基础设施、市政公用事业、公共交通、便民服务设施等的市场化运营。推行环卫保洁、园林绿化管养作业、公共交通等由政府向社会购买服务，逐步加大购买服务力度。综合运用规划引导、市场运作、商户自治等方式，顺应历史沿革和群众需求，合理设置、有序管理方便生活的自由市场、摊点群、流动商贩疏导点等经营场所和服务网点，促创业、带就业、助发展、促和谐。

(2) 推进网格管理。要建立健全市、区（县）、街道（乡镇）、社区管理网络，科学划分网格单元，将城市管理、社会管理和公共服务事项纳入网格化管理。明确网格管理对象、管理标准和责任人，实施常态化、精细化、制度化管理。依托基层

〔1〕“中共中央、国务院关于深入推进城市执法体制改革改进城市管理工作的指导意见”，载《人民日报》2015年12月31日。

综合服务管理平台，全面加强对人口、房屋、证件、车辆、场所、社会组织等各类基础信息的实时采集、动态录入，准确掌握情况，及时发现和快速处置问题，有效实现政府对社会单元的公共管理和服务。

（3）发挥社区作用。要加强社区服务型党组织建设，充分发挥党组织在基层社会治理中的领导核心作用，发挥政府在基层社会治理中的主导作用。依法建立社区公共事务准入制度，充分发挥社区居委会作用，增强社区自治功能。充分发挥社会工作者等专业人才的作用，培育社区社会组织，完善社区协商机制。推动制定社区居民公约，促进居民自治管理。建设完善社区公共服务设施，打造方便快捷的生活圈。通过建立社区综合信息平台、编制城市管理服务图册、设置流动服务站等方式，提供惠民便民公共服务。

（4）动员公众参与。依法规范公众参与城市治理的范围、权利和途径，畅通公众有序参与城市治理的渠道。倡导城市管理志愿服务，建立健全城市管理志愿服务宣传动员、组织管理、激励扶持等制度和组织协调机制，引导志愿者与民间组织、慈善机构和非营利性社会团体之间的交流合作，组织开展多形式、常态化的志愿服务活动。依法支持和规范服务性、公益性、互助性社会组织发展。采取公众开放日、主题体验活动等方式，引导社会组织、市场中介机构和公民法人参与城市治理，形成多元共治、良性互动的城市治理模式。

（5）提高文明意识。把培育和践行社会主义核心价值观作为城市文明建设的根本任务，融入国民教育和精神文明创建全过程，广泛开展城市文明教育，大力弘扬社会公德。深化文明城市创建，不断提升市民文明素质和城市文明程度。积极开展新市民教育和培训，让新市民尽快融入城市生活，促进城市和谐稳定。充分发挥各级党组织和工会、共青团、妇联等群团组织的作用，广泛开展城市文明主题宣传教育和实践活动。加强社会诚信建设，坚持将公约引导、信用约束、法律规制相结合，以他律促自律。

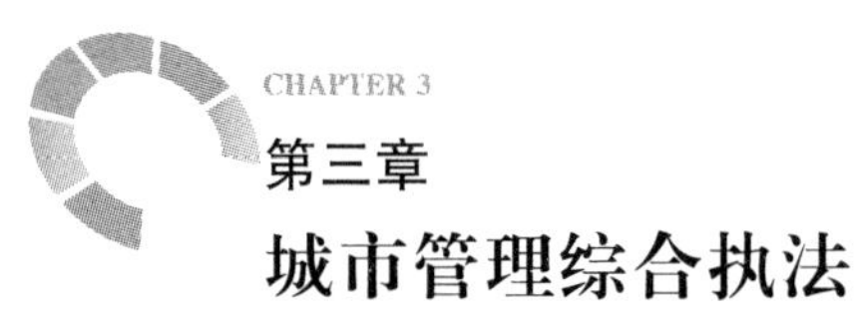

CHAPTER 3

第三章 城市管理综合执法

如前所述，城市管理的主要职责是市政管理、环境管理、交通管理、应急管理和城市规划实施管理等。具体实施范围包括：市政公用设施运行管理、市容环境卫生管理、园林绿化管理等方面的全部工作。新形势下，城市管理的职责还包括市、县政府依法确定的，与城市管理密切相关、需要纳入统一管理的公共空间秩序管理、违法建设治理、环境保护管理、交通管理、应急管理等方面的部分工作。[1]如此来看，城市管理不同于一般行政管理部门的专业管理、行业管理、业务管理，而是集中了众多行政管理部门相关职责的综合管理。这种综合管理把有关的城市管理职能统一起来行使，避免了多头管理、多头执法、多头处罚甚至重复处罚的矛盾与冲突，既符合责、权、利相一致的行政职能配置原理，也便于行政管理相对人配合与服从，从而提高城市管理的效率。但是，综合管理毕竟跨越了多个部门的职责权限，涉及多个领域的管理规范和执法依据，如果不能科学合理地配置职权、优化权能、定岗定编，多个部门间简单的“物理合并”能否产生积极的“化学反应”，是一个非常值得考量的问题。此时，附属于综合管理的综合执法，往往成为判断、检验综合管理的一道窗口。本章针对城市管理

〔1〕“中共中央、国务院关于深入推进城市执法体制改革改进城市管理工作的指导意见”，载《人民日报》2015年12月31日。

综合执法的内涵、产生与发展，进行论述。

第一节 城市管理综合执法的内涵

一、城市管理综合执法的涵义

城市管理综合执法，是指城市管理行政机关及其执法人员为了实现城市管理的目标，根据法律、法规和规章的规定，行使多个行政机关的职能及相应权力而进行的行政执法活动。[1]该定义说明了城市管理综合执法具有以下特点：

（1）城市管理综合执法具有法定性。即城市管理综合执法以法律、法规和规章为依据，其中法律包括全国人大制定的基本法律和全国人大常委会制定的非基本法律；法规包括国务院制定的行政法规和地方人大及其常委会制定的地方性法规；规章包括国务院各部委制定的行政规章和地方政府制定的地方政府规章。广义上，城市管理综合执法的依据还包括上级行政机关依法制定和发布的决定和命令。法定性除了包括执法的依据合法，还包括主体合法、内容合法、程序合法，否则，综合执法行为无效。长期以来，我国的城市管理综合执法一直缺乏一个统一的国家立法，多位学者呼吁尽快制定一部《城市管理法》，以弥补法律缺位的问题。

（2）城市管理综合执法具有综合性。即城管执法部门行使了多个行政机关的职能及相应权力，主要包括市政管理、环卫管理、交通管理、园林管理、工商管理、应急管理、违法建设管理、建筑垃圾管理、公共空间秩序管理等部门的全部或者部分

---

〔1〕王震国主编：《城市管理综合执法概论》，中国建筑工业出版社2015年版，第7页。

行政执法权，而不是单一的专业管理、行业管理、业务管理，具有立体性、复杂性、综合性的特点。综合执法需要执法机关和执法人员具有较高的法律理解、判断和分析应用能力，以及应对复杂局面的快速反应能力。目前来看，这些能力的培养还需要加强。

（3）城市管理综合执法具有规范性。此处讲的规范性，除了依据合法之外，还包括行政机关及其执法人员机构设置、职权配置、人员编制、执法资格、人员素质、执法装备等方面的要求。执法是一种行政行为，依法代表国家行使法律赋予的权力，本身具有严肃性和统一性，代表着政府的形象，如果在上述问题上不统一、不规范，甚至全国各地各行其是，那么城管部门在公众心目中的形象必然大打折扣。实际上，我国城管部门和城管队伍之所以长期遭受公众诟病，其原因固然有很多，但却与在机构设置、职权配置、人员编制、执法资格、人员素质和执法装备上的不统一、不规范存在直接关系。对比我国其他行政机关，也没有任何一家行政机关像城管部门那样存在这么多的相互之间不统一、不规范之处。这是需要予以纠正的。

（4）城市管理综合执法具有目的性。即目的是为了实现良好的城市管理目标。城市管理为什么要综合执法，综合执法的目的是什么？这些问题比弄清城市管理综合执法的依据更重要，因为这涉及城市管理综合执法存在问题的根本，正所谓“不忘初心，方得始终”。笔者认为，城市管理综合执法的目的是实现“良好的”城市管理目标。而“良好的”城市管理目标又是什么呢？容后文再详谈，但其至少包括“提高城市的承载力、包容度和宜居性，事关增进人民群众获得感、安全感和幸福感”，〔1〕而不是减小城市的承载力、包容度和宜居性，弱化人民群众的

---

〔1〕 刘飞、张悦：“住建部：进一步推进城市执法体制改革”，载 http://www.chinanews.com/gn/2017/11-19/8380516.shtml，2018 年 8 月 18 日访问。

获得感、安全感和幸福感。

（5）城市管理综合执法具有强制性。强制性是指其以国家强制力为后盾，行政管理相对人不得阻碍城管职能的正常行使。强制性是行政权力的重要特征，也是其基本体现。城管执法如果没有强制力做后盾，要想实现良好的城市管理的目标也是有很大疑问的。但是，城管具有强制的权力，却未必都要通过强制的手段实施管理，在法治政府、责任政府、服务型政府建设目标的指引下，通过柔性、对话、合作的手段实现管理和执法的目的，应成为越来越重要的选择。正如住房和城乡建设部副部长倪虹在2017年全国城市管理工作现场会上提出的那样，“城市管理从末端走向前端，把70%的问题通过服务解决，20%的问题通过管理解决，剩下的10%才是执法”。〔1〕这个愿景是美好的，但关键是，什么是服务，什么是管理，什么是执法？这个划分科学吗？如何界定它们的边界？这些是值得考量的问题。

二、城市管理综合执法的法理

从广义上讲，所有的行政活动都可以被称为“执法”活动，因为在一个法治国家，整个行政活动和司法活动都可以认为是“执法”。〔2〕然而，我们通常讲的行政执法是狭义上的，是指行政机关及其执法人员为了实现国家行政管理目的，依照法定职权和法定程序，执行法律、法规和规章，直接对特定的行政相对人和特定的行政事务采取措施并影响其权利义务的行为。〔3〕而综合行政执法则是行政执法的一个特殊类型，它是指在行政

〔1〕刘飞、张悦：“住建部：进一步推进城市执法体制改革”，载 http://www.chinanews.com/gn/2017/11-19/8380516.shtml，2018年8月18日访问。

〔2〕姜明安主编：《行政诉讼与行政执法的法律适用》，人民法院出版社1995年版，第6页。

〔3〕杨慧基：《行政执法概论》，上海大学出版社1998年版，第2页。

执法过程中，一个执法主体同时行使多项执法职能或者两个以上的执法主体联合起来统一行使一项执法职能的行政行为，其主要表现为执法主体的混合和执法职能的混合。两个以上的行政执法主体联合起来统一行使一项执法职能的行为，一般被称为“联合执法”，这不是我们所研究的对象。我们所研究的是一个行政执法主体依照法律法规等规定同时行使多项执法职能过程中产生的问题，即“在行政执法过程中，当行政事态所归属的行政主体不明或需要调整的管理关系具有职能交叉的状况时，由相关机关转让一定职权，并形成一个新的有机的执法主体，对事态进行处理或者对社会关系进行调整的执法活动”。[1]换句话说，当行政主体不明时，需要明确一个执法主体担当这一职能；当管理职能交叉时，需要相关行政主体转让一定职权，由新的主体统一行使该项职权。如此既不让管理和执法“失位”，也不让管理和执法“错位”“越位”，城市管理综合执法机关由此产生。

管理和执法是紧密联系而又相互区别的两个概念。执法权的基础是管理权，没有管理权往往也没有执法权。但执法权只是管理权的一项内容或者一种表现形式，执法权不能完全代替管理权。二者的区别表现为：第一是主体不同，管理权的主体范围更大，执法权的主体范围比较小。第二是内容不同，管理的事务比较广泛、抽象，执法的事务比较狭窄、具体。第三是对象不同，管理的对象是不特定的社会公众，而执法的对象则是特定的行政相对人。第四是手段和方式不同，管理可以采取行政的、经济的、教育的、技术的等各种方式，而执法往往只采取法律的方式，主要表现为行政强制和行政处罚两种方式。

---

〔1〕 关保英：《执法与处罚的行政权重构》，法律出版社 2004 年版，第 4 页。

第五是资格要求不同，对行政管理人员一般不作特殊要求，往往通过公务员考试即可，而行政执法不但要通过公务员考试，还要通过执法资格考试，获得执法资格证才能执法。第六是依据不同，管理当然要依法进行，但更多的是依据各种规章制度、国家和上级部门的政策；而执法的依据当然是“法”，即法律、法规和规章。第七是要求不同，管理人员行政事务庞杂，内部事务也很少具有外部性和公共性，但执法人员却代表政府和法律的形象，具有强烈的外部性和公共性，很容易引起社会关注和舆论评判，因而要求有更高的业务素质。长期以来，城管执法人员之所以饱受舆论非难和诟病，其原因固然很多，但与其作为执法者的合法身份、行为属性密不可分。

应当看到的是，在所有的行政执法手段中，最常见的是行政处罚，行政处罚权往往也是城市管理行政执法中最基本也是最重要的一项权力。随着综合执法制度的推行，必然需要行政处罚权的相对集中，因此《行政处罚法》规定了相对集中行政处罚权制度，为推行该制度，国务院多次发文在全国范围内开展相对集中行政处罚权工作。根据国务院相关规定，首先启动以城市管理领域为突破口进行相对集中行政处罚权试点工作。此后，试点阶段结束，实现相对集中行政处罚权制度在全国各个城市普遍开展。目前所称的“城市管理综合执法”，从实践层面而言，就是指城市管理这一特定领域中的相对集中行政处罚权制度以及与其相关的制度。虽然各地对这一称谓的名称不同，有的使用城市管理综合执法，有的使用城市管理监察，有的使用城市管理行政执法，但其实质就是城市管理综合执法。[1]

---

〔1〕 王震国主编：《城市管理综合执法概论》，中国建筑工业出版社 2015 年版，第 15 页。

三、城市管理综合执法需要相对集中行政处罚权

城市管理综合执法要想实现城市管理的目标，必然需要强有力的手段，而执法手段最主要的标志，就是行政处罚。人是自利的动物，只有当他看重的东西失去时，他才会感到珍贵。为避免再次造成这种损失，他会从这次失去中汲取教训，以免今后再犯。这就是行政处罚的功能。人生在世，最看重的东西无非是自由、生命、声誉、资格和财产，因而产生行政处罚法上的自由罚、生命罚、声誉罚、资格罚、财产罚等处罚类型。生命罚属于刑罚的范畴，姑且不论。自由罚的基本形式是行政拘留，属于公安机关的权力，城市管理综合执法不能行使该权力。那么，城管执法最常用的手段，往往就是声誉罚、资格罚和财产罚了。声誉罚如警告，资格罚如暂扣或者吊销许可证、执照，财产罚如罚款、没收违法所得、没收非法财物等。关于城管执法行政处罚权的具体行使，容后详谈，此处要讨论的问题是城市管理综合执法与相对集中行政处罚权的关系。

学界认为，综合执法与相对集中行政处罚权，是两个既有联系又有区别的概念，不能简单地将其等同。相比之下，综合执法是一个出现得比较早的概念。[1]也就是说，城市管理综合执法概念出现得更早，而相对集中行政处罚权是城市管理综合执法的核心内容。[2]作为一种制度，综合执法是指在1996年《行政处罚法》实施以前，一些地方进行的联合执法或者委托执法的实践，但基本上都没有调整原有行政执法部门的行政处罚

---

〔1〕 王敬波主编：《城市管理与行政执法：理论·实务·案例》，研究出版社2011年版，第13页。

〔2〕 张良：《从管控到服务：城市治理中的“城管”转型》，华东理工大学出版社2016年版，第16页。

权。而相对集中行政处罚权，是指将若干行政机关的行政处罚权集中起来，交由一个行政机关统一行使；行政处罚权相对集中后，有关行政机关不再行使已经统一由一个行政机关行使的行政处罚权。〔1〕从行政法的角度看，相对集中行政处罚权的实质在于对现有法律法规规定的，并且已经由有关行政机关行使的行政处罚权进行调整。也就是说，在不修改有关单行法律法规的情况下，通过行政处罚法规定的方式，调整有关行政执法主体的行政处罚权。相对集中行政处罚权的核心就是将行政处罚权从原行政机关所拥有的行政权力中剥离出来，单独划归特定的机关统一行使，以求在行政权内部形成行政管理权与行政处罚权的分离与制衡，促进行政效率与公平。〔2〕易言之，相对集中行政处罚权是城市管理综合执法的核心内容和内在表现，属于“化学反应”；城市管理综合执法只是相对集中行政处罚权的直观形式和外在表现，属于“物理组合”。如果没有相对集中行政处罚权的支撑，各个与城市管理有关的职能部门的联合执法、委托执法等活动，虽然名义上也可称之为“综合执法”，实际上仍属于分散执法、多头执法、各自为政，无法产生“化学反应”，因而形成不了应有的合力，综合执法最终是徒有其名。

正因为如此，有学者指出，在1996年《行政处罚法》实施以前，虽然一些地方开展了联合执法或委托执法等“综合执法”活动，但由于没有触动原有的多头执法格局，各有关行政执法机关均保留了行政执法权、行政处罚权，重复交叉的执法职能未能得到归并，分散于各部门的庞大执法队伍没有予以集中和

〔1〕 曹康泰：“在全国相对集中行政处罚权试点工作座谈会开幕式上的讲话”，载《相对集中行政处罚权工作读本》编写组编写：《相对集中行政处罚权工作读本》，中国法制出版社2003年版。

〔2〕 张良：《从管控到服务：城市治理中的“城管”转型》，华东理工大学出版社2016年版，第17页。

精简，与此同时又增加了新的所谓“综合执法”部门，实际上形成了新的多头执法问题。因此，如果与各部门分散执法的体制相对而言，借用综合执法的概念来描述相对集中行政处罚权是可以的，但这种“综合执法”模式与1996年《行政处罚法》关于相对集中行政处罚权的要求并不相符。[1]《行政处罚法》第16条规定：“国务院或者经国务院授权的省、自治区、直辖市人民政府可以决定一个行政机关行使有关行政机关的行政处罚权，但限制人身自由的行政处罚权只能由公安机关行使。”这就从立法层面解决了相对集中行政处罚权的法律来源问题，促进了综合行政执法的完善。

为什么要推行城市管理综合执法和相对集中行政处罚权呢？原因是，长期以来，我国的行政执法体制往往是存在某类社会问题，就制定某一项法律，再创设相应的管理部门，条块分割严重，与社会经济文化的复杂性、多样性、交互性和重叠性不相一致，容易造成部门之间职责交叉、多头执法、执法扰民，行政执法机构膨胀。相对集中行政处罚权制度突破了现有的行政执法体制条块分割的框架，将若干行政机关分散行使的行政处罚权集中到一个行政机关行使，一个重要的目标就是要探索决策权与执行权相对分离、审批权与处罚权相互制约的行政管理体制，这样既有利于在相关的行政权力之间保持一定的制衡关系，防止行政权力的滥用，也有利于提高行政效率。为什么是行政处罚权相对集中而不是绝对或者完全集中呢？显而易见，基于城市管理的性质和要求，属于城市管理综合执法日常涉及的对象，往往只是公安、交通、工商、住建、园林、绿化、环保、文化等部门的一部分职权，这些职能部门的许多职权与城

---

〔1〕 王敬波主编：《城市管理与行政执法：理论·实务·案例》，研究出版社2011年版，第13页。

市管理无关或者只存在一定交叉。保留这些职能部门的行政执法权、行政处罚权，既是工作的需要，也是职权法定的本质要求，不能一概集中行使，更是不能取消的。

第二节　城市管理综合执法的由来

一、城市管理综合执法产生的背景

城市管理综合执法的产生具有深刻的经济社会背景，也离不开对行政体制改革和行政执法的发展要求。

20世纪八九十年代，在我国由计划经济向市场经济转变的过程中，社会经济生活发生了巨大变化，公民不再像过去那样单纯依赖单位、行业和集体组织，并且逐渐松动，出现了经济主体多元化、市场要素多样化，人口的流动性开始增强。随着农村经济体制改革的进行，大量农村剩余劳动力开始涌入城市，造成社会流动人口的急剧增加。为适应社会变革，政府职能也相应地发生了变化，行政管理体制由传统过分强调垂直性、自上而下的“条”式管理，变为强调区域性“块”式的综合管理。传统的行政执法权划分过细，执法机构过多，常出现重复执法、多头执法或执法缺位的问题，与政府所期望的行政效率目标相差甚远，加剧了政府和社会的矛盾。在执法机构越来越多、执法混乱局面愈演愈烈的情况下，规范行政处罚的《行政处罚法》出现了，因为行政处罚是现实中最常用、最严厉，也是最具任意性的执法行为。《行政处罚法》开始授权国务院在行政处罚方面进行改革试验，以提高行政执法效率，减少多头处罚、重复处罚，防止处罚环节的相互推诿。针对现实中出现的行政处罚乱象，《行政处罚法》不但规范了各类行政处罚设定主体的设定权和处罚种类、处罚程序，而且规定了相对集中行政处罚权制度。此后，经授权的部分城市成立了城市管理综合执法机关，以自己的名义统一行使城市管理领域的行政处罚权。申言之，城市管理综合执法出现的原因，可以概括为以下几点：[1]

一是随着改革开放和社会经济发展，属于公共管理的事务大量增加，行政管理部门设置分化，行政机关愈来愈专业化，职权交叉现象日益明显，法律法规愈来愈细，行政执法也相应地愈来愈部门化、专业化。导致这种现象的不利结果就是部门管理分割行业管理，专业执法职能变得非常狭窄，对一些综合性的“热点”“难点”问题无法作出回应。

二是由于一个违法行为人的行为往往同时触犯多个法律法规，导致多支行政执法队伍对同一个违法行为人均有执法管辖权。职责交叉的背后就是责任不明。他们都可以管，也都可以不管，重复执法、多头执法，因而出现“七八个大盖帽管不住一个小草帽”的现象，形成大量的执法死角，成为城市管理顽疾。

三是在执法方式上，由于职能单一，执法和管理人员总体过剩但相对不足，加上长期形成的惯例，执法部门所采取的运动式、突击式执法，缺乏长效机制和规范化、法治化管理，执法极不规范。

四是在执法行为上，由于执法规范化不够，加上城市管理要求增加，公众的守法意识、秩序意识也不强，暴力抗法现象日增。由于行政执法专业分工和职能过细，容易导致执法力量分散，执法力度减弱，执法的成本高、效能低、覆盖面小，执法难以到位。上述所有问题，都为城市管理综合执法的产生提供了现实依据。

---

〔1〕 王震国主编：《城市管理综合执法概论》，中国建筑工业出版社 2015 年版，第 14 页。

二、城市管理综合执法的必要性

城市是经济、社会和文化发展的重要载体，是人类文明进步的象征。良好的城市管理是充分发挥城市载体功能的重要保障，搞好城市管理也是城市政府的重要职责和永恒课题。进入20世纪90年代以来，为适应经济社会的快速发展，全国各地城镇普遍开展了“创卫”活动，极大地改善了城市环境面貌，并以此为契机，推动了城市管理水平的不断提高。进入21世纪，面对我国城镇化建设的新形势、新任务和新要求，我国的城市管理体制、机制仍然存在很多缺陷，这在一定程度上影响了我国城市化水平的提高，对此，必须认真加以研究和克服。城市管理综合执法是将以往各专业化的城市管理队伍在执法过程中所暴露出来的矛盾和不协调因素，通过行政、法律等手段进行有机整合，组建成新的执法力量，形成执法合力、提高执法效率，在一定程度上解决重复执法、多头执法、执法扯皮、相互推诿等现象。实践证明，城市管理综合执法既填补了执法的空白，也提高了城市管理的整体水平，是切实可行的，它的出现也是必然的。

（一）综合执法是城市发展的客观要求〔1〕

城市管理作为城市规划、建设和发展的基础，必须在适当超前的前提下改革、调整，以适应经济社会发展的要求。但是长期以来，我国的城市管理一直停留在各自为政、相互分割、彼此孤立的阶段，缺乏宏观上的协调和统一，城市管理的综合效应与整体效应未能得到充分发挥。如管理体制不合理、管理方法不科学、管理手段不先进，与日新月异的现代城市发展不相协调。为适应城市现代化发展的要求，使城市管理与经济发

---

〔1〕 熊文钊主编：《新时期城市管理综合行政执法指导全书》（第1卷），新华出版社2003年版，第43页。

展、社会进步相适应，逐步与国际城市管理接轨，客观上就要求完善城市的综合管理体系，在各执法主体发挥自身作用的同时，通过综合执法，使其产生新的、不同于专业执法功能的新角色、新效用，以解决错综复杂的、综合性很强的城市管理问题。

（二）综合执法是优化城市管理运行的有效机制

城市管理体系内部诸要素之间的胶着状态，制约着城市管理水平的提高，影响着城市管理功能的发挥。长期以来，城市管理过分偏重垂直封闭、单向专业的管理模式，缺乏横向联系与相互沟通，没能充分发挥好各职能部门的协同作用和基层组织的能动作用。同一座城市里有众多的行政管理部门和执法队伍，在同一个平面上管理城市，按照惯例，随着单行法律法规的颁布，行政执法部门和执法队伍还会增加。由于一些职能部门管理制度不健全，管理权限不清晰，或者受部门利益的驱动，有利争着管、无利都不管，重复处罚、重权轻责、推诿搪塞，执法主体权责不清、相互掣肘，不仅容易侵犯公民、法人或其他组织的合法权益，同时给城市管理留下了漏洞和薄弱环节。长此以往，各城市管理的职能部门容易产生工作不力、敷衍塞责、推诿扯皮等不良风气，使整个城市管理系统的工作在低水平状态下徘徊。因而，建立高效机动、充满活力的城市管理综合执法体系，可以使城市管理系统诸要素的组合达到合理的、最佳的状态。

（三）综合执法是实行“两级政府、三级管理、四级网络”[1]的重要内容

“两级政府、三级管理、四级网络”是加快城市现代化建设

---

〔1〕“两级政府、三级管理、四级网络”：“两级政府”是指市、区（县）两个层级政府，“三级管理”是指市、区（县）、街道（乡、镇）三个层级的管理，“四级网络”是指市、区（县）、街道（乡、镇）、居（村）委紧密的连接沟通关系。

和管理步伐，推动城市文明协调发展，推进社会全面进步的有效形式，充分体现了既有统一的组织领导，又有职能到位的分级管理的综合管理思想。“两级政府、三级管理、四级网络”的基本内涵是，在坚持集中统一的前提下，通过理顺建设职能和管理职能的关系，合理调整市区分“块”，理顺“条、块”关系，强化城区的属地管理等功能，朝着“统一规划、分级管理、以块为主、条块结合、条条保证、权责一致”的方向迈进，从部门行业管理转向综合管理，形成齐抓共管的局面。与此相适应的是，市政管理部门（如环卫、园林、物业等）逐步向事业单位企业化管理转变。该形式有利于实现城市管理的规范化、科学化和法治化，使得城市的建设职能与管理职能并重，形成建设与管理相互协调、相互促进的机制，从根本上解决多年来“重建轻管”等问题，同时也理顺“条、块”关系，加强城区、街道办、居委会的管理功能，调动和发挥各级组织的积极性，共同搞好城市建设和管理。

三、城市管理综合执法的可行性

要实现城市管理综合执法的良性运行，需要各种条件。一般情况下，只要能完善对综合执法的立法保障，加强综合执法的体制机制建设，提高城管执法人员的业务素质，同时提供足够的物质技术保障，城市管理综合执法效能的发挥，就具有了可行性。

（一）完善对综合执法的立法保障

城市管理综合执法由于“综合”了多个部门的职能，在行政执法过程中，必然也要归并、运用相关部门执法所需的法律法规或规章等依据。由于横跨多个不同性质的部门，要处罚多种违法的行为，就需运用内容各异、时常变动的法条，这对执法人员提出了很高的要求，也必然因法律、法规或规章的丰富、多变和复杂，带来执法理解和运用上的困难。实际上，从近年来城管执法的实践来看，城管部门尚没有完全适应综合执法对法律运用的较高要求，城管人员的法律素质和文化水平也没有达到应有的水准。加上城管执法面对复杂问题的偶发性、应急性和易冲突性，这对他们及时判断行政相对人行为的性质和查找、选择合适的法律无疑是难上加难。在此情况下，如果不是到处检索四处分散的法条，而是有一个能包含城管执法常见问题及其处理程序的基本规范，将会带来执法上的极大便利。这一基本规范，本书认为可以称之为《城市管理法》，由全国人大常委会制定出台。

面对城管执法存在的法律依据和选择适用错综复杂的问题，国家和地方也颁布了一批法规和规章，但仍存在着无全国统一的城管法典、立法滞后、设定行政强制性措施不足、行政处罚种类单一等问题。这些立法方面的不足造成了许多城市管理工作中的“难点”，也造成了各地城市管理执法主体的不确定和管理职能的不规范。[1]1996年颁布的《行政处罚法》第16条规定了相对集中行政处罚权制度，实践证明，相对集中行政处罚权制度在一定程度上缓解了“条条”之间的矛盾，推进了“条块”之间的结合与执法重心的下移。但是，由于相对集中行政处罚权制度缺少组织法等法律、法规层面的权威性、配套性制度支持，城市管理执法机构一直面临执法机构本身合法性诘问、执法依据交错盘结、执法权限模糊不清等系列难题，尤其是执法责任交叉、职能重叠、扯皮推诿等复合型问题不断呈现且日趋

---

〔1〕 熊文钊主编：《新时期城市管理综合行政执法指导全书》（第1卷），新华出版社2003年版，第55页。

严重。[1]为加快政府职能转变，打造有为政府、法治政府，推进城市治理现代化与法治化，制定一部统一的《城市管理法》是十分必要的。

（二）完善综合执法的体制机制建设

城市管理贯穿于城市发展的全过程、各方面，城市规划付诸实施和建设完成后，仍然需要大量的日常性的管理。但在历来重建轻管思想的影响下，我国目前的城市管理体制远不能适应现代化城市发展的需要，缺乏完善的监管机制，跟不上城市建设的速度和居民对良好城市生活的需要。有的城市用城市建设职能替代城市管理职能，或者城市建设机构凌驾于城市管理机构之上，建管不分、以建代管，使城市管理工作不能够发挥应有的作用。体制问题不解决，城市管理就会越来越落后于城市建设的发展，城市管理难以解决的问题也会越积越多，城管执法必然会陷入恶性循环之中。

依法行政原则和行政效能原则为完善城市管理综合执法的体制机制建设提供了方向。依法行政原则要求城市管理执法部门符合职权法定原则，即城市管理执法部门的组织机构设置、职权职责的配置都必须具有合法性。行政效能原则要求城市管理执法部门的设置必须精简高效，也即纵向层级设置与横向机构配置都需要最大限度地满足行政效率的要求。

（三）提高城管执法人员的业务素质

城管执法人员的业务素质高低，直接关系着城管执法部门的形象，也影响着城管执法的效果。目前，我国在城市管理局一级机关里，执法人员基本上都具有公务员身份，但在基层执法一线大多是事业编制，有的还是临时聘用的合同制人员，他

〔1〕 王敬波主编：《城市管理执法办法理解与适用》，中国法制出版社 2017 年版，第 66 页。

们的学历、阅历、专业、特长、品行、能力等各不相同。随着城市管理工作的领域更加广阔、工作内容更加丰富、工作对象更加多样，所有这些对执法人员的业务水平、知识结构、工作方法、应变能力都提出了新的要求。

关于城管执法队伍建设问题，《中共中央、国务院关于深入推进城市执法体制改革改进城市管理工作的指导意见》提出，要建立符合职业特点的城市管理执法人员管理制度，优化干部任用和人才选拔机制，严格按照公务员法有关规定开展执法人员录用等有关工作，加大接收安置军转干部的力度，加强领导班子和干部队伍建设。严格执法人员素质要求，加强思想道德和素质教育，着力提升执法人员业务能力，打造政治坚定、作风优良、纪律严明、廉洁务实的执法队伍。注重人才培养。加强现有在编执法人员业务培训和考试，严格实行执法人员持证上岗和资格管理制度，到 2017 年年底，完成处级以上干部轮训和持证上岗工作。建立符合职业特点的职务晋升和交流制度，切实解决基层执法队伍基数大、职数少的问题，确保部门之间相对平衡、职业发展机会平等。完善基层执法人员工资政策。研究通过工伤保险、抚恤等政策提高风险保障水平。鼓励高等学校设置城市管理专业或开设城市管理课程，依托党校、行政学院、高等学校等开展岗位培训，等等。[1]上述意见及其落实，将对城管执法人员业务素质的提高，起到重要的指引和促进作用。

（四）提供充足的物质技术保障

随着城市化进程的加快，城市管理执法活动也随之变得越来越复杂，现代城管执法已不仅是体力劳动和脑力劳动的叠加，更多的是涉及技术性的事务。城市管理与执法环境的变化，必

---

〔1〕“中共中央、国务院关于深入推进城市执法体制改革改进城市管理工作的指导意见”，载《人民日报》2015 年 12 月 31 日。

然带来执法手段的变化和执法成本的增加，反映在城管执法实践中，一方面，需要为城管执法队伍配备必要的物质技术装备，以便其能更有效地提升城管执法的整体效能；另一方面，需要增加城管执法的经费投入，为城管执法部门执法能力的提高提供必要的经费支持。俗话说，“兵马未动，粮草先行”。我们不能仅注重体制机制与人员素质建设，同时还应注意作为执法能力建设重要组成部分的物质技术保障，以制度、人员、物质与技术的最优组合，最大限度地提升城管执法能力。[1]

关于城市管理中物质技术的重要性，国内外都有鲜明的实例。早在20世纪80年代初，美国的城市政府及其服务体系已经开始广泛应用现代信息技术，市议会、警察局、环卫局、社区服务中心等各种管理服务机构，都采用了网络管理技术和地理信息系统，作为决策和服务的支持系统，大大提高了工作效率和服务质量。在我国，目前很多城市已初步建立了城市网格化管理系统，[2]这一系统以及相关科学技术的引入对城市管理的现代化和有效性起到了重要作用。[3]

四、城市管理综合执法的现实性

以相对集中行政处罚权为中心的城市管理综合行政执法实施以来，在解决行政执法中长期存在的职权交叉、多头执法、执法扰民、执法队伍膨胀等问题，以及提高行政执法水平和效

---

〔1〕 王敬波主编：《城市管理执法办法理解与适用》，中国法制出版社2017年版，第96页。

〔2〕 城市网格化管理，是运用数字化、信息化手段，以街道、社区、网格为区域范围，以事件为管理内容，以处置单位为责任人，通过城市网格化管理信息平台，实现市区联动、资源共享的一种城市管理新模式。

〔3〕 王敬波主编：《城市管理与行政执法：理论·实务·案例》，研究出版社2011年版，第107页。

率，加强城管执法制度建设，规范行政执法行为，改善城市管理，促进行政管理体制改革等方面，取得了显著成效。虽然还存在行政执法不规范、执法依据受质疑等问题，但它的重要作用和价值是有目共睹的。

（一）初步形成新的集约高效的执法体制

开展相对集中行政处罚权工作的城市在过去各有关城市管理的部门分散执法时期，尽管执法人员总量不少，但分散到各执法队伍后，力量却感到严重不足，只能靠雇用临时工、协管员执法，执法人员素质普遍不高。加之许多工作没有经费保障，只是靠罚款和收费养活执法队伍，这就必然导致执法方式简单粗暴，乱收费、乱罚款、以罚代管等现象时有发生。对此，近年来，城管执法部门逐渐按照《行政处罚法》和国务院要求，严把执法人员录用关，加强对执法人员的培训，提高执法人员的素质，严格执法程序，完善执法监督，在执法中强调堵与疏相结合，管理与服务相结合，教育与处罚相结合，实施罚缴分离和“收支两条线”制度，着力解决执法中的随意执法、利益驱动等问题，从而规范了执法行为，改善了城管形象。

（二）对权力进行了重新归类和配置，初步实现了“四权”分离

由于政府职能转变和行政管理体制改革尚未完全到位，长期以来，在城市管理领域中，大多数部门都是“一条龙”式的管理，即从规则制定到规则执行，从审批、管理到监督、处罚，都由一个部门决定；每个部门自己给自己设定权力，又自己去执行权力，缺乏有效的监督制约机制，行政执法中存在很大的随意性，无法从制度上解决权力不作为、乱作为等问题，影响了法律的实施效果。另外一个现象是，从省一级到市、区（县）一级的同一业务的行政主管部门，都行使几乎同样的权力，管

同样的事情，在多头执法之外，又形成多层执法、重复处罚的局面，不利于综合执法效能的发挥。实行相对集中行政处罚权制度、深化体制改革之后，各城市管理的相关部门根据城市管理的特点，对有关的行政权力进行了重新归类和配置，初步实现了城市管理领域审批权与监督权、管理权与处罚权的适当分离，同时还理顺了市、区（县）两级城管执法队伍之间的职责，实现了执法重心向基层的转移，推进了现行行政管理体制的改革。〔1〕《中共中央、国务院关于深入推进城市执法体制改革改进城市管理工作的指导意见》提出，新形势下，按照精简统一效能的原则，住房城乡建设部会同中央编办指导地方整合归并省级执法队伍，推进市县两级政府城市管理领域大部门制改革，整合市政公用、市容环卫、园林绿化、城市管理执法等城市管理相关职能，实现管理执法机构综合设置。统筹解决好机构性质问题，具备条件的应当纳入政府机构序列。遵循城市运行规律，建立健全以城市良性运行为核心，地上地下设施建设运行统筹协调的城市管理体制机制。有条件的市和县应当建立规划、建设、管理一体化的行政管理体制，强化城市管理和执法工作。下移执法重心。按照属地管理、权责一致的原则，合理确定设区的市和市辖区城市管理部门的职责分工。市级城市管理部门主要负责城市管理和执法工作的指导、监督、考核，以及跨区域及重大复杂违法违规案件的查处。按照简政放权、放管结合、优化服务的要求，在设区的市推行市或区一级执法，市辖区能够承担的可以实行区一级执法，区级城市管理部门可以向街道派驻执法机构，推动执法事项属地化管理；市辖区不能承担的，市级城市管理部门可以向市辖区和街道派驻执法机构，开展综

〔1〕 王敬波主编：《城市管理与行政执法：理论·实务·案例》，研究出版社2011年版，第21~22页。

合执法工作。派驻机构业务工作接受市或市辖区城市管理部门的领导，日常管理以所在市辖区或街道为主，负责人的调整应当征求派驻地党（工）委的意见。逐步实现城市管理执法工作全覆盖，并向乡镇延伸，推进城乡一体化发展。[1]这为我们在新形势下搞好城市管理综合执法工作指明了方向。

（三）初步解决了多头执法、重复处罚、执法扰民等问题，提高了执法质量和水平

通过开展相对集中行政处罚权、实行综合执法工作，城管部门统一行使市容、环卫、园林、市政、规划、工商、交通、城建等部门的全部或者部分行政处罚权，原有执法部门被撤销或者相应精简，多数地方执法人员总数比原有人员减少20%~30%，有的地方甚至减少一半以上。[2]虽然执法队伍和人员减少了，但是执法力量却更加集中，执法力度得到加强，执法水平和效率显著提高。开展相对集中行政处罚权工作以来，一些多年来群众反映强烈的“老大难”问题得到了较好的解决。相对集中行政处罚权制度作为贯彻落实《行政处罚法》授权的实践，对现行行政执法体制作了符合法律精神的创新，并取得了一定的效果。

同时还应该看到，开展相对集中行政处罚权和城市管理综合行政执法的实践，在深入推进中面临着许多大的挑战。城市管理综合执法既要全方位回应转变经济发展方式、加快城市化进程和加强城乡、区域统筹的现实需要，也要全面适应建设法治政府、效能政府、责任政府和服务型政府的改革要求，这就

〔1〕“中共中央、国务院关于深入推进城市执法体制改革改进城市管理工作的指导意见”，载《人民日报》2015年12月31日。

〔2〕王敬波主编:《城市管理与行政执法：理论·实务·案例》，研究出版社2011年版，第22页。

使得城市管理综合执法面临的压力越来越大。一是社会主义法律体系基本建成，进一步规范行政执法、建设法治政府的要求越来越高。二是我国行政管理体制改革稳步推进，大部制改革、综合行政执法体制改革、城乡一体化改革试点逐渐展开，城市管理综合执法的改革仍在继续。三是随着城市化的快速发展，城管执法的领域更为广泛，从中心城区依次向城市郊区和周围乡镇拓展。四是城管对象更趋多元，既要规范城市户籍居民的行为，又要规范外来务工人员的行为，而且后者在城管执法的对象中所占比重呈快速增长趋势。五是城市管理的事项更加繁重，倡导绿色低碳生活、建设生态宜居城市、维护城市社会稳定和市场繁荣发展，必然触及深层次的矛盾，因而需要城管面对和解决的新问题、新矛盾层出不穷。六是公众对城管的诉求越来越高，公众的法律意识、程序意识、维权意识越来越强，对高质量的城市生活和居住环境的要求越来越迫切，对城市管理综合执法的法治化、民主化、科学化的要求越来越高。

第三节　城市管理综合执法的发展

20 世纪 80 年代以来，全球化进程加剧，极大地提高了城市在国际经济中的地位，以致城市可以直接参与国际经济活动。由于全球化进程中城市的地位、作用和功能不断发生变化，全球性城市体系和城市网络正在形成，全球化背景下的城市内外部的经济、文化和社会事务日趋复杂，对城市管理的事项、模式和理念都不断提出新的要求，这将不断刺激城市的管理制度和管理方式的发展，以适应经济全球化带来的机遇和挑战。由于政治、经济和文化的差异，以及城市化发展阶段和参与经济全球化程度的不同，西方国家的城市管理与中国相比表现出相当大的不同之处。经过多年的发展，西方国家的城市管理已经建立起以政府为主导，企业、非营利组织和社会公众多元主体参与的模式，形成了政府、市场和社会机制在城市管理上的有机整合。[1]

中国长期实行计划经济，由于人口流动不足、城乡两极分化、经济增长缓慢和全能政府的管理模式，城市管理作为相对独立的“封闭”空间和整个国家管理的微观部分，长期受到忽视。20世纪90年代以来，中国实行市场经济，随着经济的快速发展，城市化进程快速推进，人口流动性增强，城市问题的多样性、复杂性和综合性显现，城市管理日益受到重视。目前，中国仍处于高速经济发展、高速城市化的进程中，仍然处于经济体制改革转轨的过程中，仍然处于对内对外更大范围与深度的开放中，不可避免地会带来大规模的人口流动，不可避免地会导致社会群体间利益格局的剧烈调整与变化，不可避免地会引发城市管理的新课题、新问题。对此，一个普遍的社会共识是中国社会仍处于人民内部矛盾的凸显期。与此相关，不可避免地会在行政管理领域出现一个失序失范行为的高发期，城市管理领域显然是失序失范行为高发的领域之一。近几年来，中国城市管理中城管执法机构与公民之间互相对抗的事件、案件时有发生，城管执法的粗暴画面不时出现于媒体，城管这一行政执法机构及其执法行为一直成为舆论质疑与诟病的焦点。这是目前中国城市管理法治化中一个必须面对、却又难以面对的尴尬问题。从中立的角度看，城管执法在中国的出现并非某个部门或领导的心血来潮，而是高速城市化进程必然引发的大规模人口流动、社会分层、文化冲突等各种因素造成的难以避免

〔1〕 熊文钊主编：《新时期城市管理综合行政执法指导全书》（第1卷），新华出版社2003年版，第27页。

的消极现象的应对措施之一，可以说是中国特色城市化高速发展中的一个适应性的制度安排，一个阶段性、过程性的现象。客观地说，近年来的城市管理综合执法，其成效是显著的，问题也是严重的。〔1〕

一、中国城市化进程加快

城市化，字面的意思是“使之具有城市属性”，也可称之为“都市化”或“城镇化”。〔2〕城市化是伴随工业化的发展，非农产业在城市聚集、农村人口向城市集中的自然历史过程，是近代工业革命促成的历史现象。城市化的特征主要表现在：①农业人口不断向非农业人口转变；②农民不断向城市集聚；③城市人口规模不断扩大，城市用地紧张、不断向郊区扩展；④不断形成新城市，城市数量不断增加。城市化既是一个自然历史过程，也是人类社会发展的客观趋势，是国家现代化的重要标志。工业革命以来的经济社会发展史表明，一国要成功实现现代化，在工业化发展的同时，必须注重城市化发展。城市化不仅是保持经济可持续发展的有力引擎，也是解决农业、农村、农民“三农”问题的重要途径。广义上看，城市化伴随着农村人口向城市集聚，城市规模、数量和用地不断扩展的过程，也伴随着城市经济活动、文化形式、生活方式和价值观念向乡村地域不断扩散的过程。在城市化过程中，整个社会的组织结构、经济布局、产业结构、生活方式和价值观念，都会发生巨大变化。

---

〔1〕 上海世博会事务协调局编：《城市与法治》，法律出版社 2010 年版，第 110 页。

〔2〕 杨宏山编著：《城市管理理论与实务》，中国人民大学出版社 2016 年版，第 19 页。

根据城市化的综合指标，城市化的发展可分为三个阶段：第一阶段，初级阶段，城市人口比重低于30%，第一产业比重占到50%以上，城市化速度低于0.3，城市呈点状结构分布。第二阶段，中级阶段，城市人口比重介于30%~70%之间，三大产业并行发展，城市化速度是初期的2倍，带状城市布局明显。第三阶段，高级阶段，城市人口比重在70%以上，城乡界限模糊，基本实现城乡一体化。[1]改革开放以来，我国的城市化进程日益加快。根据《中国城市发展问题报告》显示，2008年，我国的城市化水平为45.7%，到2012年年底，我国城市化率已达52.57%。2018年3月5日，国务院总理李克强在第十三届全国人民代表大会第一次会议上作《政府工作报告》时说，从2012年到2017年，我国城镇化率从52.6%提高到58.5%，8000多万农业转移人口成为城镇居民。58.5%的城镇化（城市化）率，正处于城市化的中级和上升阶段，也是城市社会问题集中爆发、叠加呈现的时期。这些问题在当前主要表现为：①农民工市民化进程滞后。目前，大量农民工及其随迁家属已经成为城市常住人口，但未能享受无差别的教育、医疗、养老、住房等基本公共服务，难以融入城市社会，存在着“伪城市化”现象。②城市发展粗放扩张。过分追求宽马路、大广场，新城新区、开发区和工业园区占地过大。一些地方过度依赖土地出让收入和土地抵押融资，以推进城市建设和经济发展，地方政府存在较大的债务风险。③城市空间分布和规模结构不合理。东部地区城镇分布较为密集，中西部地区分布比较稀疏；特大城市主城区人口压力偏大，中小城市集聚产业和人口不足。④“城市病”问题日益突出。一些城市无序开发，城市管理重经济发

---

〔1〕 严正主编：《中国城市发展问题报告》，中国发展出版社2004年版，第16页。

展、轻环境保护，重城市建设、轻管理服务，交通拥堵严重，安全事件频发，城市污水、天气污染和垃圾处理能力不足，城市生态环境恶化。⑤历史文物古迹保护不力。城市建设贪大求洋、照搬照抄问题严重，历史文化遗产和文物古迹保护不力，城市建设缺乏特色和个性。[1]这需要引起我们对中国特色的城市化问题高度重视，加大对城市规划、建设和管理的理性投入，加强理念更新和体制机制创新，以适应中国的城市化进程。

二、城市管理综合执法理念的更新

党的十八届三中全会作出的《中共中央关于全面深化改革若干重大问题的决定》和党的十八届四中全会作出的《中共中央关于全面推进依法治国若干重大问题的决定》均对深化行政执法体制改革提出要求，并提出推进跨部门综合执法的意见。2015 年 12 月颁布的《中共中央、国务院关于深入推进城市执法体制改革改进城市管理工作的指导意见》提出，要深入贯彻党的十八大和十八届二中、三中、四中、五中全会及中央城镇化工作会议、中央城市工作会议精神，以“四个全面”战略布局为引领，牢固树立创新、协调、绿色、开放、共享的发展理念，以城市管理现代化为指向，以理顺体制机制为途径，将城市管理执法体制改革作为推进城市发展方式转变的重要手段，与简政放权、放管结合、转变政府职能、规范行政权力运行等有机结合，构建权责明晰、服务为先、管理优化、执法规范、安全有序的城市管理体制，推动城市管理走向城市治理，促进城市运

[1] 杨宏山编著：《城市管理理论与实务》，中国人民大学出版社 2016 年版，第 31 页。

行高效有序，实现城市让生活更美好。[1]在此基础上，2017年1月24日，住房和城乡建设部制定发布的《城市管理执法办法》第3条规定："城市管理执法应当遵循以人为本、依法治理、源头治理、权责一致、协调创新的原则，坚持严格规范公正文明执法。"该条规定既成为城市管理综合执法的原则，也体现了新的理念。

（一）以人为本理念

我国《宪法》第33条第3款规定："国家尊重和保障人权。"城市管理综合执法应当遵循"以人为本"的理念，反对"以物为本"。这里的"物"既指有形的建筑物、构筑物、马路、广场、桥梁、隧道、公园、广告牌、指示牌、垃圾桶等看得见、摸得着的客观存在物，也指环境卫生、公共秩序、车辆通行限制、农副产品进城条件等可感知的抽象物质和主观感受。城管执法过程中，应当充分考虑到我国城市化发展的阶段性和城乡二元结构影响的长期性，不能不顾实际地照搬西方大都市的标准以打造光鲜亮丽的城市外观，过分追求外在美，而应当充分考虑城市的人本性、宜居性、便利性，注重城市的内在美。城管执法的对象大多是弱势群体，要尽可能多采取柔性化、人性化的方式进行管理，充分注意保护公民的人身权、财产权、自由权。

（二）依法治理理念

城市管理工作应当依法进行，这既是建设社会主义法治国家的必然要求，也是实现政府依法行政的重要保障。[2]依法治

---

〔1〕"中共中央、国务院关于深入推进城市执法体制改革改进城市管理工作的指导意见"，载《人民日报》2015年12月31日。

〔2〕王敬波主编：《城市管理执法办法理解与适用》，中国法制出版社2017年版，第8页。

理包含以下含义：一是依法治理意味着主体合法。城市管理综合执法工作应当由合法的、有管理和执法权的行政机关承担，其他被委托的组织和社会团体则不享有城市管理综合执法权。二是依法治理意味着权限合法。城市管理综合执法机关应当在法律法规授权的权限范围内开展管理与执法工作，而不能超越职权、滥用职权。三是依法治理意味着依据合法。城市管理综合执法必须有明确的执法依据，而不能“借法执法”，更不能“违法执法”。四是依法治理意味着程序合法。城管执法遵循正当程序既是自然正义原则的要求，也是实体权利义务的必然反映和保障。这就要求在执法过程中应当严格遵守法定程序，做到亮明身份、出示证件、依法回避、说明理由、听取陈述和申辩，以及告知当事人依法申请行政复议和行政诉讼的权利等。

（三）源头治理理念

从源头治理是破解城管执法难题的重要法宝。城市管理工作错综复杂、千头万绪，简单机械地依靠突击式执法、运动式执法，或者动辄采取行政强制、行政处罚的方法执法，必然治标不治本。上述做法在短时间内或许能取得一定的执法效果，但从长远看，必然使城市管理工作停留在表面，深层次问题难以根治，城市管理的目标恐难以实现。源头治理理念要求城管执法部门开展深入的调查研究，分析本市城管执法的难点所在及其产生的原因，然后从源头上找到实现城管执法实效化、规范化的方法。例如，重新规划或者调整城市公共空间布局，使市民生活消费、购物出行、娱乐健身更加便捷；允许摊贩在一定时间和地点摆摊设点，既能避免交通拥堵，又能满足市民生活需要。

（四）权责一致理念

习近平总书记在首都各界纪念现行《宪法》公布施行30周

年大会上的讲话中指出，要健全权力运行制约和监督体系，有权必有责，用权受监督，失职要问责，违法要追究，保证人民赋予的权力始终用来为人民谋利益。[1]权责一致是依法行政的内在要求，也是必然规律。一方面，城管执法需要有一定的权力作保障，否则工作就很难推行下去。另一方面，城管部门在行使权力的时候，需要承担相应的责任。城管部门要依法制定权力清单和责任清单，及时向社会公开，接受群众监督，确保在法律法规规定的权限范围内进行执法活动。同时，对在执法过程中出现的失职渎职、违法乱纪行为要承担相应的党纪政纪和行政法律责任；造成人身或财产损害的，要依法承担国家赔偿责任；如果触犯刑法的，还要依法追究刑事责任。

应当看到的是，在当前的执法实践中，存在着权责不一致的现象，即城管部门的责任过大、负担过重，而执法权力的种类过少、方法过窄；既没有限制人身自由的行政强制措施，也没有行政强制执行权，同时还缺乏一部国家统一的《城市管理法》，这对城管部门执法工作的顺利进行造成了很多障碍。另外，行业主管部门的管理权与城管执法部门的执法权相互隔离，同时又相互依存，这对城管执法的开展也带来了一定困扰。

（五）协调创新理念

城管部门要在城市管理过程中锐意改革创新，探索新的城市管理手段，提升城市管理水平。近年来，随着互联网时代和信息时代的到来，打造数字城管和智慧城管，业已成为城管改革创新的必由之路。通过先进的信息科技手段，实现信息获取自动化、监督管理精细化、业务职能协同化、服务手段多样化、

---

〔1〕习近平："在首都各界纪念现行宪法公布施行30周年大会上的讲话"，载http://politics.people.com.cn/n/2012/1204/c1024-19792087.html，2018年10月7日访问。

辅助决策智能化，通过信息手段整合实现城市管理全方位的智慧化，以全面提升城市管理水平。[1]

协调创新理念中，一是协调，即城管执法工作不能仅靠城管部门一己之力，而是需要各有关部门通力协作、互相配合才能成功，对此，必须建立跨行业、跨部门的长效机制与信息共享机制，助力于城管执法的有效推进；二是创新，创新是一个民族进步的动力，搞好城管工作也不例外，城管部门及其执法人员应发挥主观能动性，不断创新工作理念和工作方式，提高城管执法水平。

三、城市管理综合执法的发展趋势

随着现代经济社会的发展和科技文化的进步，城市管理综合执法也在相应地发展。传统的城市管理综合执法以管理主体为中心，一切都从管理者的意愿出发，表现为单一的管理目标追求。现代城市是多元化的社会，城管执法工作要兼顾不同群体的多样化的利益诉求，因而需要追求综合性的管理目标。从分工科学化的角度看，各个行政机关定岗定责、各司其职、各尽其责，最符合行政管理的基本规律和要求。但是城市管理是一项系统工程，很难靠一家行政机关单打独斗来完成管理的目标，必须依赖于各相关主体的协调一致、相互协作，而且这种趋势将越来越明显。对此，面对城市发展的系统性、整体性特点，必须树立城市管理综合执法的系统性思维，建立健全相应的体制机制。另外，如果把整个城市管理看作是一个大系统，城管执法便只是这个大系统下的小系统。大小各系统既相互独立又相互联系，每一级都有不同的目标和责任。越到下一级，

〔1〕 王敬波主编：《城市管理执法办法理解与适用》，中国法制出版社 2017 年版，第 23~24 页。

大系统的总目标越被转化为具体的作业目标。根据城市管理系统的上述特点，要管理好城市的大小事务，就必须制定好相对应的、与各层级相适宜的目标。我们既要保证城市大系统的整体利益，又要发挥各个子系统的积极性；既要强化城市区块之间的联系，又要保持执法权的相对独立和集中，这样才能实现对城市的高效管理。随着城市现代化进程的加快，制约城市发展的因素越来越多，城市综合管理与行政执法的难度也越来越大。要解决越来越复杂的城市管理问题，很大程度上要靠现代化的管理手段和方法。城市管理的科学化、信息化、法治化既是一个大的趋势，也是一个大的挑战。它要求城市管理者密切关注经济社会和科技文化的快速变革，积极探索和引进科学、高效的管理方式，以适应现代城市的管理需要。〔1〕

2015年12月发布的《中共中央、国务院关于深入推进城市执法体制改革改进城市管理工作的指导意见》，提出了我国城市管理综合执法下一步的改革指导思想，即牢固树立创新、协调、绿色、开放、共享的发展理念，以城市管理现代化为指向，以理顺体制机制为途径，将城市管理执法体制改革作为推进城市发展方式转变的重要手段，与简政放权、放管结合、转变政府职能、规范行政权力运行等有机结合，构建权责明晰、服务为先、管理优化、执法规范、安全有序的城市管理体制，推动城市管理走向城市治理，促进城市运行高效有序，实现城市让生活更美好。〔2〕

为进一步深化党和国家机构改革，推进治理体系和治理能

〔1〕王震国主编：《城市管理综合执法概论》，中国建筑工业出版社2015年版，第20页。

〔2〕“中共中央、国务院关于深入推进城市执法体制改革改进城市管理工作的指导意见”，载《人民日报》2015年12月31日。

力现代化，2018 年 2 月，党的十九届三中全会通过的《中共中央关于深化党和国家机构改革的决定》指出，要深化党和国家机构改革，必须遵循优化协同高效的原则。“优化”就是要科学合理、权责一致，“协同”就是要有统有分、有主有次，“高效”就是要履职到位、流程通畅。优化党和国家机构设置和职能配置，坚持一类事项原则上由一个部门统筹、一件事情原则上由一个部门负责，加强相关机构配合联动，避免政出多门、责任不明、推诿扯皮，下决心破除制约改革发展的体制机制弊端，使党和国家机构设置更加科学、职能更加优化、权责更加协同、监督监管更加有力、运行更加高效。转变政府职能，破除制约更好发挥政府作用的体制机制弊端，加强和完善政府经济调节、市场监管、社会管理、公共服务、生态环境保护职能，调整优化政府机构职能，全面提高政府效能，建设人民满意的服务型政府。提高行政效率。精干设置各级政府部门及其内设机构，科学配置权力，减少机构数量，简化中间层次，推行扁平化管理，形成自上而下的高效率组织体系。明确责任，严格绩效管理和行政问责，加强日常工作考核，建立健全奖优惩劣的制度。打破“信息孤岛”，统一明确各部门信息共享的种类、标准、范围、流程，加快推进部门政务信息联通共用。构建简约高效的基层管理体制。根据工作实际需要，整合基层的审批、服务、执法等方面力量，统筹机构编制资源，整合相关职能设立综合性机构，实行扁平化和网格化管理。推动治理重心下移，尽可能把资源、服务、管理放到基层，使基层有人有权有物，保证基层事情基层办、基层权力给基层、基层事情有人办。上级机关要优化对基层的领导方式，既允许“一对多”，由一个基层机构承接多个上级机构的任务；也允许“多对一”，由基层不同机构向同一个上级机构请示汇报。推进机构编制法定化。要依法管理各类组织机构，加快推进机构、职能、权限、程序、责任法定化。[1]虽然党中央的决定不完全是针对城市管理综合执法工作的，但改革的要求和趋势是一致的。概言之，城市管理综合执法的发展趋势表现为以下几个方面：

（一）整体化

要把城市管理综合执法放到一个大系统中去看待，而不能单纯就执法谈执法，就管理谈管理。搞好城管执法，有赖于职能部门的配合与协助，国土、规划、公安、交通、工商、环境、食药监等部门的职能发挥和积极配合，显得非常重要。同时，要把城管执法和改善民生相结合，优化服务功能，建好惠民工程，改进执法方式，做到人性执法，追求管理、执法和惠民的整体性、一致性，实现法律效果和社会效果的统一。

（二）基层化

基层化意味着推动城管执法重心下移，尽可能把资源、服务、管理放到基层，按照属地管理、权责一致的原则，合理确定市、市辖区城市管理部门和街道的职责分工。推动执法事项属地化管理，日常管理以所在市辖区或街道为主，逐步实现城市管理执法工作全覆盖，并向乡镇延伸，推进城乡一体化发展。充分发挥各类专业人才的作用，培育社区社会组织，推动制定社区居民公约，促进居民自治管理。

（三）扁平化

扁平化意味着减少机构数量，减少中间层次，缩短中间环节，形成自上而下的高效率组织体系和管理体系。层级越多，传达次数越多，越容易造成信息失真和时间耽搁，既影响工作效率，也影响基层工作的积极性。扁平化意味着层级机构编制

---

〔1〕“中共中央关于深化党和国家机构改革的决定”，载 http://www.gov.cn/zhengce/2018-03/04/content_5270704.htm，2018 年 10 月 8 日访问。

的裁减压缩，也意味着网格化管理。建立健全市、区（县）、街道（乡镇）、社区管理网络，科学划分网格单元，将城市管理相关事项纳入网格化管理。明确网格管理对象、管理标准和责任人，实施常态化、精细化、制度化管理。

（四）数据化

要解决越来越复杂的城市管理问题，很大程度上要靠现代化的科技管理手段和方法。对此，应当积极推进城市管理数字化、精细化、智慧化，综合运用物联网、云计算、大数据等现代信息技术，整合人口、交通、城建等公共设施信息和公共服务信息，挖掘数字化城市管理平台功能。加快数字化城市管理向智慧化城市管理升级，实现感知、分析、服务、指挥、监察“五位一体”。整合城市管理服务平台，形成全国统一的12319城市管理服务热线，并实现与110报警电话等的对接。综合利用各类监测与监控手段，强化各类城市运行数据的综合采集和管理分析，形成综合性城市管理数据库。加强行政许可、行政处罚、社会诚信等城市管理全要素数据的采集与整合，提升数据标准化程度，促进多部门公共数据资源互联互通和开放共享，建立用数据说话、用数据决策、用数据管理、用数据创新的新机制。

（五）高效化

高效化意味着履职到位、流程通畅、快速简便。没有高效率的城市管理，凡事推诿扯皮、久拖不决，甚至对违反城市管理法规的行为视而不见，必将使居民生活和城市秩序陷入一片混乱之中。为实现高效的城市管理与执法，必须坚持一类事项原则上由一个部门统筹、一件事情原则上由一个部门负责，避免政出多门、责任不清、推诿扯皮。必须建立快速联动机制，加强信息化建设，建设智慧城市和数字城市，利用现代科技打造现代城市。

（六）人性化

城市管理部门既是管理部门更是服务部门。当前深入开展的“放、管、服”改革，对城管工作的服务性提出了更高的要求。必须坚决反对上楼撤梯、大年初三撕春联、殴打商贩等违反人性的城管随意执法行为。城管执法人员，应时刻不要忘记自己只是普通的“人”的一员，因而也要时刻把执法服务对象当“人”看，而不是随意可以驱赶的对象或管理的“客体”。执法要善意，要与人为善，坚持中共中央政法委员会提出的“谦抑、审慎、善意、文明、规范”的原则。[1]处罚不是目的，罚人向善、教人向善、导人向善才是目的。树立源头治理思维，预防违法违规行为，要抓早、抓小、抓苗头，避免、减少群众违法违规行为带来的损失。坚持柔性执法理念，尽量少用刚性执法手段，最大程度减少社会矛盾。

（七）专业化

城管执法部门和其他行政部门一样，其权力不是万能的，而是有限的，有限权力是现代法治政府的基本特征，因而必须抛弃城管包打天下的思想。综合执法与专业执法相结合，既是一种合理要求，也是一种基本规律。有些明显不适合城管部门、城管部门一般也做不好的执法职能，应当从城管部门划分出去。过度的综合执法，既不利于提高执法效率，也不利于提高办案质量。不过在基层，主要在县、区尤其是在街道一级，还是应当更多地强调综合执法。理想的城市管理执法模式，应是“城市管理部门适度综合执法+各行业管理部门专业执法”。2018

---

〔1〕 罗亚蒙：“中国城市管理执法面临十大发展趋势”，载 http://www.legaldaily.com.cn/City_ Management/content/2018-04/17/content_7522834.htm，2018 年 11 月 15 日访问。

年，中共中央提出《深化党和国家机构改革方案》，在强调综合执法思想的同时，也强调建立相关行业管理部门、综合执法队伍间协调配合、信息共享机制和跨部门、跨区域执法协作联动机制，进一步完善了2015年《中共中央、国务院关于深入推进城市执法体制改革改进城市管理工作的指导意见》提出的强化综合执法的思想，是一个新的提升。

（八）社会化

城市管理与行政执法工作，仅靠城管部门是远远不够的，“城市管理部门适度综合执法+各行业管理部门专业执法”也同样具有局限性。2017年2月，习近平总书记在北京视察时指出，人民城市人民建、人民管，光靠政府力量不够。〔1〕对此，社会公众对城管执法工作的理解、参与和支持，对实现“和谐城管”至关重要。和谐城管，是城市管理的最高境界，是城管人的毕生追求。〔2〕应当鼓励全民参与，提倡“人民城市人民管”。可以开展城管进学校、进社区、进厂矿、进单位，以及“城管开放日”活动，通过丰富多彩的活动，搭建起城管和人民群众之间沟通的桥梁。还可以支持组建城市管理非政府组织，成立城市管理志愿者协会，鼓励志愿者开展城市管理志愿者活动，使城管工作走进千家万户。

（九）精细化

从城市管理到城市治理，既需要工匠精神，也需要绣花功夫。2018年11月6日，习近平总书记来到上海市浦东新区城市运行综合管理中心，在详细了解了上海在推进城市精细化治理

---

〔1〕 董少东：“城市管理要像绣花一样精细”，载《北京日报》2017年10月16日。

〔2〕 罗亚蒙：“中国城市管理执法面临十大发展趋势”，载 http://www.legaldaily.com.cn/City_Management/content/2018-04/17/content_7522834.htm，2018年11月15日访问。

方面的做法时说，提高城市治理水平，一定要在科学化、精细化、智能化上下功夫。我们创建国际一流的城市，要有一流的治理。城市治理要像绣花一样，要切实落到人民的日常生活中去。[1]什么是“精细化”？如何才能做到“精细化”？“精”在工匠精神，精心、精治，打造精品；“细”如绣花一样，细心、细巧，细节为王；“化”于标准化、专业化、规范化、常态化。[2]精细化也意味着规范化，包括程序规范、行为规范、形象规范、方法规范、救济规范等方面。程序规范，主要指行政许可、行政处罚、行政强制等，都要遵守法定程序；行为规范，主要指言行要文明，努力避免冲突，杜绝打、骂、抢等粗暴野蛮行为；形象规范，体现在着装、车辆、办公用品等与城管有关的一切，都要统一标志；方法规范，是指要建立健全适合本地的城市管理执法方法与监督考核体系；救济规范，通过立法、司法等环节，加强对城管执法人员合法权益的保护。

（十）法治化

推行依法治国，建设法治政府，是我国的既定战略目标。建设法治城市，也成为城管执法的必然选择和发展方向。建设法治城市，首先要完善城市管理领域的立法，加快制定城市管理执法方面的法律、法规和规章，明晰城市管理执法的范围、程序等内容，规范城市管理执法的权力和责任。其次，要完善城管执法制度，改进执法方式，提高执法素养，把严格规范公正文明执法的要求落实到城市管理执法全过程。履行执法职责，完善执法程序，规范办案流程，明确办案时限，提高办案效率，

---

〔1〕 申勇等：“习近平：要像绣花一样治理城市”，载 http://www.chinanews.com/gn/2018/11-11/8673987.shtml，2018 年 11 月 15 日访问。

〔2〕 董少东：“城市管理要像绣花一样精细”，载《北京日报》2017 年 10 月 16 日。

依法规范行使行政检查权和行政强制权，严禁随意采取强制执法措施。再次，加强对城市管理综合执法的内外部监督，畅通舆论监督、群众监督的渠道，健全层级监督、监察监督、审计监督制度，全面落实行政执法责任制。最后，城市管理法治化，还要注重综合运用行政指导、行政奖励、行政调解等非强制行政手段，善于柔性执法与合作执法，及时化解矛盾纷争，促进城市稳定、和谐。

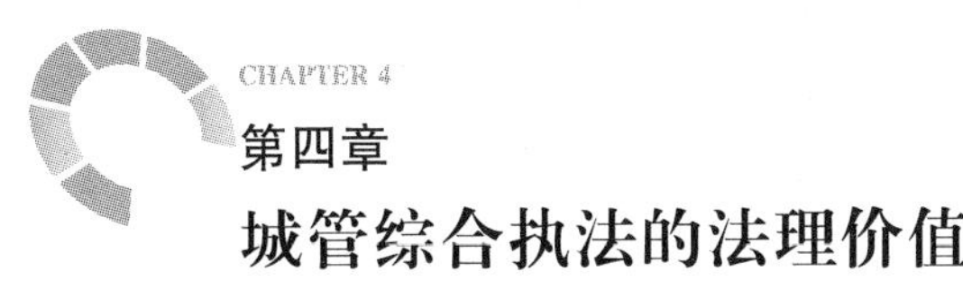

CHAPTER 4

第四章 城管综合执法的法理价值

近年来，不仅在城市管理，而且在文化市场管理、生态环境管理、农业管理、交通运输管理和市场监督管理等领域，综合行政执法体制改革都在如火如荼地进行。

那么，如何从法理价值角度分析这场有力而深刻的体制改革，并通过理论探索和改革实践，不断完善综合行政执法体制改革的法律政策设计，进而实现多元、理想的价值目标，无疑具有重要的理论意义与实践意义。综合行政执法体制改革打破了传统的分散、无序、重复执法的纷繁局面，将相关的执法资源整合在一起，节约了执法资源，提高了执法效率，优化了执法秩序，减少了执法扰民，增强了市场主体和社会公众的自由度，进一步促进了良性经济秩序、社会秩序、法治秩序的形成，体现了效率、自由、秩序、正义、安全等多重法理价值目标和价值追求。但是，理想的价值目标是不会轻易实现的。对此，本书认为，应当进行价值优化和价值整合，实现改革目标的最优化和理想化。实现价值优化和价值整合的方法，就是提高效率价值，扩大自由价值，维护秩序价值，强化正义价值，保障安全价值。

第一节　城管综合执法的基础与法理

学界认为，“综合执法”也称“综合行政执法”，是指将职责相关的专业队伍在执法过程中所产生、暴露出来的矛盾和不协调因素，通过行政、法律、组织等手段进行统一协调、优势互补、相互配合、整体联动的一种联合执法方式，它是有关专业管理队伍组成的集合体。[1]或者说，综合行政执法是指将原有行政执法机构进行整合，针对某一方面或几方面的社会管理领域，由一个部门统一行使原来由几个部门分别行使的相同或者相近的行政执法权，并承担相应的职责。[2]根据权利义务相统一的法治原则，“综合行政执法”实际上是对行政职能、行政权力和行政责任的综合。通过综合行政执法，能有效地提高执法效率，填补执法空白地带，充分发挥相关法律法规的整体效益，以较好地解决执法中的推诿、扯皮现象，从而全面提高行政管理与执法的水平。

我国综合行政执法体制的建立源于行政机构不断膨胀、职责交叉、机构冗杂问题的逐渐积累。特别是在行政处罚方面，长期以来乱罚乱收、以罚代管、以罚代教现象比较严重，导致执法效能大大降低，执法扰民问题层出不穷，直接影响了政府形象和法律权威。这一时期，几乎所有对外管理和服务的行政机关都有自己的执法队伍，各支执法队伍职责界定不清、职能重叠、执法推诿问题严重，庞大的执法队伍并没有带来预期的社会管理和执法效果。[3]因此，1996 年颁布的《行政处罚法》规定了相对集中行政处罚权制度，打破了一直以来行政执法条块分割的局面。该法第 16 条规定，国务院或者经国务院授权的

---

〔1〕 熊文钊主编：《新时期城市管理综合行政执法指导全书》（第 1 卷），新华出版社 2003 年版，第 42 页。

〔2〕 徐婧：“综合行政执法体制研究”，中国社会科学院 2012 年硕士学位论文，第 3 页。

〔3〕 徐婧：“综合行政执法体制研究”，中国社会科学院 2012 年硕士学位论文，第 5 页。

省、自治区、直辖市人民政府可以决定一个行政机关行使有关行政机关的行政处罚权。由此，以相对集中行政处罚权制度为中心的综合行政执法体制改革也得以建立并逐步推行。综合行政执法体制是在国务院政策的指导下，各地结合本地实际，以城管综合行政执法为试点，以实施相对集中行政处罚权为核心而建立的。由于各个城市的经济发展、历史沿革、目标定位不同，各地综合行政执法部门的组织形式、权力配置、人员编制等方面也呈现出差异化的特点。[1]在管理体制上，有的综合行政执法结构是政府直管，如北京、成都；有的是在政府直管的基础上，直接由市政府副秘书长兼任城管局局长，如沈阳；还有相当多的城管执法部门只是属于政府下属局、委的二级局。不仅如此，各省、自治区、直辖市综合行政执法结构设置不同，同一地区各区、县之间设立的综合行政执法结构也不尽相同。因管理体制、推行方式的不同，必然带来不同的实施效果。从实际情况看，城管综合行政执法是综合执法改革最早涉及的领域，也是实践经验最多、实施范围最广，同时暴露问题比较突出的领域。[2]通过对城管综合行政执法问题的梳理，可以看到所有与综合行政执法体制改革相关的变迁规律和经验得失。

早期的综合行政执法体制改革，一方面属于试验阶段，没有大规模地推行；另一方面，当时所谓的“综合执法”，更多地表现为联合执法或者集中执法，职责相近的执法机关的执法权力，并没有真正地归并在一起，也即处于“貌合神离”的状态。直到2002年，《国务院办公厅转发中央编办关于清理整顿行政

[1] 徐婧：“综合行政执法体制研究”，中国社会科学院2012年硕士学位论文，第6页。

[2] 中国行政管理学会课题组：“推进综合执法体制改革：成效、问题与对策”，载《中国行政管理》2012年第5期，第12页。

执法队伍实行综合行政执法试点工作意见的通知》（现已失效）决定，在广东省、重庆市开展试点，其他省、自治区、直辖市各选择 1~2 个具备条件的市、县进行试点，主要涉及城市管理、文化市场管理、资源环境管理、农业管理、交通运输管理等行政执法领域，以着重解决多头执法、重复执法、执法扰民和执法队伍膨胀等问题，自此综合执法试点及其推行，才算正式启动。〔1〕随之，横跨众多行政管理和执法机关的综合行政执法体制改革，在更大范围、更深层次上展开，因而综合行政执法对各类市场主体和社会公众权利义务的影响，也在更宽广的领域上发生了。

经过一系列的探索，综合行政执法体制改革整合执法力量，在一定程度上解决了多头执法、重复执法的问题。综合行政执法体制改革优化了职能配置，加强了监督制约，强化了规范管理，提高了执法水平，可谓取得了明显的成效。但是，随着综合行政执法工作的展开，在改革试点中也出现了一些新的问题和矛盾，特别是综合行政执法机构与职能部门的关系等体制性问题尚未理顺，影响着综合行政执法的成效。比如，综合行政执法机构与职能部门的职责划分不够合理，二者的工作关系难以理顺，执法队伍管理不够规范等。〔2〕另外，综合行政执法体制改革带给公众的关于公正与效率、自由与秩序等诸多法理价值冲突的质疑，也逐渐增多，需要我们在体制改革上继续加以深化和探索。党的十八大以来，行政执法体制改革进入了新阶段。十八届三中全会从推进国家治理体系和治理能力现代化，

〔1〕 中国行政管理学会课题组："推进综合执法体制改革：成效、问题与对策"，载《中国行政管理》2012 年第 5 期，第 12 页。

〔2〕 中国行政管理学会课题组："推进综合执法体制改革：成效、问题与对策"，载《中国行政管理》2012 年第 5 期，第 13 页。

构建法治化、国际化大环境的高度提出建立权责统一、权威高效的行政执法体制的改革目标。党的十八届四中全会明确深化行政执法体制改革的具体要求，强调要根据不同层级政府的事权和职能，按照减少层次、整合队伍、提高效率的原则，合理配置执法力量。[1]为适应依法治国、建设法治政府的目标，综合行政执法体制改革必然进一步被纳入国家法治的视野，通过实体法和程序法的完善来促进效率、自由、秩序、正义、安全的价值目标，也由此被更多的人所关注。2015年4月，国务院办公厅转发了《中央编办关于开展综合行政执法体制改革试点工作的意见》，进一步明确了相关的改革任务和要求。2015年12月发布的《中共中央、国务院关于深入推进城市执法体制改革改进城市管理工作的指导意见》提出，当前城市管理执法工作还存在管理体制不顺、职责边界不清、法律法规不健全、管理方式简单、服务意识不强、执法行为粗放等问题，在一定程度上制约了城市的健康发展和法治政府建设的进程。为此，该意见提出坚持以人为本、依法治理、源头治理、权责一致、协调创新等原则，在理顺管理体制、强化队伍建设、提高执法水平、完善城市管理、创新治理方式、完善保障机制、加强组织领导等七个方面提出了改革意见，对当前及今后的城市执法体制改革、提升城市管理水平必将产生直接的推动作用。[2]虽然该意见是针对城管执法与城市管理工作的，但综合行政执法体制改革进程中所表现出的共性问题，关于改革背后所折射的诸多法理价值的实现、冲突和保障等问题，在其中皆有反映。该意见提出

---

〔1〕 李志红："广东深化行政执法体制改革的探索"，载《中国机构改革与管理》2016年第9期，第29页。

〔2〕 "中共中央、国务院关于深入推进城市执法体制改革改进城市管理工作的指导意见"，载《人民日报》2015年12月31日。

的指导思想、基本原则和所反映的效率、自由、秩序、正义、安全理念，以及改革的思路、方法、措施等，无疑对文化市场管理、资源环境管理、农业管理、交通运输管理以及市场监督管理等领域的改革，也同样具有指引和参照意义。习近平总书记在十九大报告中指出，要深化机构和行政体制改革，统筹考虑各类机构设置，科学配置党政部门及内设机构权力、明确职责。这对我们深化综合行政执法体制改革的理论研究和实务工作，都指明了方向并提出了要求。

第二节　城管综合执法蕴含的法理价值

城管综合执法体制改革颠覆了传统政府管理、行政治理所依循的条块分割、责任分明、互不僭越的职权法定原则，打破了习以为常的固化思维和治理模式。通过重新“洗牌”，对行政资源进行优化组合，将人财物进行重新配置和调整，不但给行政机关及其公务人员，而且给行政相对人及社会公众，都带来了深远的影响。从法理学的视角看，综合执法体制改革具有丰富的法理价值，在效率、自由、秩序、正义、安全诸方面都体现了改革所蕴含的价值追求。

在法律上，价值问题始终是贯穿法律科学的一个基本命题，我们进行综合行政执法及其体制改革，同样离不开对法理价值的选择。美国法学家罗·庞德曾言，在法律史的各个经典时期，无论是在古代还是在近代社会，对价值准则的论证、批判或者合乎逻辑的适用，都曾是法学家们的主要活动。[1]学界认为，价值是一个表征主体与客体之间关系的范畴，体现了主观性与

---

〔1〕［美］罗·庞德：《通过法律的社会控制：法律的任务》，沈宗灵、董世忠译，杨昌裕、楼邦彦校，商务印书馆 1984 年版，第 55 页。

客观性的统一：一方面，它反映客体能够满足主体某种需要的作用和意义，是客体与主体之间客观存在的价值关系；另一方面，客体是否能够满足主体的需要，是否有价值，有多大价值，以及不同价值之间的位序，依赖于主体对这种作用与意义的主观认知、体验和评价。[1]综合行政执法体制改革所追求的价值目标也是如此：一方面，它体现着综合行政执法体制改革具有满足我们社会某种需要的作用与意义，是改革本身所客观具有的属性；另一方面，改革的产生和发展是主体需要的结果，它的价值依赖于主体的需要，具有强烈的主观性。可以说，综合行政执法体制改革所追求的价值目标及位序选择，也是客观性与主观性的统一，如效率、自由、秩序、正义、安全等都是应当追求的价值目标，但是，这些价值存在的基础何在，它们在综合行政执法体制改革中的具体含义是什么，以及在遇到价值冲突时应当如何做好价值整合，从而实现价值优化，这些都是值得讨论的问题。以下针对体制改革本身所蕴含的几种价值，加以展开论述。

一、体制改革的效率价值

在汉语里，效率是指“单位时间内完成的工作量”。[2]即在给定的时间内，完成的工作越多，效果越好，效率就越高。“效率的基本意义是：从一个给定的投入量中获得最大的产出，即以最少的资源消耗取得同样多的效果，或以同样的资源消耗取得最大的收益。”[3]法的效率价值主要表现为两个方面：一方

---

〔1〕 安东：“论法律的安全价值”，载《法学评论》2012年第3期，第3页。

〔2〕 汉语大词典编辑委员会、汉语大词典编纂处编纂：《汉语大词典》（第5卷），汉语大词典出版社1990年版，第441页。

〔3〕 张文显主编：《法理学》（第3版），高等教育出版社、北京大学出版社2007年版，第325页。

面是实际效果的优化，即法律通过为人们提供适当的行为模式，争取最优化的实施结果；另一方面是社会代价的减少，即法律通过为人们设定最经济的行为方式，以减少不必要的资源耗费，以及在人力、时间、智力等方面的无谓付出，目的是以最小的投入获得最高的回报。〔1〕综合行政执法体制改革将条块分割、各自为政、彼此割裂的各类执法资源在一定程度上进行有机整合，统筹了执法资源，明确了执法依据，缩减了执法人员，减少了执法频率，强化了执法责任，既将众多的执法机关和执法人员从繁多的执法任务中解脱出来，也使广大市场主体和社会公众不再动辄面对"七八个大盖帽管不住一个小草帽"的纷扰局面，从而可以安心地从事工商业经营和社会生活，由此带来的治理效果以及促进经济发展的效率是显而易见的。

回顾综合行政执法体制改革的历程，从1996年《国务院关于贯彻实施〈中华人民共和国行政处罚法〉的通知》开始，到1999年《国务院关于全面推进依法行政的决定》的颁布，再到2000年《国务院办公厅关于继续做好相对集中行政处罚权试点工作的通知》，又到2002年《国务院关于进一步推进相对集中行政处罚权工作的决定》，以及2015年《中共中央、国务院关于深入推进城市执法体制改革改进城市管理工作的指导意见》，直至2018年《中共中央关于深化党和国家机构改革的决定》实施，上述涉及综合行政执法体制改革的几份重要法规文献，无不将提高执法效率视为一项重要的改革目标，即通过改革真正做到精兵简政，建立办事高效、运转协调、行为规范的行政管理和行政执法体制。就法的效率价值而言，通过行政执法体制的改革，不但意味着行政权力运行的效率得以提高，还意味着

〔1〕 刘平：《法治与法治思维》，世纪出版集团、上海人民出版社2013年版，第196页。

社会公正的维护，政府更加诚实守信，以及对公权力的监督和制约的效能提高等多重意义。[1]

具有新时期机构改革指南意义的《中共中央关于深化党和国家机构改革的决定》，有多个地方提出了关于提高效率、效能的内容。如在改革的指导思想中提出，要以国家治理体系和治理能力现代化为导向，以推进党和国家机构职能优化协同高效为着力点，改革机构设置，优化职能配置，深化转职能、转方式、转作风，提高效率效能。深化党和国家机构改革，要遵循优化协同高效的原则。“优化”就是要科学合理、权责一致；“协同”就是要有统有分、有主有次；“高效”就是要履职到位、流程通畅。必须坚持问题导向，聚焦发展所需、基层所盼、民心所向，优化党和国家机构设置和职能配置，坚持一类事项原则上由一个部门统筹，一件事情原则上由一个部门负责，加强相关机构配合联动，避免政出多门、责任不清、推诿扯皮，下决心破除制约改革发展的体制机制弊端，使党和国家机构设置更加科学，职能更加优化，权责更加协同，监督监管更加有力，运行更加高效。具体要求是：优化政府机构设置和职能配置，提高行政效率；精干设置各级政府部门及其内设机构，科学配置权力，减少机构数量，简化中间层次，推行扁平化管理，形成自上而下的高效率组织体系；明确责任，严格绩效管理和行政问责，加强日常工作考核，建立健全奖优惩劣的制度；打破“信息孤岛”，统一明确各部门信息共享的种类、标准、范围、流程，加快推进部门政务信息联通共用；改进工作方式，提高服务水平；加强作风建设，坚决克服形式主义、官僚主义、

[1] 刘平：《法治与法治思维》，世纪出版集团、上海人民出版社2013年版，第197页。

享乐主义和奢靡之风。[1]

二、体制改革的自由价值

在汉语中，自由作为形容词，意思是“不受拘束，不受限制”；作为名词，其在法律上的含义是“在法律规定的范围内，按照自己的意志活动的权利”。[2]学界认为，在人类所追求的诸多价值目标中，自由与人的主体性关联最为密切。可以说，人的主体性由自由来体现，没有自由也就没有主体。就自由的含义来说，它意味着对必然性的认识与支配，意味着人的独立自主。自由价值的重要意义可以从以下几个方面来理解：第一，自由是人的属性，是人的主体性的表现，没有自由，人就不可能是真正的主体。第二，自由是人的自我意识的客观化和现实化。第三，自由是人的发展的推动力量。人对自由的追求，以及社会自由程度的提高既是人类发展的表现，也是人类向新的自由度迈进从而获得新的发展的保证。[3]作为一项法治原则，政策和法律应当保持对主体行为最大程度的不干预，只有当主体行使其自由有损他人和社会公共利益时，才能将干预实施于该主体。而且，即使是为了促进被干预者自身的福利，也不构成对干预行为的肆意授权。[4]孟德斯鸠说，自由并不是想做什么就做什么，“在一个有法律的社会里，自由仅仅是：一个人能够

---

〔1〕“中共中央关于深化党和国家机构改革的决定”，载 http://www.gov.cn/zhengce/2018-03/04/content_5270704.htm，2018 年 10 月 8 日访问。

〔2〕中国社会科学院语言研究所词典编辑室编：《现代汉语词典》（第 6 版），商务印书馆 2012 年版，第 1729 页。

〔3〕张文显主编：《法理学》（第 3 版），高等教育出版社、北京大学出版社 2007 年版，第 319 页。

〔4〕张文显主编：《法理学》（第 3 版），高等教育出版社、北京大学出版社 2007 年版，第 323 页。

做他应该做的事情，而不被强迫去做他不应该做的事情”。[1]

城管综合执法体制改革本着精简、效能的原则，做相关的立法和制度设计，尽力做到“不扰民”或“少扰民”，这充分体现了法律上的自由价值。在市场经济条件下，民商事主体受到的干预越少、自由度越高，经济发展就越有活力。只要各类主体不违反法律，不侵害国家利益、社会公共利益和他人的合法权利，行政执法机关就应当保持克制，不做无谓干预，包括各式各样无法律依据的检查、调查、评比、督察等。随着综合行政执法体制改革带来的执法主体的减少、执法频率的降低，各种民商事主体受到的干扰必然会越来越少，市场秩序的稳定性和公众内心的安定性必然增强，自由度也会随之提高。综合行政执法体制改革伴随着近年来简政放权、放管结合、优化服务协同推进的努力，行政执法机关减少了对市场参与主体的干扰，提高了管理和服务水平，有效释放了市场活力，激发了社会创造力。针对某些地方的城管部门一味加强管理，过分限制流动摊贩经营的行为，李克强总理由衷地说：“我看到有些城市，街边到处是小店，卖什么的都有，不仅群众生活便利，整个城市也充满活力。但有的城市规划、管理观念存在偏差，一味追求‘环境整洁’，牺牲了许多小商铺。这样的城市其实是一座毫无活力的‘死城’！”他还举例说：“之前有个别城市，夏天不让农民拉西瓜的小板车进城，说是影响城市清洁，让老百姓吃不上西瓜，农民也赚不到应有的收入。政府难道就没有解决清洁问题的办法吗？”[2]从法理上讲，自由与秩序是一对矛盾，

〔1〕［法］孟德斯鸠：《论法的精神》（上册），张雁深译，商务印书馆 1961 年版，第 154 页。

〔2〕王念兹：“推进‘互联网+流通’，李克强要求破除四大‘瓶颈’”，载 http://www.gov.cn/xinwen/2016-04/08/content_5062517.htm，2017 年 7 月 20 日访问。

是一种对立统一的关系。但是如果过分强调秩序而失去自由，秩序本身也变得毫无意义了。《中共中央关于深化党和国家机构改革的决定》也明确要求，要减少微观管理事务和具体审批事项，最大限度减少政府对市场资源的直接配置，最大限度减少政府对市场活动的直接干预。[1]正是对自由价值的追求和激发，才促进了近年来我国经济社会持续平稳健康的发展。

三、体制改革的秩序价值

在汉语中，秩序是指“有条理、不混乱的情况”。[2]在哲学上，秩序是一个系统的范畴，它是指事物存在的一种有规则的关系状态。[3]美国法学家 E. 博登海默认为，秩序是指在自然进程和社会进程中都存在着某种程度的一致性、连续性和确定性。[4]秩序是维持社会生活的基本条件，是人类发展的必然要求，也是法律的一项基础性价值。法在一定意义上讲，本身就是为建立和维护某种秩序而产生的，法为秩序提供预想模式、调节机制和保障方式。[5]有学者认为，法律秩序作为一种特定的社会秩序，有以下几个特点：第一，法律秩序与其他秩序相比，是各种秩序中最为完善的社会秩序状态；第二，法律秩序是在法律规则的基础上逐渐形成的良性社会秩序；第三，法律

---

〔1〕 刘鹤：“深化党和国家机构改革是一场深刻变革”，载《人民日报》2018年3月13日。

〔2〕 中国社会科学院语言研究所词典编辑室编：《现代汉语词典》（第6版），商务印书馆2012年版，第1681页。

〔3〕 张文显主编：《法理学》（第3版），高等教育出版社、北京大学出版社2007年版，第305页。

〔4〕 ［美］E. 博登海默：《法理学：法律哲学与法律方法》，邓正来译，中国政法大学出版社1999年版，第219页。

〔5〕 刘平：《法治与法治思维》，世纪出版集团、上海人民出版社2013年版，第190页。

秩序往往以国家权威机关的存在为前提，以国家强制力的实施为后盾；第四，法律规则的可预见性保障了法律秩序的稳定、完备和发展。[1]

没有秩序就没有经济发展、社会稳定、市场繁荣的基本条件，综合行政执法体制改革自然需要一个稳定的秩序做保障。观察分析历来有关综合行政执法体制改革的重要文献来看，对秩序的追求已成为体制改革的一项基础性的价值目标。如2000年《国务院办公厅关于继续做好相对集中行政处罚权试点工作的通知》指出，要通过改革真正做到精兵简政，建立办事高效、运转协调、行为规范的行政管理体系和行政执法体制。2015年《中共中央、国务院关于深入推进城市执法体制改革改进城市管理工作的指导意见》提出，要以理顺体制机制为途径，构建权责明晰、服务为先、管理优化、执法规范、安全有序的城市管理体制，促进城市运行高效、有序。针对体制机制不合理、某些方面运行失序的问题，《中共中央关于深化党和国家机构改革的决定》指出，一些领域党政机构重叠、职责交叉、权责脱节问题比较突出；一些政府机构设置和职责划分不够科学，职责缺位和效能不高问题凸显，政府职能转变还不到位，等等。[2]上述几个重要文件中，诸如“理顺”“协调”“有序”“明晰”“规范”“到位”等与秩序有关的字眼随处可见，处处表达了对秩序价值的追求。虽然其大多不是正式的国家立法，只是规范性文件，但和法律所追求的秩序价值目标取向一致。笔者相信，通过有序的体制改革，再进一步创造有序的经济环境、社会环境和法

---

〔1〕 刘平：《法治与法治思维》，世纪出版集团、上海人民出版社2013年版，第194页。

〔2〕 邵景均：“深化党和国家机构改革”，载《中国行政管理》2018年第4期，第5页。

治环境，是改革的重要目标和未来方向。还应当注意的是，仅靠出台一系列规范性文件来促进改革是远远不够的，必须通过立法来规范和保障。通过立法把改革成果固定化、法定化，是这些年来我国推进行政管理体制改革的成功做法。《中共中央关于深化党和国家机构改革的决定》指出，机构编制法定化是深化党和国家机构改革的重要保障。针对我国机构编制规范化、法定化相对滞后，机构编制管理方式有待改进等问题，中央明确要求推进机构编制法定化，即要依法管理各类组织机构，加快推进机构、职能、权限、程序、责任法定化。[1]亚里士多德也曾说："法律就是秩序，有好的法律才有好的秩序。"[2]为此，通过立法来推动改革得以有序展开，并以立法来保障改革的顺利进行，应当成为今后综合行政执法体制改革中的一项重要举措。

四、体制改革的正义价值

正义是一个古老而又常新的概念。在中文里，正义即公正、公平、公道、正确的意思。人们对正义的理解向来各有不同，具体包括：其一，正义是指某种自然的，从而也是理想的关系。其二，正义是指法治或合法性。如英国法学家、哲学家金斯伯格认为，正义观念的核心是消除任意性，特别是消除任意权。其三，正义是一种公正的体制。美国法学家罗·庞德认为，正义意味着一种体制，意味着对某种现存关系的调整和对行为的安排，以使人们生活得更美好。正义也包含着满足人类对享有某些东西或实现各种主张的手段，使大家尽可能地在最少阻碍

〔1〕 刘鹤："深化党和国家机构改革是一场深刻变革"，载《人民日报》2018年3月13日。

〔2〕 尹晋华主编：《法律的真谛》，中国检察出版社2006年版，第65页。

和消耗的条件下得到内心的满足。马克思主义认为，正义是主观和客观的统一，是变动性与不变性的统一，也是一致与不一致的统一。正义在不同的时空中会改变其内容，但是正义也有其不变的内涵，即正义有一个底线，这个底线建立在尊重人的尊严之上，它的基本内容是人权。[1]正义的内容如此丰富，所以有观点认为，正义不是法的一项价值，而是所有法的价值的整体和抽象。[2]

综合行政执法体制改革的目的是构建一种理想的行政执法体制，是在法的规范之下的运行体制，合法性是它的一项根本属性。综合行政执法体制改革所构建的体制还应是一种公正的体制，即这种体制能够充分保证市场主体、社会公众有各种合法的手段满足自身需求，在满足自身需求的过程中不被行政权力不当地干扰，同时减少无谓的资源耗费。综合行政执法体制改革的内容坚持“少扰民”或者“不扰民”，因而最能尊重人的尊严，体现了人权保障的功能。综合行政执法体制改革的目的还在于建立政府与市场、自由与秩序、公权与私权、公权与公权等多重主体和要素之间的平衡，实现善治的理想目标。综上，综合行政执法体制改革蕴含着强烈的正义价值。

五、体制改革的安全价值

安全，从现代汉语的字面上理解，意思是“没有危险，不受威胁，不出事故”。引申而言，安全还有“安定、稳定、受到

---

〔1〕 张文显主编：《法理学》（第3版），高等教育出版社、北京大学出版社2007年版，第334页。

〔2〕 叶青主编：《新编法学简明教程》，上海社会科学院出版社2012年版，第18页。

保护、得到保障”的含义。从法价值的角度来讲，所谓安全，是指通过法律力求实现的、社会系统基于其要素的合理结构而形成的安定状态，以及主体对这种状态的主观认知、体验和评价。〔1〕安全从不同的角度可以作出不同的划分。根据内容不同，安全可以分为人身安全、财产安全、信息安全、网络安全等；根据社会领域不同，安全又可以划分为经济安全、政治安全、文化安全、社会安全和环境安全等。安全是其他价值的前提和基础，不论效率、秩序价值还是自由、正义价值，都离不开安全，没有安全，其他价值就不可能实现。正因为如此，美国著名社会学家亚伯拉罕·马斯洛提出了“需求层次理论”，认为人类的需求像阶梯一样从低到高分五个层次，分别是：生理需求、安全需求、归属需求、尊重需求和自我实现需求，其中安全需要居于第二个层次，可见其重要性。德国著名学者威廉·冯·洪堡认为：“没有安全，人就既不能培养他的各种力量，也不能享受这些力量所创造的果实，因为没有安全就没有自由。”〔2〕安全与秩序看起来很像，但却是两个不同的概念。安全是社会内在的属性，秩序是社会外在的属性；安全的社会必然有秩序，但是有秩序的社会却未必安全。如黑恶势力控制下的社会，看起来是有秩序的，但却是人人战战兢兢、毫无安全感可言的。就安全、秩序两大价值目标与法律的联系而言，二者的区别是：秩序是法律的形式价值，安全是法律的实质价值；秩序体现法律的强制性功能，安全体现法律的保护性功能；法律既要实现秩序价值，更要实现和保障安全价值。〔3〕

---

〔1〕 安东：“论法律的安全价值”，载《法学评论》2012 年第 3 期，第 5 页。

〔2〕［德］威廉·冯·洪堡：《论国家的作用》，林荣远、冯兴元译，中国社会科学出版社 1998 年版，第 60 页。

〔3〕 安东：“论法律的安全价值”，载《法学评论》2012 年第 3 期，第 6 页。

近年来，安全价值的重要性在国内外的各个方面、众多领域日益凸显，成为各个国家和社会公众普遍关心和重视的话题。在我国，随着改革开放进程的加快和经济社会的快速发展，不断面临着生态安全、食品安全、交通安全、网络安全、贸易安全以及恐怖主义活动等一系列安全问题，引发人们的广泛关切和担忧，社会发展不断面临着安全问题的挑战，人们也在不断进行价值观念的重构和法律价值的调整。可以说，安全问题越来越受到人们的广泛关注，安全理应成为法律追求的基本价值，[1]也应当成为综合行政执法体制改革的立足点和首要价值。因为没有安全稳定的外部环境和平安有序的内部环境，所有的改革都不可能顺利进行，理想的改革目标也难以实现。对此，习近平总书记指出，国家安全和社会稳定是改革发展的前提。只有国家安全和社会稳定，改革发展才能不断推进。当前，我国面临对外维护国家主权、安全、发展利益，对内维护政治安全和社会稳定的双重压力，各种可以预见和难以预见的风险因素明显增多。而我们的安全工作体制机制还不能适应维护国家安全的需要，需要搭建一个强有力的平台统筹国家安全工作。《中共中央关于深化党和国家机构改革的决定》也提出，在机构改革的过程中，要做到思想不乱、队伍不散、运转正常。[2]可以说，这既体现了对外部政治社会良好秩序的要求，也体现了内部思想和机构运行安全的内涵。

---

〔1〕 安东："论法律的安全价值"，载《法学评论》2012年第3期，第3页。

〔2〕 刘鹤："深化党和国家机构改革是一场深刻变革"，载《人民日报》2018年3月13日。

第三节 城管综合执法的价值实现

以上探讨了综合行政执法体制改革所表达和追求的效率价值、自由价值、秩序价值、正义价值和安全价值。但理想的价值目标绝非通过几场改革就能轻易实现的，它需要一个渐进的、逐渐优化的过程。在这个过程中，提高效率价值、扩大自由价值、维护秩序价值、强化正义价值、保障安全价值，就应当成为综合行政执法体制改革重要的价值选择，也应当成为法治政府、法治国家建设的价值选择。同时，在改革中还应当注意对价值之间的冲突进行整合，避免为了实现效率价值而忽视正义价值，为了实现秩序价值而忽视自由价值，或者相反。最不应当的是全然忽略安全价值的考量与安排。理想的价值整合，应当是统筹协调各个具体的价值目标，谋求价值总量的最大化和价值效果的最优化。

一、提高效率价值

一个有效率的社会，应当是能够以较少的投入或者同样的投入取得比别的社会更多更好的有用品，从而创造出更多财富和价值的社会；一个有效率的社会，也是自然资源、社会资源和人文资源优化配置、价值最大化的社会。[1]通过综合行政执法体制改革，应当尽可能地将有限的执法资源和力量配置在关系国计民生、有利经济发展、促进社会进步、建设生态文明的领域，努力减少甚至取消执法资源对某些无关经济发展大局、社会组织能自主解决、市场能自行调节领域的配置。综合行政

---

〔1〕 张文显主编:《法理学》(第3版)，高等教育出版社、北京大学出版社2007年版，第325页。

执法体制改革，应当在相当长的一段时期内坚持效率优先、兼顾公平的原则。待社会生产力极大丰富之后，主动调整价值序列，积极追求效率与公平等价、兼顾的原则。效率优先也就是发展优先，与其他价值比较，在特别需要发展生产力的历史时期，法律及其所保障的综合行政执法体制改革所追求的公平价值，应当在一定意义上服从和服务于效率价值。效率是行政的生命，也是特定时期我国政治发展的必然要求，是强化和巩固政府合法性的内在逻辑。城管综合执法必须优先体现效率的价值，通过机构改革、资源整合和法制建设，确保效率目标的实现。

二、扩大自由价值

正像法律的目的一样，综合行政执法体制改革的目的也不是为了限制自由，而是为了扩大自由。市场主体、团体组织和社会公众越是自由，经济就越有活力，市场就越繁荣，社会就越稳定、越安全。通过综合执法体制改革，应当尽可能地减少行政机关对市场主体、社会公众的不当干预，扩大社会公众的自由度。减少中央对地方职权行使的干预度，扩大地方的自主权。对此，为了保障自由，一方面，应当将改革中行之有效的经验通过立法加以明确化、规范化、法定化；另一方面，应当规范执法、公正司法，加强对公权力的监督和制约，协调好政府与市场、公权与私权、中央与地方等关系。有学者认为，法律对自由的保障手段可以概括为三种：一是确认，即将一般自由转化为法律自由；二是保护，即禁止他人妨碍自由，以及请求国家保护的权利；三是制裁，即对破坏自由的违法者予以法律上的惩罚。[1]从法学的角度来说，法律是一种国家意志，当

〔1〕 卓泽渊：《法的价值论》，法律出版社1999年版，第407页。

国家通过立法将一般自由确认为法律上的权利后，即意味着国家承担了保护自由的责任，当这种权利受到侵害时，国家就有义务对受害者提供救济，追究违法者的责任。因此，国家在通过立法确认权利时，必须同时通过法律设定专门实施救济的机构及职责，并设定好救济的正当程序。〔1〕这里的正当程序，包括建立健全社会公众尤其是行政管理相对人在行政执法过程中，以及在执法体制改革过程中受影响的当事人，应当享有的陈述权、申辩权、回避申请权、代理权、辩论权、听证权、参与权、监督权等权利内容和相应的制度保障。近年来，我国在行政管理和执法领域大力推进“放、管、服”改革，实施权力清单和责任清单制度，在新一轮的政府机构改革中，规定把直接面向基层、量大面广、由地方实施更为便捷有效的经济社会管理事项，由中央下放给地方等决定，〔2〕都体现了对自由价值的表达与建构。当然，这种自由是有限度、有底线的，既不能损害秩序，更不能危及安全。

在城管综合执法过程中，如何保障经营者的自由呢？城市管理和行政执法的最终目的是为公众提供一个井然有序、干净整洁、出入方便、宜居舒适的城市环境，一个秩序混乱、脏乱不堪、出行不便、购物不易的城市，绝非一个管理良好、让人满意的城市。城市管理部门在执法过程中，如果过于追求城市秩序而忽视经营自由，过于强调服从管理而忽视生活宜居，那么不但会导致摊贩经营者的反抗，而且也会引起城市居民的反感，甚至引起全民的质疑和谴责，造成城管执法的尴尬和被动，

---

〔1〕 张文显主编：《法理学》（第3版），高等教育出版社、北京大学出版社2007年版，第322页。

〔2〕 邵景均：“深化党和国家机构改革”，载《中国行政管理》2018年第4期，第5页。

有的还会造成严重的人身伤害、财产损失，其教训十分深刻。现行的城市管理和执法体制是一种以城市秩序为中心的产物，传统的观念驱使，使得城管执法者一开始就将被执法者放在了对立的位置上，把自己的思维和行为定位在如何管理和惩治上，这种带有暴力念头的执法行为不仅解决不了弱势群体生存之艰和权力部门执法之难的困境，长此以往还可能引发更多更大的对抗和冲突。因此，应该将暴力型执法理念向以人为本的人性化执法理念转变，强调管理和服务、执法与协作的统一。要在调整和优化城市规划、完善城市基础设施的同时，关心、帮助弱势群体和流动摊贩，多采取疏导服务为主、管理为辅的办法，从城市管理的实际出发，具体问题具体分析，具体问题具体对待，自觉地把创建和谐社会、法治社会的理念落实于城市管理和执法实践之中，实现法律效果与社会效果的统一。当前，城管执法部门在执法手段上还主要以行政处罚为主、行政指导为辅，这种执法方式的不足在日益复杂的执法环境中日渐凸显。为此，在城市管理工作中需要继续探索多元化的执法方式，特别是符合现代行政管理特点的柔性执法方式，使前端柔性执法与后端严厉处罚相结合，积极构建城管部门与社会公众的互动机制，调动公众参与城市管理的积极性，特别是调动利益相关者和行政相对人的参与。另外，要积极发挥基层组织和城市社区的自治作用，把城市管理作为一项全民参与的事业，而不是城管部门一家的单打独斗。

三、维护秩序价值

学界认为，秩序是法的直接追求，其他价值是以秩序价值为基础的“法的企望”，没有秩序价值的存在，就不可能有法的其他价值。作为法律意义上的秩序，具有实质性和形式性两个方面。实质意义上的法律秩序，主要是指一种安宁、和平、有序的法治状态；形式意义上的法律秩序，主要指法律必须具有一定的稳定性、连续性以及法律规范之间的相互协调性。[1]这是从法律规范本身及其所保障的社会秩序来说的。实际上，“安宁”“和平”的法治状态，正是法的安全价值目标，也是综合行政执法体制改革所应坚守的价值目标。良好的秩序是综合行政执法体制改革顺利进行的基本条件，没有良好的秩序，必将陷于无序、混乱的无政府状态，非但不能顺利实现改革的目标，还可能危及社会的安全稳定。在综合行政执法体制改革过程中，往往涉及众多行政部门、众多公务人员、众多区域领域的利益关系，矛盾错综复杂，关系盘根错节，必须慎之又慎，需要“蹄疾步稳”。为此，明确的改革路线、充分的宣传动员、规范的实施步骤、正当的利益保障、有力的法规约束，都必须纳入体制改革的宏观设计和微观操作之中。必须通过严明的纪律和公正的执法与司法推进改革，切实维护改革的良性秩序，而不能急功近利、急躁冒进、漠视民权、顾此失彼。否则，改革的目标就难以实现。

四、强化正义价值

前文述及，正义价值具有综合意义，常作为其他价值的集合。作为社会基本结构的正义包括两个层面，一是社会各种资源、利益享有以及负担分配上的正义，二是社会利益冲突解决方式上的正义。前者可谓“实体正义”，后者可谓“程序正义”。[2]

---

〔1〕 刘平：《法治与法治思维》，世纪出版集团、上海人民出版社 2013 年版，第 191 页。

〔2〕 张文显主编：《法理学》（第 3 版），高等教育出版社、北京大学出版社 2007 年版，第 339 页。

实体正义是以制度正义为前提的，在于通过对实体权利与义务的安排，为社会提供一种秩序，使人们都能发挥自己的才能，享有自由、平等、安全的权利和利益。程序正义是一种社会冲突解决的正义，要求没有偏私、不受歧视，受到公平对待。程序正义是实现实体正义的前提，没有程序正义的保障就不会有实体正义的实现。[1]综合行政执法体制改革最终以实现国家善治和社会正义为目标，实现国家与社会、政府与市场、中央与地方、权力与权利、权力与权力之间等多重关系之间的平衡与和谐，实现国家治理能力和治理体系的现代化、法治化。为了更好地实现体制改革所追求的正义价值，我们应当通过法律和政策设计，不断优化改革决策的科学化、规范化、合法化、民主化，反对命令主义、官僚主义和急躁冒进。同时，要健全实施改革的程序规则，并确保改革决策和实施步骤的公开透明，避免暗箱操作，接受社会监督。另外，还要完善对因改革而致合法利益受损者的权利保障机制，完善权利救济渠道，努力实现正义的价值目标。

五、保障安全价值

当前，中国特色社会主义进入新时代，人民美好生活需要日益广泛，不仅对物质文化生活提出了更高要求，而且在民主、法治、公平、正义、安全、环境等方面的要求也日益增加。针对错综复杂的安全问题，我们应当坚持总体国家安全观，坚持国家利益至上，以人民安全为宗旨，以政治安全为根本，完善国家安全制度体系，加强国家安全能力建设。贯彻落实总体国家安全观，必须既重视外部安全，又重视内部安全；既重视国

---

〔1〕 刘平：《法治与法治思维》，世纪出版集团、上海人民出版社 2013 年版，第 186 页。

土安全，又重视国民安全；既重视传统安全，又重视非传统安全；既重视发展问题，又重视安全问题；既重视自身安全，又重视共同安全，走出一条中国特色国家安全道路。

作为国家权力中的重要组成部分，行政执法权在确保国家安全、社会公共安全和公民个人安全方面发挥着重要作用。但随着经济社会的发展，近年来在行政执法领域产生了一些新的问题，突出表现在以下方面：一是有些行政机关过于侧重并服务于经济增长，轻视社会的和谐稳定。在对经济发展项目进行决策时，不作安全风险评估，不制定风险预防的预案，或者明知会产生严重的社会矛盾，仍然武断坚持项目上马。对于这样的问题，当前我们的立法还缺乏有效的监督制约与惩戒机制。二是有些行政执法人员法治观念淡薄，不懂法、不学法，或者不把法律当回事，滥用权力侵犯公民的合法权益，从而引发诸多官民冲突，影响了社会的和谐稳定。三是有些执法机关及执法人员水平不高，尤其是机械执法、简单执法、粗暴执法问题比较严重，通过行政复议、行政诉讼等程序又难以得到及时纠正，从而引起当事人对执法正当性、公正性的怀疑，加剧了人们的不安全感。[1]另外，在执法体制上的交错盘结、多头执法、重复执法等问题，也加剧了人们对执法合理性、合法性的怀疑，增强了人们对自身人身权、财产权的不安全感。这些都是应当通过综合行政执法体制改革，健全相应的法律法规加以克服的。

为此，我们应当紧紧围绕安全的价值目标，一方面，要既重视发展问题，又重视安全问题，把促进经济快速发展和保障社会安全稳定放在同等重要的位置，千万不能为追求经济增长

---

〔1〕 安东："论法律的安全价值"，载《法学评论》2012年第3期，第6页。

而忽视社会安全。另一方面，要着力提高执法水平，充分体现行政执法的公正性，避免机械执法、简单执法、粗暴执法产生的社会矛盾，通过执法化解矛盾而不是扩大矛盾，增加安全而不是损害安全。同时，针对执法体制机制问题，我们应当大力推进执法体制改革，完善综合执法的体制机制。对一些行之有效的改革举措和改革成果，应当及时将之固定化、制度化、法定化，塑造安全稳定的改革环境。另外，在理论上，我们应当认真检视法治、改革的理论与实践，全面树立关注安全、研究安全、实践安全的理念，把实现和保障安全作为法治与改革的根本价值选择，确保我国法治建设和各项改革沿着正确的方向发展。[1]

综上所述，综合行政执法体制改革，蕴含着丰富的法理价值，无论是效率价值、自由价值、秩序价值、正义价值还是安全价值，综合行政执法体制改革皆有其期冀的目标，也有其不同的关切与定位，值得我们高度重视。在改革过程中，需要我们对之给予充分的政策关照和立法设置，既不能对这些不同的价值视而不见，也不应当顾此失彼，而应当给予充分的重视和科学的设计。应当指出的是，法的价值是多元的，有时也是矛盾的，各个价值之间有时会有一定的冲突，这需要通过价值整合来避免，从而实现价值总量的最大化、最优化。价值整合应当遵循一定的原则，笔者认为，具体包括：①兼顾协调原则，即尽可能兼顾各个价值的存在，尽可能地避免、化解或弱化价值冲突。②法益权衡原则，即“两利相权取其重”“两害相权取其轻”，若继续采取兼顾协调的立场和态度已不复可能时，应当有所取舍，取大利而舍小利。③维护改革和法律的安定性原则，

---

〔1〕 安东：“论法律的安全价值”，载《法学评论》2012年第3期，第6页。

即在综合行政执法体制改革和法的立、改、废过程中，尽量避免“违法改革”或欠缺必要的法律依据的改革，及时通过立法稳定改革成果、促进改革深化，尽力确保现行法律秩序的稳定，确保现有社会秩序、公共利益不受到损害。

CHAPTER 5

第五章 城管综合执法的主要权力

实现综合执法的价值，落实城市管理的目标，达到治理与善治的目的，必须具有相应的行政执法权力。城管综合执法权是一种行政权，行政权来源、从属于立法权。

按照“无法律无行政”的行政法原理和2018年《宪法》的规定，[1]城管部门的各项行政权力必须要有法律依据。尚未制定法律的，根据2015年《立法法》的规定，全国人民代表大会及其常务委员会有权作出决定，授权国务院可以根据实际需要，对其中的部分事项先制定行政法规加以规定。[2]同时，《立法法》第72条中规定，省、自治区、直辖市的人民代表大会及其常务委员会根据本行政区域的具体情况和实际需要，在不同宪法、法律、行政法规相抵触的前提下，可以制定地方性法规。设区的市的人民代表大会及其常务委员会根据本市的具体情况

〔1〕《宪法》第2条规定：“中华人民共和国的一切权力属于人民。人民行使国家权力的机关是全国人民代表大会和地方各级人民代表大会。人民依照法律规定，通过各种途径和形式，管理国家事务，管理经济和文化事业，管理社会事务。”第3条中规定，中华人民共和国的国家机构实行民主集中制的原则。全国人民代表大会和地方各级人民代表大会都由民主选举产生，对人民负责，受人民监督。国家行政机关、监察机关、审判机关、检察机关都由人民代表大会产生，对它负责，受它监督。

〔2〕《立法法》第9条规定：“本法第八条规定的事项尚未制定法律的，全国人民代表大会及其常务委员会有权作出决定，授权国务院可以根据实际需要，对其中的部分事项先制定行政法规，但是有关犯罪和刑罚、对公民政治权利的剥夺和限制人身自由的强制措施和处罚、司法制度等事项除外。”

和实际需要，在不同宪法、法律、行政法规和本省、自治区的地方性法规相抵触的前提下，可以对城乡建设与管理、环境保护、历史文化保护等方面的事项制定地方性法规，法律对设区的市制定地方性法规的事项另有规定的，从其规定。该法第 80 条第 1 款规定，国务院各部、委员会、中国人民银行、审计署和具有行政管理职能的直属机构，可以根据法律和国务院的行政法规、决定、命令，在本部门的权限范围内，制定规章。该法第 82 条中规定，省、自治区、直辖市和设区的市、自治州的人民政府，可以根据法律、行政法规和本省、自治区、直辖市的地方性法规，制定规章。地方政府规章可以就下列事项作出规定：①为执行法律、行政法规、地方性法规的规定需要制定规章的事项；②属于本行政区域的具体行政管理事项。设区的市、自治州的人民政府根据本条第 1 款、第 2 款制定地方政府规章，限于城乡建设与管理、环境保护、历史文化保护等方面的事项。已经制定的地方政府规章，涉及上述事项范围以外的，继续有效。

上述规定既明确了城管部门获得行政权的来源性、从属性，也明确了城管部门行使行政权的法律渊源，即宪法、法律、行政法规、地方性法规、行政规章（包括部委规章和地方政府规章）。

那么，在现行的立法规定之下，城管部门享有哪些行政权力呢？本书认为，城管部门既享有基本的、常见的行政许可权、行政处罚权、行政强制权，也享有行政调查权、行政征收权、行政裁决权、行政指导权、行政合同权、行政奖励权等权力。本章重点探讨城管行政许可权、城管行政处罚权和城管行政强制权。

第一节　城管行政许可权

城管部门是否享有行政许可权？从不少城市来看，回答应当是肯定的。当然，也要结合各地城管部门不同的综合管理与行政执法领域来做出相应的回答，因为我国各地的城管部门具体的行政管理与执法领域未必一致，甚至相差较大。在此情况下，就不能一概而论了。

一、城管行政许可权的法律依据

（一）《行政许可法》

按照《行政许可法》第2条和第3条的规定，“本法所称行政许可，是指行政机关根据公民、法人或者其他组织的申请，经依法审查，准予其从事特定活动的行为。行政许可的设定和实施，适用本法。有关行政机关对其他机关或者对其直接管理的事业单位的人事、财务、外事等事项的审批，不适用本法”。该条明确了行政许可的概念与《行政许可法》的适用范围。同时，该法第12条规定：“下列事项可以设定行政许可：（一）直接涉及国家安全、公共安全、经济宏观调控、生态环境保护以及直接关系人身健康、生命财产安全等特定活动，需要按照法定条件予以批准的事项；（二）有限自然资源开发利用、公共资源配置以及直接关系公共利益的特定行业的市场准入等，需要赋予特定权利的事项；（三）提供公众服务并且直接关系公共利益的职业、行业，需要确定具备特殊信誉、特殊条件或者特殊技能等资格、资质的事项；（四）直接关系公共安全、人身健康、生命财产安全的重要设备、设施、产品、物品，需要按照技术标准、技术规范，通过检验、检测、检疫等方式进行审定的事项；（五）企业或者其他组织的设立等，需要确定主体资格的事项；（六）法律、行政法规规定可以设定行政许可的其他事项。”该条明确了可设立行政许可的事项和领域。

从《行政许可法》第12条规定的行政许可事项可以看出，第（一）项规定的“生态环境保护”可与城管日常工作的“城市市容和环境卫生”相对应，第（二）项规定的“公共资源配置以及直接关系公共利益的特定行业的市场准入”可与城管部门对建筑垃圾排放、运输、消纳事项以及煤、电、汽、暖、路灯等市政设施建设与管理相对应，第（四）项规定的“直接关系公共安全、人身健康、生命财产安全的重要设备、设施、产品、物品”可与城管部门对工商、质检、卫生等相关工作的管理执法相对应。就《行政许可法》的上述规定，结合城管部门的工作实际，可知城管部门享有行政许可权具有法律上的依据。

（二）《城市市容和环境卫生管理条例》

城市市容和环境卫生工作是城市管理部门的日常性工作，2017年，国务院对此制定了专门的《城市市容和环境卫生管理条例》，授权城市人民政府市容环境卫生行政主管部门负责本行政区域的城市市容和环境卫生管理工作。[1]该条例有数条内容规定了城管部门的行政许可权。如第11条规定：“在城市中设置户外广告、标语牌、画廊、橱窗等，应当内容健康、外型美观，并定期维修、油饰或者拆除。大型户外广告的设置必须征得城市人民政府市容环境卫生行政主管部门同意后，按照有关规定办理审批手续。”第14条规定：“任何单位和个人都不得在

---

〔1〕《城市市容和环境卫生条例》第4条规定：“国务院城市建设行政主管部门主管全国城市市容和环境卫生工作。省、自治区人民政府城市建设行政主管部门负责本行政区域的城市市容和环境卫生管理工作。城市人民政府市容环境卫生行政主管部门负责本行政区域的城市市容和环境卫生管理工作。”

街道两侧和公共场地堆放物料，搭建建筑物、构筑物或者其他设施。因建设等特殊需要，在街道两侧和公共场地临时堆放物料，搭建非永久性建筑物、构筑物或者其他设施的，必须征得城市人民政府市容环境卫生行政主管部门同意后，按照有关规定办理审批手续。”第22条规定：“一切单位和个人都不得擅自拆除环境卫生设施；因建设需要必须拆除的，建设单位必须事先提出拆迁方案，报城市人民政府市容环境卫生行政主管部门批准。”

上述三条规定分别涉及了三个方面的行政许可权的行使：一是大型户外广告的设置；二是在街道两侧和公共场地临时堆放物料，搭建非永久性建筑物、构筑物或者其他设施；三是拆除环境卫生设施。以上三个方面的事项，均要求征得城市人民政府市容环境卫生行政主管部门同意、批准，该权力是典型的行政许可权。

（三）地方的若干规定

在地方，各地地方性法规或地方政府规章对城管部门的行政许可权有非常多的具体规定。因篇幅所限、内容相近，暂列以下两个。

（1）《广东省城市市容和环境卫生管理规定》（现已失效）第20条规定：“有下列行为之一者，应当先经主管部门同意后，再按照规定报有关部门审批：（一）需在城市街道两侧或者公共场所临时堆放物料、搭建非永久性建筑物、构筑物或者其他设施的；（二）需在城市设置大型户外广告的；（三）需在城市建筑物、设施上张挂、张贴宣传品等的；（四）需在城市街道两侧和公共场所设置商亭、固定摊点、电话亭、大排档的。”该条列举的事项，基本上都属于城管部门管理执法的事项，自然也属于城管行政许可的内容。第38条规定：“不得将建筑废弃物倒在公共场所地面以及城市道路或者穿越城市市区的公路两侧。建设单位和个人需要排放或者受纳建筑废弃物的，应当在排放或者受纳前到主管部门申领排放证或受纳证。”该条规定建设单位和个人需要排放或者受纳建筑废弃物，需要到主管部门办理排放证或受纳证。这里的“主管部门”一般就是指城管部门，而“排放证或受纳证”，自然就属于许可证照。

（2）《长沙市户外广告设置管理办法》第14条规定：“设置户外广告应当依照法律、法规的规定取得市城市管理行政管理部门同意，办理审批手续。”第27条第1款规定：“组织举办文化、体育、商品交易、产品展销、宣传教育、庆典等活动，需要设置临时户外广告的，由活动组织举办单位或者户外广告设置人向市城市管理行政管理部门提出申请，经市城市管理行政管理部门会同工商行政管理部门批准后，按照批准的地点、期限和要求进行设置。”上述两条规定，设置户外广告和临时户外广告应当征得城管部门的许可同意，属于行政许可权的内容。

总而言之，城管部门的行政许可权，主要集中在户外广告设置许可、建筑垃圾处置许可、挖掘城市道路许可、污水排入排水管网许可、工程渣土准运证核准、利用广场（公园）等公共场所举办文化、商业等活动许可等与城管部门的管理职责、与公共利益联系密切的方面。

二、城管行政许可权的实施程序

城管行政许可权的实施，通常应当按照以下程序和要求进行：

（一）申请与受理

公民、法人或者其他组织在城市从事户外广告设置、建筑垃圾运输等特定活动，依法需要取得城管部门行政许可的，应当向城管部门提出申请，如实向城管部门提交有关材料和反映真实情况，并对其申请材料实质内容的真实性负责。申请人可以委托代理人提出行政许可申请，但依法应当由申请人到城管部门办公场所提出的除外。城管部门应当将法律、法规、规章规定的有关行政许可的事项、依据、条件、数量、程序、期限以及需要提交的全部材料的目录和申请书示范文本等在办公场所公示，并应申请人的要求对公示内容予以说明、解释。城管部门对申请人提出的行政许可申请应当根据不同情况分别作出受理或不受理的处理，并出具加盖城管部门专用印章和注明日期的书面凭证。

（二）审查与决定

城管部门应当对申请人提交的申请材料进行审查。申请人提交的申请材料齐全、符合法定形式，城管部门能够当场作出决定的，应当当场作出书面的行政许可决定；不能当场作出决定的，应当在法定期限内按照规定程序作出行政许可决定。根据法定条件和程序，需要对申请材料的实质内容进行核实的，城管部门应当指派两名以上工作人员进行核查。城管部门对行政许可申请进行审查时，发现行政许可事项直接关系他人重大利益的，应当告知该利害关系人。申请人、利害关系人有权进行陈述和申辩。城管部门应当听取申请人、利害关系人的意见。

对申请人的行政许可申请进行审查后，城管部门应当依法作出准予行政许可或不予行政许可的书面决定。准予行政许可，需要颁发行政许可证件的，应当向申请人颁发相应的加盖本部门印章的行政许可证件。不予行政许可的，应当说明理由，并告知申请人享有依法申请行政复议或者提起行政诉讼的权利。准予行政许可的决定应当公开，公众有权查阅。

（三）期限与听证

依照《行政许可法》的规定，除当场作出行政许可决定的外，城管部门应当自受理行政许可申请之日起 20 日内作出行政许可决定。20 日内不能作出决定的，经本行政机关负责人批准，可以延长 10 日，并将延长期限的理由告知申请人。法律、法规另有规定的，依照其规定。行政许可采取统一办理或者联合办理、集中办理的，办理的时间不得超过 45 日；45 日内不能办结的，经本级人民政府负责人批准，可以延长 15 日，并将延长期限的理由告知申请人。依法需要听证、招标、拍卖、检验、检测、检疫、鉴定和专家评审的，所需时间不计算在规定的期限内，但城管部门应将所需时间书面告知申请人。城管部门作出准予行政许可的决定的，应当自作出决定之日起 10 日内向申请人颁发、送达行政许可证件，或者加贴标签、加盖检验、检测、检疫印章。

法律、法规、规章规定实施行政许可应当听证的事项，或者城管部门认为需要听证的其他涉及公共利益的重大行政许可事项，城管部门应当向社会公告，并举行听证。如，随着近年来城市建设的加快，建筑垃圾越来越多，建筑垃圾的排放、运输、消纳与利用，涉及环境污染、交通安全、资源利用、城市规划等公共利益。在此情况下，城管部门对有关企业申请办理建筑垃圾的排放、运输、消纳与利用许可，应当依法举行听证会。

（四）变更与延续

被许可人要求变更行政许可事项的，应当向作出行政许可决定的城管部门提出申请；符合法定条件、标准的，城管部门应当依法办理变更手续。需要延续依法取得的行政许可的有效期的，应当在该行政许可有效期届满 30 日前向作出行政许可决定的城管部门提出申请；法律、法规、规章另有规定的，依照其规定。城管部门应当根据被许可人的申请，在该行政许可有效期届满前作出是否准予延续的决定；逾期未作决定的，视为准予延续。

（五）特别规定

与城管工作相接近的特别规定主要包括：

（1）城管部门按照招标、拍卖程序确定中标人、买受人后，应当作出准予行政许可的决定，并依法向中标人、买受人颁发行政许可证件。

（2）赋予公民特定资格，依法应当举行国家考试的，城管部门根据考试成绩和其他法定条件作出行政许可决定；赋予法人或者其他组织特定的资格、资质的，城管部门根据申请人的专业人员构成、技术条件、经营业绩和管理水平等的考核结果作出行政许可决定。法律、行政法规另有规定的，依照其规定。

（3）依法应当进行检验、检测、检疫的，城管部门根据检验、检测、检疫的结果作出行政许可决定。实践中，涉及需要城管部门进行检验、检测、检疫的，目前还不多见。

（4）企业或者其他组织的设立等需要确定主体资格的，申请人提交的申请材料齐全、符合法定形式的，城管部门应当当场予以登记。需要对申请材料的实质内容进行核实的，城管部门应当指派两名以上工作人员进行核查。从近年来我国体制改革的情况看，企业或者其他组织的设立等需要确定主体资格的权力，仍集中在工商管理部门，即改革后合并在一起的市场监督管理部门，而不属于城管部门。

（5）有数量限制的行政许可，两个或者两个以上申请人的申请均符合法定条件、标准的，城管部门应当根据受理行政许可申请的先后顺序作出准予行政许可的决定。法律、行政法规另有规定的，依照其规定。

三、城管行政许可权的完善

为做好新时代条件下的行政许可、行政执法等工作，探索总结可复制可推广的经验做法，促进行政执法公开透明、合法规范，加快建设法治政府，进一步推进“放管服”改革，优化经济社会发展环境，2017 年 1 月发布的《国务院办公厅关于印发推行行政执法公示制度执法全过程记录制度重大执法决定法制审核制度试点工作方案的通知》，确定在天津市、河北省、安徽省、甘肃省、国土资源部以及呼和浩特市等 32 个地方和部门开展试点。各试点地方和部门根据实际情况，可以在行政许可、行政处罚、行政强制、行政征收、行政收费、行政检查六类行政执法行为中选择全部或者部分开展试点。在上述试点工作基础上，2018 年 12 月发布的《国务院办公厅关于全面推行行政执法公示制度执法全过程记录制度重大执法决定法制审核制度的指导意见》，聚焦行政执法的源头、过程、结果等关键环节，进一步促进严格规范公正文明执法，切实保障人民群众的合法权益，维护政府的公信力：

一是推行行政执法公示制度。重在打造“阳光政府”，主动、及时地向社会公开执法信息，让行政执法在阳光下运行，接受社会和广大人民群众的监督。

二是推行执法全过程记录制度。重在规范执法程序，通过文字、音像等记录形式，对行政执法的各个环节进行记录，全面、系统归档保存，做到执法全过程留痕和可回溯管理。

三是推行重大执法决定法制审核制度。重在保障合法执法，确保每一项重大执法决定必须经过合法性审核，使执法者不能越过权力的边际，守住法律的底线。

上述三项制度的实施，结合近年来推行的权力清单与责任清单制度，对城管行政许可、行政处罚等权力的行使，起了非常重要的导向和指引作用。一方面，弥补了立法的不足，健全了责任制，促进了法治政府的建设；另一方面，进一步加强了对行政相对人权利的保障，促进了法治社会的建设，因而具有重要意义。

第二节　城管行政处罚权

行政处罚是指行政主体对违反法定行政管理秩序但不构成犯罪的公民、法人或者其他组织等社会成员予以制裁的具体行政行为。从制度结构而言，行政处罚的定义可以理解为行政处罚是对违反第一层义务的当事人所科处的第二层次的义务。第一层义务是由相应的法律规范所设定的秩序产生的，是作为社会成员的公民、法人或者其他组织必须遵守的义务；第二层义务是指社会成员因违反第一层义务所导致的应该承受的法定制裁。只要社会成员的行为不违反第一层次的义务（秩序），就无须承担第二层次的义务（制裁）。[1]

依据上述定义和原理，城管行政处罚是指城管部门对违反法定的城市管理秩序但不构成犯罪的公民、法人或其他组织等社会成员予以制裁的具体行政行为。因特定的社会成员违反了第一层次的法定的城市管理义务（秩序），而承担的第二层次的义务（制裁）。

〔1〕应松年主编：《行政法与行政诉讼法学》（第2版），法律出版社2009年版，第221页。

一、城管行政处罚权的来源

（一）城管行政处罚权的法律来源

1.《立法法》（2015 年修正）

行政处罚权是一种行政权。按照“无法律无行政”的法治原理，城管行政处罚权自然应当有法律的渊源。这里的“法律”首先是狭义上的，在我国是指全国人大制定的基本法律和全国人大常委会制定的非基本法律。根据《立法法》第 8 条的规定，[1]有关事项只能由全国人大及其常委会制定法律，而不能制定行政法规、地方性法规或者行政规章。但是，《立法法》第 9 条又规定：“本法第八条规定的事项尚未制定法律的，全国人民代表大会及其常务委员会有权作出决定，授权国务院可以根据实际需要，对其中的部分事项先制定行政法规，但是有关犯罪和刑罚、对公民政治权利的剥夺和限制人身自由的强制措施和处罚、司法制度等事项除外。”也就是说，当有关事项国家尚未制定法律时，除了犯罪和刑罚、对公民政治权利的剥夺和限制人身自由的强制措施和处罚、司法制度等事项外，国务院可以根据全国人大及其常委会的授权，通过行政法规的方式，先行制定有关的惩罚性措施，其中就包括行政处罚。这时，“无法律无行政”中的“法律”，就包含了行政法规。

---

〔1〕《立法法》第 8 条规定：“下列事项只能制定法律：（一）国家主权的事项；（二）各级人民代表大会、人民政府、人民法院和人民检察院的产生、组织和职权；（三）民族区域自治制度、特别行政区制度、基层群众自治制度；（四）犯罪和刑罚；（五）对公民政治权利的剥夺、限制人身自由的强制措施和处罚；（六）税种的设立、税率的确定和税收征收管理等税收基本制度；（七）对非国有财产的征收、征用；（八）民事基本制度；（九）基本经济制度以及财政、海关、金融和外贸的基本制度；（十）诉讼和仲裁制度；（十一）必须由全国人民代表大会及其常务委员会制定法律的其他事项。”

根据《立法法》第 72 条、第 73 条的相关规定，省、自治区、直辖市的人民代表大会及其常务委员会根据本行政区域的具体情况和实际需要，在不同宪法、法律、行政法规相抵触的前提下，可以制定地方性法规。设区的市的人民代表大会及其常务委员会根据本市的具体情况和实际需要，在不同宪法、法律、行政法规和本省、自治区的地方性法规相抵触的前提下，可以对城乡建设与管理、环境保护、历史文化保护等方面的事项制定地方性法规。除该法第 8 条规定的事项外，其他事项国家尚未制定法律或者行政法规的，省、自治区、直辖市和设区的市、自治州根据本地方的具体情况和实际需要，可以先制定地方性法规。这时，“无法律无行政”中的“法律”，就包含了地方性法规。

根据《立法法》第 80 条、第 82 条的规定，国务院各部、委员会、中国人民银行、审计署和具有行政管理职能的直属机构，可以根据法律和国务院的行政法规、决定、命令，在本部门的权限范围内，制定规章。部门规章规定的事项应当属于执行法律或者国务院的行政法规、决定、命令的事项。没有法律或者国务院的行政法规、决定、命令的依据，部门规章不得设定减损公民、法人和其他组织权利或者增加其义务的规范，不得增加本部门的权力或者减少本部门的法定职责。省、自治区、直辖市和设区的市、自治州的人民政府，可以根据法律、行政法规和本省、自治区、直辖市的地方性法规，制定规章。设区的市、自治州的人民政府制定地方政府规章，限于城乡建设与管理、环境保护、历史文化保护等方面的事项。没有法律、行政法规、地方性法规的依据，地方政府规章不得设定减损公民、法人和其他组织权利或者增加其义务的规范。这时，“无法律无行政”中的“法律”，就包含了部委规章和地方政府规章。

概括《立法法》的规定可知，法律、行政法规、地方性法规、行政规章均可制定行政处罚措施，只是除了全国人大及其常委会制定的法律不受权限的限制外，行政法规、地方性法规、行政规章在制定行政处罚措施时（含行为、种类、幅度），是受到不同程度的限制的。这种限制，通过《行政处罚法》予以了明确。

2.《行政处罚法》(2017 年修正)

《行政处罚法》规定，法律、法规或者规章可以规定行政处罚，且法律、法规或者规章是行政处罚的法定依据，没有法定依据的行政处罚无效。[1]那么，法律、法规、规章的行政处罚权分别是怎样的呢？对此，《行政处罚法》作了具体规定。根据《行政处罚法》和其他法律、法规的规定，行政处罚的设定权限划分如下：

全国人大及其常委会可以设定任何种类的行政处罚。且限制人身自由的行政处罚，只能由法律设定。

国务院可以依法设定除限制人身自由以外的行政处罚。法律对违法行为已经作出行政处罚规定的，行政法规不得超越法律规定的给予行政处罚的行为、种类和幅度的范围另行作出行政处罚规定。

地方性法规可以设定除限制人身自由、吊销企业营业执照以外的行政处罚。法律、行政法规对违法行为已经作出行政处罚规定的，地方性法规不得超越法律、行政法规规定的给予行政处罚的行为、种类和幅度的范围另行作出行政处罚规定。

国务院部、委员会制定的规章可以在法律、行政法规规定

---

〔1〕《行政处罚法》第 3 条规定："公民、法人或者其他组织违反行政管理秩序的行为，应当给予行政处罚的，依照本法由法律、法规或者规章规定，并由行政机关依照本法规定的程序实施。没有法定依据或者不遵守法定程序的，行政处罚无效。"

的给予行政处罚的行为、种类和幅度的范围内作出具体规定；尚未制定法律、行政法规的，部委规章可以设定警告或者一定数量罚款的行政处罚。罚款的限额由国务院规定。

省、自治区、直辖市人民政府和省、自治区人民政府所在地的市人民政府、经国务院批准的较大的市以及经济特区市人民政府制定的规章〔1〕可以在法律、法规规定的给予行政处罚的行为、种类和幅度的范围内作出具体规定；尚未制定法律、法规的，上述人民政府制定的规章可以设定警告或者一定数量罚款的行政处罚。罚款的限额由省级人大常委会规定。除上述规定外，其他规范性文件不得设定行政处罚。

《行政处罚法》与《立法法》相呼应，在规定法律、行政法规、地方性法规、行政规章的立法权限时，保持了高度的一致性。同时，《行政处罚法》细化了法律、行政法规、地方性法规、行政规章的不同权限，明确了行政处罚的行为、种类和幅度，使行政处罚更具有了可操作性。

除以上《立法法》《行政处罚法》对行政处罚有一般性规定，解决了狭义上城管行政处罚的“法律”来源外，广义上城管行政处罚的“法律”来源，包括行政法规、地方性法规、行政规章等，均有不同的、专门的规定，如《城市市容和环境卫生管理条例》《城市管理执法办法》等，因比较具体、明确，且内容丰富、种类繁杂，受篇幅所限，本书在此不再一一列举。

（二）城管行政处罚权的规范性文件来源

如果说《立法法》《行政处罚法》解决了各类行政处罚权的设定以及行政处罚的行为、种类和幅度的话，那么作为行政主体的城管部门，尚没有在上述法律中得到明确承认、获得行

〔1〕 2015年《立法法》修正后，所有设区的市人民政府均可以依法制定行政规章。

政处罚的资格。城管部门是综合执法部门，“组合”了多个部门的执法权，属于跨部门执法，长期以来一直没有自己专门的行政权力来源和执法依据，不同于公安、环保、国土等部门享有单项立法的行政权力来源和执法依据。〔1〕现行立法中，综合执法获得的最直接法律依据也是法律来源，即《行政处罚法》第16条规定：“国务院或者经国务院授权的省、自治区、直辖市人民政府可以决定一个行政机关行使有关行政机关的行政处罚权，但限制人身自由的行政处罚权只能由公安机关行使。”该条是目前综合执法权行使的最高位阶的法律依据，虽然只是规定了相对集中行政处罚权，但却反映了当前综合执法面临的共同难题，即欠缺统一的国家立法对综合执法加以规范。

由于对综合执法权尤其是对其中的相对集中行政处罚权语焉不详、依据不明，基于执法实践的需要，自1996年《行政处罚法》颁布后，国务院先后制定了一系列规范性文件，对相对集中行政处罚权尤其是城管部门的相对集中行政处罚权进行了规范，包括《国务院关于贯彻实施〈中华人民共和国行政处罚法〉的通知》(1996年)、《国务院关于全面推进依法行政的决定》(1999年)、《国务院办公厅关于继续做好相对集中行政处罚权试点工作的通知》(2000年)、《国务院关于进一步推进相对集中行政处罚权工作的决定》(2002年)等。虽然这些规范性文件不是法律的一种，但由于制定主体是国务院，按照《立法法》《行政处罚法》的规定，国务院是可以根据上述法律的授权和实践的需要，对包括相对集中行政处罚权在内的综合执法

〔1〕 在行政管理领域，我国的绝大部分立法往往与有关主管部门直接相对应，有关部门往往也享有单项立法的行政权力来源和执法依据。如与公安机关相对应的《治安管理处罚法》，与生态环保部门相对应的《环境保护法》，与自然资源部门相对应的《土地管理法》，等等。

作出决定的，而“决定”的形式，就包括上述的几项规范性文件。由于这些规范性文件与法律并不相抵触，因而它们也成为实践中城管行政处罚权的最直接依据。当然，根据《行政处罚法》第16条的规定，经国务院授权的省、自治区、直辖市人民政府也可以决定一个行政机关行使有关行政机关的行政处罚权。由于各个省、自治区、直辖市人民政府的决定不尽一致，甚至千差万别，在此不再一一赘述。

二、城管行政处罚权的行使范围

2015年12月发布的《中共中央、国务院关于深入推进城市执法体制改革改进城市管理工作的指导意见》，针对城市管理和行政执法工作做了最新部署，对城管行政处罚权行使的范围做了最新安排。从上述规范性文件的发展变迁来看，城管行政处罚权的范围总体上呈扩大趋势，全国范围内并没有一个统一的、各地完全一致的范围。

根据2015年《中共中央、国务院关于深入推进城市执法体制改革改进城市管理工作的指导意见》的规定，城管推进综合执法，重点在与群众生产生活密切相关、执法频率高、多头执法扰民问题突出、专业技术要求适宜、与城市管理密切相关且需要集中行使行政处罚权的领域推行综合执法。具体范围是：住房城乡建设领域法律法规规章规定的全部行政处罚权；环境保护管理方面社会生活噪声污染、建筑施工噪声污染、建筑施工扬尘污染、餐饮服务业油烟污染、露天烧烤污染、城市焚烧沥青塑料垃圾等烟尘和恶臭污染、露天焚烧秸秆落叶等烟尘污染、燃放烟花爆竹污染等的行政处罚权；工商管理方面户外公共场所无照经营、违规设置户外广告的行政处罚权；交通管理方面侵占城市道路、违法停放车辆等的行政处罚权；水务管理方面向城市河道倾倒废弃物和垃圾及违规取土、城市河道违法建筑物拆除等的行政处罚权；食品药品监管方面户外公共场所食品销售和餐饮摊点无证经营，以及违法回收贩卖药品等的行政处罚权。城市管理部门可以实施与上述范围内法律法规规定的行政处罚权有关的行政强制措施。到 2017 年年底，实现住房城乡建设领域行政处罚权的集中行使。另外，上述范围以外需要集中行使的具体行政处罚权及相应的行政强制权，由市、县政府报所在省、自治区政府审批，直辖市政府可以自行确定。也就是说，城管部门相对集中行政处罚权的行使范围，每个市、县政府根据本地实际和需要，只要所在省、自治区政府审批或者直辖市政府自行确定，还可以继续扩大，基本上是不受限制的。

那么，市、县政府还有哪些事项可以划归城管部门管理呢？按照该意见所框定的职责，城市管理的主要职责是市政管理、环境管理、交通管理、应急管理和城市规划实施管理等。具体实施范围包括：市政公用设施运行管理、市容环境卫生管理、园林绿化管理等方面的全部工作；市、县政府依法确定的，与城市管理密切相关、需要纳入统一管理的公共空间秩序管理、违法建设治理、环境保护管理、交通管理、应急管理等方面的部分工作。城市管理执法即是在上述领域根据国家法律法规规定履行行政执法权力的行为。这一规定中除了涉及传统的城管执法的领域外，还出现了“公共空间秩序管理”“应急管理”等新的领域，这是非常引人瞩目的。原因是，一方面，公共空间秩序管理、应急管理本身就属于新名词或者新领域，城管部门过去很少涉及或者虽然涉及了但含义不同、要求不同，对其职责界定还不清楚；另一方面，目前不少城市尚没有开展这两项领域的执法，可见这些领域既缺乏地方立法的有力跟进，也缺乏实务经验方面的积累，大多数地方尚处于观望、徘徊、思考之中，下一步具体如何实施，尚不得而知。

概言之，在我国城市建设高速发展、城市新问题层出不穷的当下，由于各个城市的地理环境、文化历史、资源禀赋、人口数量、经济状况等相差迥异，国家不可能对各个地方的城管部门具体行使相对集中行政处罚权的范围作出统一规定，因此允许各个地方自行确定综合执法的范围，有其必要性和必然性。但从长远来看，依据“无法律无行政”的行政法治理念，国家的行政机关必须在法定范围内行使行政权力，而不能摇摆、游走于法律的灰色地带，甚至迈出法律的边界之外，这是需要重视的一个重要问题。

除了上述范围外，结合各地城管执法的具体实践，概括起来，城管行政处罚权的范围至少包括以下十二个方面：

一是市容环境卫生管理方面法律、法规、规章规定的行政处罚权。

二是城市绿化管理方面法律、法规、规章规定的行政处罚权。

三是市政管理方面法律、法规、规章规定的行政处罚权，包括市区道路、广场等公共场所的临时占道、设置商亭（棚）、摊点、主要街道两侧建筑物临街面的装修改建等违法行为的行政处罚权。

四是环境保护方面法律、法规、规章规定的对社会生活噪音污染、建筑施工噪声污染的行政处罚权。具体包括对未采取密闭措施或者其他防护措施，运输、装卸或者贮存散发有毒有害气体或者粉末物质的行为的行政处罚权；对未采取防燃、防尘措施，在人口集中地区存放煤炭、煤矸石、煤渣、煤灰、砂石、灰土的物料的行为的行政处罚权；对在城市人口集中地区和其他依法需要保护的区域内，焚烧产生有毒有害烟尘、恶臭气体物质行为的行政处罚权；对在人口集中地区、交通干线附近以及当地人民政府划定的区域内露天焚烧秸秆、落叶、燃放烟花爆竹等产生烟尘污染的物质行为的行政处罚权；对饮食服务业违反规定排放油烟，在城区内露天烧烤食品污染环境等行为的行政处罚权；建筑施工对大气等造成污染行为的行政处罚权。

五是水务管理方面法律、法规、规章规定的向城市河道倾倒垃圾和废弃物，以及违规取土、在城市河道违法建筑等行为的行政处罚权。

六是工商行政管理方面法律、法规、规章规定的对市区道路、广场等公共场所无照商贩和违反规定随意摆摊设点、违规设置户外广告等行为的行政处罚权。

七是公安交通管理方面法律、法规、规章规定的对侵占道路行为的行政处罚权。

八是食品卫生管理方面法律、法规、规章规定的对未取得食品卫生许可证或伪造卫生许可证，以及未取得健康证明而从事街头饮食摊档经营行为的行政处罚权。

九是文化市场管理方面法律、法规、规章规定的对歌舞娱乐场所接纳未成年人，游戏娱乐场所在国家法定节假日外向未成年人提供其设置的电子游戏机，在中小学门前一定范围内设置台球、电子游戏机等经营点行为的行政处罚权；对未经批准或未领取营业性演出许可证而擅自从事营业性演出活动的行政处罚。

十是对未领取准养证私自养犬，伪造、冒用准养证、免疫证，不接受定期免疫注射，应当实行而未实行拴养、圈养或者犬只随地大小便不清理等行为的行政处罚权。

十一是公共空间秩序管理方面法律、法规、规章规定的对侵占、破坏道路、公园、广场、绿地、体育场地、公共停车场、公共交通换乘站、城市滨水区域等公共空间秩序行为的行政处罚权。

十二是应急管理方面法律、法规、规章规定的对在公众的沟通与动员、资源的配置与征用和城乡社区管理等方面违法行为的行政处罚权。

三、城管行政处罚权面临的问题

城管部门行使行政处罚权，目前还有不少问题需要面对，并应当尽快克服。

（一）城管部门的性质问题

《行政处罚法》第 15 条规定："行政处罚由具有行政处罚权的行政机关在法定职权范围内实施。"第 17 条规定："法律、法规授权的具有管理公共事务职能的组织可以在法定授权范围内实施行政处罚。"这两条规定了行使行政处罚权的机构性质问题，其中第 15 条明确规定了行政机关的行政处罚权，第 17 条则规定具有管理公共事务职能的组织可依照法律、法规的规定享有相应的行政处罚权。由于实践中我国大多数"具有管理公共事务职能的组织"是事业单位，因而第 17 条就等于赋予了事业单位一定的行政处罚权。就我国各地城管部门的性质来看，有的是行政机关，有的则是事业单位，第 17 条的规定似乎解决了部分作为事业单位的城管部门的行政处罚权，包括相对集中行政处罚权。实际上，这种立法规定和思想认识并不符合实际，因为国务院的规范性文件事实上否定了事业单位享有相对集中行政处罚权的可能性。

2000 年《国务院办公厅关于继续做好相对集中行政处罚权

试点工作的通知》规定，为了进一步推进行政管理体制的改革，试点城市集中行使行政处罚权的行政机关应当作为本级政府的一个行政机关，不得作为政府一个部门内设机构或者下设机构。2000年《国务院关于进一步推进相对集中行政处罚权工作的决定》规定，各省、自治区、直辖市人民政府要按照《国务院办公厅关于继续做好相对集中行政处罚权试点工作的通知》的规定，规范集中行使行政处罚权的行政机关的设置，不得将集中行使行政处罚权的行政机关作为政府一个部门的内设机构或者下设机构，也不得将某个部门的上级业务主管部门确定为集中行使行政处罚权的行政机关的上级主管部门。集中行使行政处罚权的行政机关应作为本级政府直接领导的一个独立的行政执法部门，依法独立履行规定的职权，并承担相应的法律责任。以上两个文件明确规定只有行政机关才享有相对集中行政处罚权，而且要求集中行使行政处罚权的行政机关应作为本级政府直接领导的一个独立的行政执法部门。这等于排除了事业单位行使相对集中行政处罚权的可能性，与《行政处罚法》的规定和各地城管部门的实际性质并不完全一致，令人费解。

（二）城管执法人员的编制问题

事业编制人员能否行使行政执法权、行政处罚权？虽然2000年《国务院办公厅关于继续做好相对集中行政处罚权试点工作的通知》明确要求“集中行使行政处罚权的行政机关的执法人员必须是公务员”，但目前不少地方的城管执法人员的编制仍然是事业编制。这个问题与上述城管部门的性质问题关系密切，是不可分割的一个整体，需要统一加以规范。

（三）城管协管员的执法权问题

城管协管员是一个数量庞大、身份复杂、来源广泛、收入不高、权力模糊的群体。在日常行政管理、公共事业管理中，不但有城管协管员，近年来比较常见的还有交通协管员、治安协管员、卫生协管员，以及社区协管员、工会协管员等，他们不属正式编制，属于临时聘用性质。有的协助行政管理部门做一些基层工作，如交通协管员；有的协助做一些党群工作，如工会协管员、妇联协管员等。作为城管协管员，顾名思义，主要职责是协助正式执法人员开展城市管理与行政执法工作，无独立的执法权，只能协助执法，如从事宣传相关法律法规、巡查执法责任区、劝阻制止违法行为等。近年来，由于我国的城市化快速发展，机构改革的深入推进，行政机构和执法队伍的精简压缩，许多地方的执法力量较为薄弱，无法满足城市管理与行政执法的需要，于是便通过合同制大量招录临时或长期的城管协管人员，补充执法队伍，加强执法力量，形成一支数量庞大的协管员队伍。城管协管员在宣传法律法规、巡查街区环境秩序、收集反映各类信息、劝阻制止违法行为等方面发挥了重要作用，甚至部分协管员还充当了正式执法人员的角色。但由于城管协管员不是公务员，没有获得相应的执法证，不是正式的执法人员，他们的执法行为一直没有得到承认。对城管协管员在执法中的权利与义务、权力与责任等，一直缺乏明确的规范。因此，无论从对该群体的权利保障、行为规范，还是从法治政府建设的长远考虑，都需要完善相关的法律制度建设。

针对城管协管员的管理与执法工作，2015 年《中共中央、国务院关于深入推进城市执法体制改革改进城市管理工作的指导意见》提出，各地可以根据实际工作需要，采取招用或劳务派遣等形式配置城市管理执法协管人员。建立健全协管人员招聘、管理、奖惩、退出等制度。协管人员数量不得超过在编人员，并应当随城市管理执法体制改革逐步减少。协管人员只能配合执法人员从事宣传教育、巡查、信息收集、违法行为劝阻等辅助性事务，不得从事具体行政执法工作。协管人员从事执法辅助事务以及超越辅助事务所形成的后续责任，由本级城市管理部门承担。该意见是国家对城管协管员迄今为止最为全面、层级最高的一个规范性文件。不过，事实上，城管协管员数量已远超在编人员的数量，这在短期内也难以改变。另外，2017年，住房和城乡建设部发布的《城市管理执法办法》第18条规定："城市管理执法主管部门可以配置城市管理执法协管人员，配合执法人员从事执法辅助事务。协管人员从事执法辅助事务产生的法律后果，由本级城市管理执法主管部门承担。城市管理执法主管部门应当严格协管人员的招录程序、资格条件，规范执法辅助行为，建立退出机制。"第19条规定："城市管理执法人员依法开展执法活动和协管人员依法开展执法辅助事务，受法律保护。"可见，该办法规定了城管协管员的进入与退出机制，并强调他们依法开展的执法辅助事务受法律保护。从总体上看，我国目前的法律法规对城管协管员（含各类参与执法的协管员）的执法权限、行为规范、权利保障等尚不够明确，也缺乏统一的规范，仅靠上述两个法规文件[1]来管理数量庞大的城管协管员队伍，是远远不够的。

（四）城管罚款的数额大小问题

在行政处罚中，行政执法机关罚多少为好？作为罚款设定权的主体，应当如何设定罚款数额？

1996年发布的《国务院关于贯彻实施〈中华人民共和国行政处罚法〉的通知》规定，国务院各部门制定的规章对非经营活动中的违法行为设定罚款不得超过1000元；对经营活动中的违法行为，有违法所得的，设定罚款不得超过违法所得的3倍，

---

[1] 住房和城乡建设部发布的《城市管理执法办法》在性质上属于行政规章。

但是最高不得超过 30 000 元，没有违法所得的，设定罚款不得超过 10 000 元；超过上述限额的，应当报国务院批准。地方政府规章设定罚款的限额，由省、自治区、直辖市人大常委会规定，可以不受上述规定的限制。2017 年《行政处罚法》第 33 条规定，违法事实确凿并有法定依据，对公民处以 50 元以下、对法人或者其他组织处以 1000 元以下罚款或者警告的行政处罚的，可以当场作出行政处罚决定。

上述通知和首部《行政处罚法》均是 1996 年颁布的，距今（2019 年）已有 23 年。23 年来，国家经济高速发展，物价指数不断攀升，各种新类型的违法行为也层出不穷，不但原定的罚款数额落后于现实秩序管理的需要，而且新制定或修改的众多法律法规规定的罚款数额动辄高达几十万元或者上百万元，有的还直接规定了按日计罚制度。[1]比较而言，通知和《行政处罚法》对罚款数额的限定与新制定或修改的众多法律法规显得极不协调，也落后于社会生活实际，起不到对“守法成本高、违法成本低”现象的规制、调整作用。当然，如果从行政相对人的角度来看，较低的罚款数额与复杂的处理程序对自己是有利的，但对整个社会的公共利益而言，未必是好事。

除上述几个问题外，与城管行政处罚权行使相关的问题，无论是直接的还是间接的，仍有很多，如城管部门与行业主管部门的职责划分和相互间的工作协调机制问题等。城市管理千

---

〔1〕 如《环境保护法》（2014 年）第 59 条规定了按日计罚制度；《土壤污染防治法》（2018 年）第 87 条规定：“违反本法规定，向农用地排放重金属或者其他有毒有害物质含量超标的污水、污泥，以及可能造成土壤污染的清淤底泥、尾矿、矿渣等的，由地方人民政府生态环境主管部门责令改正，处十万元以上五十万元以下的罚款；情节严重的，处五十万元以上二百万元以下的罚款，并可以将案件移送公安机关，对直接负责的主管人员和其他直接责任人员处五日以上十五日以下的拘留；有违法所得的，没收违法所得。”

头万绪，涉及部门各种各样，仅靠城管部门显然是不可能的。从目前的城市管理体制来看，城管部门与行业主管部门的职责划分仍不清晰，相互间的工作协调机制尚未能很好地建立起来，城管部门协调的难度和成本偏高，行政处罚权、行政强制权手段尚显不足。这些问题都需要通过完善相关法律法规、健全体制机制等措施加以解决。

第三节 城管行政强制权

《行政强制法》从行政强制措施、行政强制执行设定和实施的统一规范性，制度设计上的程序更趋完善性，对城管执法产生深远影响。但目前城管执法过程中仍存在强制手段不足、程序违法、与有关职能部门职责不清、法院执行不到位等问题。这需要深刻理解领会《行政强制法》，遵循法定原则；以综合执法体制改革为契机，构建高效权威的执法模式；完善城管执法行政强制方法和措施；加强与相关职能部门和司法机关的衔接，改进执法工作，提高执行效率；转变执法理念，提高执法人员的综合素质和能力。

一、《行政强制法》施行后对城管执法的影响与作用[1]

《行政强制法》为城管执法中实施查封、扣押、执行罚、代履行、强制拆除、申请法院强制执行等方面提供了全面的法律依据，为城管执法工作的长远发展奠定了法治基础。

---

〔1〕 刘学文、吴素芬："城管执法适用行政强制法存在的问题及其对策"，载 http://www.zj.gov.cn/art/2018/2/1/art_41679_2266401.html，2019 年 1 月 10 日访问。

（一）明确了行政强制的内涵与外延，统一规范了行政强制的设定与实施

行政强制包括行政强制措施和行政强制执行，其设定依据和实施程序更加严格。

一是在行政强制措施方面。《行政强制法》第 10 条规定，行政强制措施由法律设定。尚未制定法律，且属于国务院行政管理职权事项的，行政法规可以设定除限制公民人身自由、冻结存款、汇款和应当由法律规定的行政强制措施以外的其他行政强制措施。尚未制定法律、行政法规，且属于地方性事务的，地方性法规可以设定查封场所、设施或者财物和扣押财物的行政强制措施。法律、法规以外的其他规范性文件不得设定行政强制措施。这就要求城管执法部门只能严格在法律、法规规定范围内实施相对应的行政强制措施。对行政强制措施的实施程序包括实施前审批、告知当事人权利、制作现场笔录等一系列程序要求，并专节规定了查封、扣押和冻结的实施程序。城管执法部门涉及的强制措施主要有查封、扣押专门用于无照经营活动的工具、设备、原材料和产品等财物，其中的告知程序、制作现场笔录程序以及制作决定书程序正是之前缺乏、现在需要加强的办案程序。

二是在行政强制执行方面。规定行政强制执行必须由法律设定，法律没有设定的则只能申请法院执行。据此，城管执法部门目前涉及的行政强制执行主要有执行罚、代履行和强制拆除三种。行政机关强制执行的一般程序规定包括催告、陈述、申辩、作出强制执行决定等，以及执行的中止、终结、和解程序，并专节规定了金钱给付义务和代履行的执行程序。《行政强制法》对代履行制度作了明确授权。代履行限于排除妨碍、恢复原状范围内可以替代的义务，并且属于如不履行可能或者已

经危及交通安全、造成环境污染或者破坏自然资源的紧迫性情况。并进一步针对需要立即清除道路、河道、航道或者公共场所的遗洒物、障碍物或者污染物，当事人不能清除的情形，建立了行政机关可以决定立即实施的立即代履行制度。这些规定都与城管执法关系密切。在城市管理领域，曾有相关的法规、行政规章对当事人不履行道路污染清除等整改义务由第三方代为履行并由当事人承担费用的规定，但缺乏专门的立法。《行政强制法》对代履行的主体、范围、程序、费用有了系统完整的规定，使得城管执法部门在实施代履行时有了明确的依据。

（二）在制度设计上使程序更趋完善

一是弥补了以往的立法缺失。如《行政强制法》第45条规定了加处罚款或滞纳金的数额不得超出金钱给付义务的数额，从而杜绝了“天价罚款”或者“天价滞纳金”案件的出现；增加了催告程序，也就是说催告是强制执行的前置程序，不经催告不得强制执行；详细规定了五个要式法律文书（含查封、扣押决定书及清单，冻结决定书、催告书、强制执行决定书、代履行决定书）；行政强制措施权不得由不具备执法资格的人员实施，不得委托实施；规定了查封、扣押的期限等。这些规定对城管执法来说都具有很大的针对性。

二是强调行使行政强制权的同时要保护相对人的合法权益。《行政强制法》规定不得查封扣押与违法行为无关的场所、设施或财物，不得查封扣押公民个人及其所扶养家属的生活必需品，不得重复查封；规定强制执行不得在夜间或节假日实施、不得采取停水、停电、断热、断气等影响居民生活的方式迫使当事人履行义务，代履行不得采取暴力、胁迫或其他非法方式；规定执行和解程序，可以约定分阶段履行，当事人采取补救措施的，可以减免加处罚款或滞纳金；规定救济途径以及当事人的复议、诉讼权等。上述规定体现了行政强制的比例原则、公正原则等，有利于保障执法对象复杂、执法环境严峻的城管执法活动的顺利开展。

二、当前城管执法在行政强制中存在的主要问题〔1〕

（一）行政强制手段仍感不足

《行政强制法》施行后，虽然为城管执法提供了更为明确规范的执法保障，但现实中执法人员仍旧普遍感到强制手段不足。其中的原因主要有三点：

一是由城管执法部门本身的职能属性所决定的。城管执法部门作为相对集中行使行政处罚权的工作机构，在行政执法过程中既缺乏统一明确的法律授权，也缺乏强有力的符合城管特点的行政强制手段，经常需要公安、交通、工商等部门的密切配合才能较好地开展工作。这本身就增加了工作协调的成本，也降低了执法、管理的效率。

二是执法内容庞杂、执法对象复杂。城管执法部门行使的相关部门的行政处罚权内容庞杂且常属于各相关部门“难啃的硬骨头”，包括违法建筑、流动无证设摊、噪音油烟污染、跨门占道经营、违法乱贴小广告等违反城市市容环境卫生和秩序的行为。这些违法行为具有流动、反复、经常等难以管控的特性，且这些违法行为人大都是接受教育水平不高的普通百姓，一些无证设摊者属于生活困难又缺乏劳动技能的社会弱势群体。他们常对自身的违法行为缺乏认识，对城管执法工作一般很难配合。上述特点决定了《行政强制法》在城管执法中的难度，决定了“情”与“法”协调统一的困惑与不易。

〔1〕刘学文、吴素芬：“城管执法适用行政强制法存在的问题及其对策”，载 http://www.zj.gov.cn/art/2018/2/1/art_41679_2266401.html，2019 年 1 月 11 日访问。

三是社会各界对城管执法的理解支持不够。由于缺乏对城管执法工作的深入了解，加上同情弱者的心理，以及媒体的不当宣传与引导，长久以来普通市民和社会公众对城管执法工作不理解、不支持，甚至一片怀疑与排斥，这对城管自身形象和执法工作的顺利推进形成了阻碍因素。

以上三个方面的因素常把城管执法部门和执法人员推向一个尴尬的处境，也使得在城管执法过程中一旦发生城管与摊贩的冲突，城管部门和执法人员很快就陷入孤立无援的境地，而且往往场面难以控制，这让执法人员深感自身执法力量单薄、强制手段不足。为此，各地纷纷寻求解决办法。如建立执法协作机制，开展联合执法，尤其以公安机关参与执法保障，成为目前解决强制手段不足最有效的办法之一。但是从长远来看，如果一个部门的工作需要长期依赖其他部门的协助来完成，一定不是设立这个独立部门的价值所在，更不是设立该部门的初衷。如何完善相关体制机制，使得城管执法部门能够独立高效地完成各项工作，是未来需要解决的根本问题。

（二）部分法定程序难以落实到位

城管执法人员在整治查处无证摊贩过程中，经常要采用查封、扣押手段和相应的程序。法定程序要求城管执行部门在决定实施查封、扣押时，需制作现场笔录、查封、扣押决定书和清单并当场交付查封、扣押决定书和清单。但实际执法过程中，经常遇到当事人拒不配合、快速搬迁逃逸、执法现场混乱难以控制的情形，致使城管执行部门完全按照《行政强制法》规定的程序要求，形成完备的执法文书和证据清单，几乎是不可能的。如查封、扣押决定书上当事人的姓名或者名称、地址无法现场载明，无法现场交付，甚至无法查明，现场笔录当事人拒签而且现场很难请到见证人见证并在笔录上签名。

（三）存在缺乏程序意识，出现程序违法情况

部分执法人员重实体轻程序的意识比较浓厚，对程序的要求不够重视，在执法办案过程中，体现为容易出现程序违法问题，如忽视实施行政强制措施前的审批程序；文书不齐全或者文书记载不明确不完整；笔录不规范，出现虚假签名等情况；文书送达不规范，如不送达相关的执法文书，尤其是延长查封、扣押、冻结的书面决定书等；扣押与违法行为无关的财物或者无法律法规依据擅自采取扣押行为等。

（四）申请法院强制执行不到位

《行政强制法》在第五章专门规定行政机关申请人民法院强制执行的程序，明确肯定了行政机关和人民法院作为强制执行权行使主体的合法性。

对于人民法院作为行政强制执行权的主体，学界向来就有争议。支持方认为，行政强制执行以申请人民法院强制执行为原则。因为这使行政强制执行在实施时多了一道法院的司法审查环节，有利于减少不当行政错误，保护公民合法权益；不用另行起诉，从而有利于提高行政效率。反对方认为，随着行政机关申请人民法院强制执行的非诉行政执行案件逐渐增多，法院强制执行的难度也越来越大，负担也越来越重，加大了法院的工作压力。而且人民法院接受行政机关的申请去执行行政决定无疑导致了行政与司法角色的错位，甚至使法院沦为了行政机关的执行部门，无法发挥法院的司法审查和审判监督功能，有违司法独立原则，背离了行政诉讼法的立法目的。

根据我国的现行立法，对于专门性、特殊性事项，法律一般授予专门行政机关行政强制执行权，而对于普遍性、一般性事项，主要由行政机关申请人民法院强制执行。目前城管执法领域尤其是罚款处罚，如果当事人不能按期履行，都要申请法

院强制执行。由于申请法院强制执行需要一系列手续、环节和较长的期限，不利于督促当事人及时改正违法行为、履行相关义务，甚至出现当法院前去执行时，当事人早已了无踪影、门店也已“改头换面”的情形，直接影响了执法的效率和权威性。再者，城管执法部门作出的行政处罚决定主要是罚款，《行政处罚法》和《行政强制法》都赋予行政机关对当事人逾期不履行处罚决定加处罚款的间接强制执行权，也即执行罚。《行政强制法》进一步规定，加处的罚款不得超出罚款的数额。但在当事人对罚款和加处的罚款都不履行时，法院对加处的罚款是否一并予以执行，实践中认识不一、做法不一。有的认为法院执行的范围仅仅针对行政处罚决定内容，加处罚款不属于处罚决定的内容，因此执行没有法律依据；有的认为加处罚款是前一个基础处罚决定的附属和延伸，两者不可分离，法院理应一并执行。本书认为，后一种观点是正确的，法院在当事人对罚款和加处的罚款都不履行时，应当在履行相应程序后，对加处的罚款一并执行。

（五）《行政强制法》的实施在一定时期内影响了城管执法的效率

按照以往的有关规定，城管执法部门负责对违法建筑进行查处并可依法实施强制拆除。《行政强制法》实施前，城管部门查处需要强制拆除的违法建筑时，需要先下达行政决定书，若当事人在限期内不自行拆除的，在下达强制拆除决定书后，城管执法部门便可予以强制拆除。而《行政强制法》中的第 35 条、第 36 条、第 37 条明确规定，行政机关作出强制执行决定前，应当事先催告当事人履行相关义务，当事人收到催告书后有权进行陈述和申辩；经催告，当事人逾期仍不履行行政决定，且无正当理由的，行政机关可以作出强制执行决定。该法第 44

条规定："对违法的建筑物、构筑物、设施等需要强制拆除的，应当由行政机关予以公告，限期当事人自行拆除。当事人在法定期限内不申请行政复议或者提起行政诉讼，又不拆除的，行政机关可以依法强制拆除。"由此可见，《行政强制法》实施后，强制拆除违法建筑多了催告、公告、复议、起诉、上诉等程序，这样算下来，若当事人穷尽所有救济手段，城管执法部门要强拆一个违法建筑需要较长的时间。实践中，许多地方政府热衷于搞短期突击式的"专项拆违"行动，要求短则两三个月，长则一年半载完成任务，这与《行政强制法》基于保障被拆迁人利益而规定的较长执行期限存在明显冲突。《行政强制法》的实施，需要政府和城管执法部门彻底转变观念，依法及时调整拆违政策和专项行动。目前来看，这种冲突仍然存在，要使有关政府和部门彻底转变观念、改变做法，尚需进一步努力。

三、进一步完善城管行政强制权的对策建议

（一）深刻理解领会《行政强制法》，遵循法定原则

首先从思想上予以重视，真正学习、掌握这部法律的含义、种类、实施程序，领会立法的目的、意义；分清哪些行政强制措施和行政强制执行方式是可以用的、哪些是不能用的，其依据是什么；熟练运用可用的行政强制措施和行政强制执行方式，并严格按照法定程序实施，从而使《行政强制法》立法目的落到实处。实施行政强制时，应遵循以下几项原则：一是合法原则，即行政强制的设定和实施，应依法进行，并应当依照法定的权限、范围、条件和程序。二是适当原则，即行政强制的设定和实施应当适当，采用非强制手段可以达到目的的，不得设定和实施行政强制。三是教育与强制相结合原则。实施

行政强制，应当坚持教育与强制相结合，明确行政强制只是促使当事人履行法定义务的一种手段，而不是目的。当事人经教育自觉改正违法行为、履行法定义务的，就不应再采取行政强制措施。

（二）以综合执法体制改革为契机，构建高效权威的执法模式

针对一直以来面对的执法困境，以深化综合执法体制改革为契机，从体制机制、职权整合、责任明晰、公众参与等方面进行改进，逐步摆脱执法困境，提高城管执法的高效性与权威性。

一是着力构建权威高效的城管综合执法机构。在《行政强制法》明确主体资格的基础上，进一步从中央立法层面明确城管执法部门的法律地位、职能权限、编制体制等；从省级层面立法明确城管执法部门的具体职责范围、执法保障、执法手段、执法责任、执法职能，以及与有关行业主管部门在管理职能上的边界划分及其衔接机制、大城管综合协调机制等，实现一个省域内城市管理综合执法体制和机制的统一。有关行业主管部门的职能整合应以“精简、效能、适宜”为原则〔1〕，科学合理配置，而不是把“难啃的硬骨头”聚集在一起一股脑儿推给城管执法部门。这样做既可能导致城管执法部门“消化难”，也违背权责一致原则，反而不利于该职能的实施，甚至适得其反。另外，职能整合不能弱化行业主管部门的管理责任，切忌形成“管理缺失、执法兜底”的被动和不合理局面。

二是利用现代信息技术保障行政强制行为规范高效实施。

〔1〕《中共中央、国务院关于深入推进城市执法体制改革改进城市管理工作的指导意见》规定，要重点在与群众生产生活密切相关、执法频率高、多头执法扰民问题突出、专业技术要求适宜、与城市管理密切相关且需要集中行使行政处罚权的领域推行综合执法。

以智慧城管平台、社会信用征信系统为基础，搭建综合执法数据库与其共享平台系统。利用现代信息科技技术手段开发适合综合执法的设备装备，如执法人员可以现场通过身份证验核设备，快速确定相对人的准确信息；利用条形码技术有效固定、查封扣押物品的种类、数量、名称；借助互联网技术及时送达各类文书和催告、行政命令等。以现代化技术和装备提高行政效率，并监督保障行政强制等执法行为的规范操作。

三是深化公众参与。要尽可能创设相关的机制和平台，不断扩大城市管理和行政执法的公众参与面。如通过网络问政、座谈会、听证会、“城管开放日”等活动，利用微信公众号宣传等手段，以及借助各种企事业单位、社会组织和志愿者队伍的力量，让公众积极参与到城市管理和执法活动中来，争取市民百姓和社会公众对城管执法工作最大程度的理解和支持。

（三）完善城管执法行政强制方法和措施

针对在查封、扣押过程中出现现场难以控制、相关法律文书和程序难以完全到位以及因缺乏强制手段相关职责难以履行的情形，应当做好以下两点：

一是做好查封、扣押程序前的各项准备工作。如平时培育一支以城市管理志愿者或城管义工为主体的相对稳定的“见证员”队伍，在执法整治过程中提前邀请他们参与，以见证人身份在现场笔录签名，使他们理解并帮助支持执法工作。

二是从立法角度完善行政强制规范。如针对《行政强制法》在城市管理和执法中运用的具体情况，制定配套性实施细则，在不违反法定程序的前提下，以补充规定的形式，细化相关文书事后补签、补送以及当事人找不到无法送达情况下如何处理的相关程序规范。

（四）加强与相关职能部门和司法机关的衔接，改进执法工作，提高执行效率

《行政强制法》明确规定了实施行政强制的各项程序，作为执法部门、行政复议机关及人民法院也必须严格按照法律规定程序进行。但是，如果每个部门、每个当事人都用尽办案期限，必然会导致效率低下。为体现效率与公正的统一，实现社会正义，城管执法部门应加强与行政复议机关、人民法院的有机联动，加强与当事人的沟通，区分案件的不同性质和影响程度，善于利用互联网、大数据和云计算等技术，类型化、模式化管理案件，缩短办案期限，提高办案效率。通过各种合理合法的方式，降低《行政强制法》实施后对执法效率的影响，从而更好地保护社会公众的合法权益，维护公共利益和公共秩序。不论学界对人民法院作为行政强制执行主体有多少争议，由于我国法治建设的起步较晚，就目前阶段来说，大部分行政机关还不具备自行直接强制执行的能力，也缺乏相关的法律依据支持。且多年来法院形成了一支相对规范的执行队伍，民事诉讼法、行政诉讼法也赋予了比较完善和有效的执行手段，可承担起相关执行任务，所以目前还是坚持以法院强制执行为主、行政机关执行为辅的原则。

同时明确法院增加对“加处罚款”的执行。《行政强制法》规定对于当事人逾期仍不履行金钱给付义务的行政决定，且无正当理由的，行政机关可以作出“加处罚款”的执行罚决定。这一决定属于“执行决定”，与“基础决定”不同，它是对“基础决定”不履行而作出的有关执行的决定。本质上来说，它也是一个行政执行决定，而且是从“基础决定”上衍生出来的。所以，行政机关作出“加处罚款”决定后，当事人超过30日仍不履行并经行政机关再次催告仍不履行的，有强制执行权的行

政机关可以自己强制执行，无强制执行权的行政机关可以申请人民法院强制执行。[1]这时的执行，应对基础决定和执行决定的义务一并执行。这是对《行政强制法》条款符合法理和实际的解读。同时，日常工作中加强与法院的沟通联动，根据法院对城管执法部门提出的司法建议，及时纠正不合法、不适当的行政行为，并通过与法院的联动，完善行政强制执行工作。

（五）转变执法理念，提高执法人员的综合素质和能力

城管执法部门和执法人员要彻底改变重实体、轻程序的传统执法理念，在追求实体价值的同时追求程序价值的实现。在日常执法活动中，执法人员要树立“实体与程序、效率与公平”并重的理念，彻底摒弃执法随意性心理。例如，严格遵循法定程序，加强证据留存意识，保证行政程序对当事人的透明、平等参与，保障行政相对人的陈述权和申辩权，确保办案过程中每一个环节和程序到位，使当事人在参与被处罚、被强制的过程后，对自身违法行为有更深刻的认识，对执法人员的依法办案有进一步的理解和尊重。与此同时，应进一步加强执法队伍能力提升建设力度，从专业技术、年龄结构、综合素质等方面出发，着力培养一支素质优良、精干高效的执法队伍。

第四节　城管其他行政权力

城管部门作为行政执法机关，与其他行政执法机关一样，除了享有行政许可权、行政处罚权、行政强制权外，还享有行政检查权、行政征收权、行政裁决权、行政指导权、行政合同

---

〔1〕《行政强制法》第46条第1款规定：“行政机关依照本法第四十五条规定实施加处罚款或者滞纳金超过三十日，经催告当事人仍不履行的，具有行政强制执行权的行政机关可以强制执行。”

权、行政奖励权、行政复议权、行政诉讼权等权力。因篇幅和权力性质所限，本节仅对城管部门的行政检查权、行政征收权、行政裁决权、行政指导权、行政合同权、行政奖励权予以简要介绍。

一、城管行政检查权

所谓行政检查，是行政主体履行行政管理职能的一种方式，是对从事某方面行为的行政相对人实施的察看、了解和掌握其守法情况，督促其履行义务的行为。[1]或者说，行政检查是行政主体依照法定职权，对行政相对人遵守法律、法规、规章，执行行政命令、决定的情况进行察看、了解、监督的一种行政行为。城管部门的行政检查权，与其他行政部门的检查权并无二致，目的也在于对行政相对人遵守法律、执行命令等情况进行的察看、了解和监督。

城管行政检查权的目的，和其他所有行政主体行政检查的目的一样，是实现对相对人守法情况和履行行政法义务情况的了解，进而实现对相对人的督促和疏导，并实现法律和行政主体所期待的社会秩序的建立与维护。行政检查作为一种具体行政行为，其意义在于以下几个方面：第一，行政检查是行政主体行使行政权力的重要方式之一。行政相对人是否守法，是否履行了行政法义务，需要通过行政检查来获知。第二，行政检查是发现违法和准确实施行政处罚、行政强制的基础和前提。第三，随着体制转轨与现代行政理念更新，行政检查的强制性力度相对较弱，将会受到越来越多的重视。[2]正因为行政检查

---

〔1〕 应松年主编：《行政法与行政诉讼法学》（第2版），法律出版社2009年版，第261页。

〔2〕 应松年主编：《行政法与行政诉讼法学》（第2版），法律出版社2009年版，第262页。

的重要意义，无论是2017年发布的《国务院办公厅关于印发推行行政执法公示制度执法全过程记录制度重大执法决定法制审核制度试点工作方案的通知》，还是2018年发布的《国务院办公厅关于全面推行行政执法公示制度执法全过程记录制度重大执法决定法制审核制度的指导意见》，均将行政检查列为重要改革任务之一。[1]

从性质上看，行政检查具有职权性、单方性、强制性的特点，行政相对人既无法选择，也无法避免。行政检查的实施为行政相对人规定了如实陈述的义务，提供相关文书、资料、场地或物品的义务，这些义务属于程序性的协助义务。正因为行政检查本身不涉及对实体权利的处分，往往使人们忽视行政检查对行政相对人权利的影响。[2]从功能上看，行政检查权是行政机关的基本职能之一，是行使行政许可权和行政处罚权的中间环节，许可、检查、处罚三者在某些情况下存在着依附关系。[3]如城管部门要核准一家企业的建筑垃圾消纳资格，必须先对其资质、场地、设备等进行调查或检查，并在日常管理中行使检查权；若城管部门对该企业予以处罚，必须先对构成某种违法行为的事实、证据进行调查或检查。可以说，检查权的行使是

---

〔1〕 2017年发布的《国务院办公厅关于印发推行行政执法公示制度执法全过程记录制度重大执法决定法制审核制度试点工作方案的通知》规定了行政许可、行政处罚、行政强制、行政征收、行政收费、行政检查六类行政执法行为，2018年发布的《国务院办公厅关于全面推行行政执法公示制度执法全过程记录制度重大执法决定法制审核制度的指导意见》取消了行政收费，改为行政处罚、行政强制、行政检查、行政征收征用、行政许可五类行政执法行为。在行政法上，一般认为行政收费是行政征收的一种类型或一项内容。

〔2〕 应松年主编：《行政法与行政诉讼法学》（第2版），法律出版社2009年版，第264页。

〔3〕 王敬波主编：《城市管理与行政执法：理论·实务·案例》，研究出版社2011年版，第97页。

许可权、处罚权实现的必要手段，若要实现许可权、处罚权，就必须同时授之以检查权。

但是，城管部门行使相对集中行政处罚权后，某些许可权仍然掌握在有关主管部门手中，这时的许可权与处罚权处于分离状态，那么也就意味着城管部门和有关主管部门都享有检查权。于是，重复检查、执法扰民等问题随之出现。为解决此问题，要么有关主管部门让渡许可权，让城管部门统一行使许可权、检查权和处罚权；要么主管部门和城管部门建立信息共享、证据通用制度，以避免重复检查、执法扰民等问题出现。另外，当前我国有关行政检查的立法分散、滞后；行政检查的手段单一与滥用现象同时并存；行政检查的主体过多，习惯于搞运动战、突击战，使相对人不堪重负等，均需要加以改革和完善。为此，应当按照采取以下措施：一是清理、完善有关行政检查的立法；二是裁减、合并多重检查执法队伍，减少检查频次；三是完善相关的行政检查程序；四是加大对行政相对人权利的保障力度。

二、城管行政征收权

行政征收也是2017年发布的《国务院办公厅关于印发推行行政执法公示制度执法全过程记录制度重大执法决定法制审核制度试点工作方案的通知》、2018年发布的《国务院办公厅关于全面推行行政执法公示制度执法全过程记录制度重大执法决定法制审核制度的指导意见》明确提出的改革领域之一，可见其对政府和公众的重要意义。

从概念上来说，行政征收是指行政主体为了取得国家的财政收入及宏观调节经济活动的需要，根据法律、法规的规定，依法向负有法定义务的行政相对方强制地、无偿地征集一定数额金钱或实物的具体行政行为。[1]或者说，行政征收是指行政主体凭借国家行政权力，根据国家和社会公共利益的需要，依法向行政相对人强制地、无偿地征集一定数额金钱或实物的单方具体行政行为。[2]就其特征而言，行政征收具有法定性、强制性、无偿性的特点。从我国现行法律、法规的规定来看，行政征收的内容主要有：①税收征收；②资源费征收；③建设资金征收；④排污费征收；⑤管理费征收；⑥滞纳金征收。[3]

从以上行政征收的内容来看，与城管部门关系最密切的主要是后两类：管理费征收和滞纳金征收。前者如城区环境卫生服务费征收、城市道路占用费征收、城市道路挖掘修复费征收等，后者主要是指对不按规定履行罚款义务加处的滞纳金。在日常城市管理行政执法中，城管部门根据县（区、市）人民政府的决定强制拆除违章建筑的行为，不属于行政征收，而属于行政强制的范畴。另外，政府根据公共利益的需要，依法有偿地征收土地、房屋的行为，也不属于行政征收，而属于公用征收。

目前，我国行政征收存在的主要问题是：①征收主体不明确、不规范；②实施征收的程序、措施不完善，征收的结果不公开；③减征、免征的条件不具体、不明确；④对不服行政征收的救济途径不完善；等等。这需要进一步完善相关的规章制度，规范相应的征收行为和救济途径，并在此基础上尽快制定出我国的《行政征收法》。

---

〔1〕 罗豪才、湛中乐主编：《行政法学》（第2版），北京大学出版社2006年版，第174页。

〔2〕 应松年主编：《行政法与行政诉讼法》（第3版），中国政法大学出版社2017年版，第158页。

〔3〕 罗豪才、湛中乐主编：《行政法学》（第2版），北京大学出版社2006年版，第177~178页。

三、城管行政裁决权

行政裁决是指行政主体依照法律授权，对平等主体之间发生的、与行政管理活动密切相关的民事纠纷进行审查，并作出裁决的具体行政行为。[1]

城管部门是否享有裁决权？根据目前的法律法规和有关规范性文件来看，城管部门是享有行政裁决权的。如2016年《固体废物污染环境防治法》第84条第1款和第2款规定："受到固体废物污染损害的单位和个人，有权要求依法赔偿损失。赔偿责任和赔偿金额的纠纷，可以根据当事人的请求，由环境保护行政主管部门或者其他固体废物污染环境防治工作的监督管理部门调解处理；调解不成的，当事人可以向人民法院提起诉讼。当事人也可以直接向人民法院提起诉讼。"该条明确规定受到固体废物污染损害的单位和个人，可以请求环境保护行政主管部门或者其他固体废物污染环境防治工作的监督管理部门调解处理。此处的"其他固体废物污染环境防治工作的监督管理部门"一般就指城管部门，因为从我国的实际情况看，城管部门是建筑垃圾排放、运输、消纳与利用管理部门，有权也有义务根据《固体废物污染环境防治法》的该条规定，对固体废物污染环境的民事纠纷进行行政裁决。再如，2018年《河道管理条例》第47条规定："对违反本条例规定，造成国家、集体、个人经济损失的，受害方可以请求县级以上河道主管机关处理。受害方也可以直接向人民法院起诉。当事人对河道主管机关的处理决定不服的，可以在接到通知之日起，十五日内向人民法院起诉。"该条规定的"河道主管机关"并非完全是水务部门，

---

〔1〕罗豪才、湛中乐主编：《行政法学》（第2版），北京大学出版社2006年版，第260页。

还包括对城市河道进行管理的城管部门，城管部门完全可以根据该条规定对相关的民事纠纷进行行政裁决。

有人认为，行政裁决权只能来源于法律的明确授权，这里的“法律”应当是指全国人大及其常委会制定的法律，其他行政法规、地方性法规、行政规章等均不能授权行政机关进行行政裁决。〔1〕本书认为，这种看法过于狭隘，因为行政裁决权看似是“权力”，实则是义务。当事人申请行政裁决，并不影响行政权与司法权的关系，当事人对行政裁决不服的，还可以到法院提起民事诉讼。

从我国行政裁决的实践来看，目前还存在以下问题：一是相关法律法规对行政裁决的规定很不统一；二是缺少承担行政裁决职能的专门机构；三是行政裁决的管辖不明确、程序不健全；四是行政裁决的效力不明确，救济渠道不清晰。〔2〕为此，应当明确对行政裁决的法律法规，明确行政裁决的主体、范围，健全相关的裁决程序和救济渠道，以发挥行政裁决的应有作用。为进一步发挥行政裁决的积极作用，切实推动行政裁决制度体系的不断完善，2019 年 6 月 2 日，中共中央办公厅、国务院办公厅印发《关于健全行政裁决制度加强行政裁决工作的意见》，提出四项具体措施：

一是严格规范制度表述。起草、修改法律法规时，对行政机关通过行政裁决化解民事纠纷事项作出规定的，应当明确使用“作出行政裁决”的表述，不能使用“作出处理”“作出决定”“作出裁定”“作出裁处”等模糊表述，以免在实践中产生

〔1〕 应松年主编：《行政法与行政诉讼法》（第 3 版），中国政法大学出版社 2017 年版，第 227 页。

〔2〕 应松年主编：《行政法与行政诉讼法学》（第 2 版），法律出版社 2009 年版，第 274~275 页。

歧义和混淆。

二是稳步扩大适用范围。起草、修改法律法规时，对于可以通过行政裁决化解的民事纠纷，起草部门应当认真研究设定行政裁决的必要性、可行性，积极建立行政裁决制度；拟删除有关行政裁决规定的，应当加强相关论证和审查。

三是认真开展规章清理。抓紧清理有关行政裁决的规章，按照意见要求建立健全配套制度，细化相关规定，减少模糊地带；对于没有法律法规依据的行政裁决事项，要尽快推动上升为法律法规。

四是适时推进行政裁决统一立法。以法律或者行政法规的形式对行政裁决制度的内涵外延、适用范围、裁决程序等进行规范。注重完善行政裁决救济制度，在修改行政复议法、民事诉讼法、行政诉讼法时统筹考虑，努力构建既能调动行政机关履行行政裁决职责的积极性、主动性，又能充分保障纠纷当事人救济权利的机制制度。

四、城管行政指导权

行政指导是指行政机关在其职责范围内为实现一定行政目的而采取的指导、劝告、建议等不具有国家强制力的行为。[1]行政指导具有以下特征：①行政指导是行政主体的社会管理行为；②行政指导的适用范围广泛，方法多样；③行政指导属于“积极行政”的范畴；④行政指导是符合现代法治原则的具有行政性质的行为；⑤行政指导是一种柔性的不具有强制力的行为；

〔1〕莫于川：《行政指导要论——以行政指导法治化为中心》，人民法院出版社2002年版，第11页。

⑥行政指导不直接产生法律后果。[1]在现代市场经济条件下，政府机关在行政管理过程中积极采用具有柔性灵活特点的行政指导方式，是面向现实、面向未来、适应市场经济和社会发展趋势、建设服务型政府的理性行为选择。2015年《中共中央、国务院关于深入推进城市执法体制改革改进城市管理工作的指导意见》也指出，在城市管理中，要综合运用行政指导、行政奖励、行政扶助、行政调解等非强制行政手段，引导当事人自觉遵守法律法规，及时化解矛盾纷争，促进社会和谐稳定。

城管部门推行行政指导有着特别重要的意义。城管工作作为城市行政管理中的末端环节，由于体制不顺、职能泛化等原因，往往要执行最末端的行政处罚权，此时很容易导致矛盾激化，引发冲突。因此，在城管执法中推行行政指导具有十分重要的意义。通过行政指导，加快执法方式转变，改善城管部门与行政相对人的关系，减少行政相对人违法违规行为发生，从而优化执法环境、提升城管形象、促进社会和谐，体现了刚性监管向柔性服务的转变，对于塑造服务型政府形象具有重要作用。实际上，在城管工作中行政指导的影子处处可见。例如，为辖区临街商户发放城管便民服务手册；向户外广告设置人提示户外广告设置审批流程；向建设工地宣传大气污染防治方面的法律法规；与建筑垃圾排放单位负责人面对面座谈；对从事违法建设的当事人及时提示或劝告等。

应该看到，当前的行政指导还存在以下几个方面的问题：一是行政指导的过程不够透明；二是行政指导与行政处罚、行政强制的关系尚未理顺；三是行政指导的责任不够明确；四是对行政指导的不利后果缺乏救济制度。这就要求建立健全有关

〔1〕 罗豪才、湛中乐主编：《行政法学》（第2版），北京大学出版社2006年版，第287页。

行政指导的法律制度，增强行政指导的公开性和透明度，理顺行政指导与行政处罚、行政强制的关系，明确行政指导的责任，完善对不利行政指导的救济制度等，以充分发挥行政指导在城市管理与行政执法中的作用。

五、城管行政合同权

行政合同又称行政契约、行政协议，是指行政主体为了行使行政职能、实现特定的行政管理目标，而与公民、法人和其他组织经过协商，相互意思表示一致所达成的协议。[1]

行政合同以契约的形式，规范行政主体之间或者行政主体与行政相对人之间双方的权利和义务。与其他行政行为相比，行政合同通过契约的方式将国家所要达到的行政管理目标固定化、法律化，并在合同中规范当事人之间的权利和义务。与单方的行政命令相比，行政合同较能发挥行政相对人的积极性和创制性，因而在现代行政管理中被发达国家较早采用，也被我国的行政机关广泛运用。2017 年新修正的《行政诉讼法》第 12 条第 1 款第（十一）项规定了行政诉讼受理行政合同的事项："认为行政机关不依法履行、未按照约定履行或者违法变更、解除政府特许经营协议、土地房屋征收补偿协议等协议的。"虽然该法只规定了政府特许经营协议、土地房屋征收补偿协议这两项行政合同的受案范围，但却是目前我国有关行政合同的最高位阶的立法。[2]在规范性文件层面，国家近年来十分鼓励地方通过政府和社会资本合作等方式推进市场经济发展和城市基础

---

〔1〕 罗豪才、湛中乐主编：《行政法学》（第 2 版），北京大学出版社 2006 年版，第 269 页。

〔2〕 2014 年《政府采购法》将政府采购合同列入普通合同之中，排除其为行政合同。该法第 43 条规定："政府采购合同适用合同法。采购人和供应商之间的权利和义务，应当按照平等、自愿的原则以合同方式约定。"

设施等的建设，如2015年《中共中央、国务院关于深入推进城市执法体制改革改进城市管理工作的指导意见》规定，要发挥市场作用，吸引社会力量和社会资本参与城市管理。鼓励地方通过政府和社会资本合作等方式，推进城市市政基础设施、市政公用事业、公共交通、便民服务设施等的市场化运营。应该看到的是，政府和社会资本合作最主要的方式，就是行政合同，在城市管理与行政执法中，积极发挥行政合同的作用是今后工作的重要手段之一。

实践中，近年来不少地方的城管部门积极采用行政合同的方式推进城市管理与行政执法工作。如北京市城市管理综合行政执法局本级与际华三五零二职业装有限公司签订《北京市城市管理综合行政执法局城管执法服装费项目合同》，向该公司采购城管服装、皮鞋和装具饰品；长沙市城市管理和行政执法局与长沙广播电视集团签订《服务类政府采购合同协议书》，约定由长沙广播电视集团为长沙市城市管理和行政执法局开设"城市管理看长沙""长沙城管在行动"等专栏；某区城管委与某公司约定，由某公司负责在该区城管委管辖街道按规划设置果壳箱，某公司可在果壳箱上刊发商业广告的合作协议；等等。可见，实践中行政合同是大量存在的。

行政合同的积极作用是十分明显的：从行政机关方面来说，订立行政合同既可以更好地行使行政管理职能，保证国家行政目标的实现，又可以因合同双方权利义务关系的明确性而避免相互推诿、扯皮，杜绝不负责任的官僚主义作风。从行政相对人方面来说，订立行政合同既可以使他们更好地发挥积极性和创造性，又可以使合同争议发生后解决有据，控告有门。[1]但

〔1〕应松年主编：《行政法与行政诉讼法》（第3版），中国政法大学出版社2017年版，第188页。

是，当前还存在着合同性质争议不清、[1]行政相对人权利保障不透明、救济渠道不够畅通等问题，亟待理论上和法律上加以完善。

六、城管行政奖励权

行政奖励是指行政主体依照法定条件和程序，对为国家和社会作出重大贡献的单位和个人，给予物质或者精神鼓励的具体行政行为。[2]

一般认为，行政奖励具有以下特征：①行政奖励的主体是行政主体；②行政奖励的目的在于表彰先进，鞭策后进，调动、激发广大人民群众的创造性和积极性；③行政奖励的对象是作出突出贡献的单位或个人；④行政奖励的形式包括物质奖励和精神奖励，二者大多合并采用；⑤行政奖励是行政主体实施的不具有强制性的具体行政行为。城管部门和其他行政部门一样，有权对在城市与管理行政执法中作出突出贡献的单位和个人进行物质或精神方面的奖励。我国很多法律法规常有关于行政奖励的规定，如 2017 年《城市市容和环境卫生管理条例》第 8 条规定："对在城市市容和环境卫生工作中成绩显著的单位和个

---

〔1〕 2015 年《最高人民法院关于适用〈中华人民共和国行政诉讼法〉若干问题的解释》第 11 条规定："行政机关为实现公共利益或者行政管理目标，在法定职责范围内，与公民、法人或者其他组织协商订立的具有行政法上权利义务内容的协议，属于行政诉讼法第十二条第一款第十一项规定的行政协议。公民、法人或者其他组织就下列行政协议提起行政诉讼的，人民法院应当依法受理：（一）政府特许经营协议；（二）土地、房屋等征收征用补偿协议；（三）其他行政协议。"但该解释被 2018 年《最高人民法院关于适用〈中华人民共和国行政诉讼法〉的解释》废止，有关行政协议（合同）是否能通过行政诉讼管辖、解决的问题，又成了需要继续探索的问题。

〔2〕 罗豪才、湛中乐主编：《行政法学》（第 2 版），北京大学出版社 2006 年版，第 256 页。

人，由人民政府给予奖励。”该项奖励既可以由人民政府颁发，也可以经人民政府授权城管部门颁发。行政奖励具有价值导向功能、激励功能和资源配置功能等，因而受到各级行政机关、城管部门的重视。目前行政奖励还存在着行政机关不作为、该奖不奖或者不按标准奖，奖励程序不公开、不透明，行政相对人获奖权保障不足、救济渠道不畅等问题，需要加以完善。

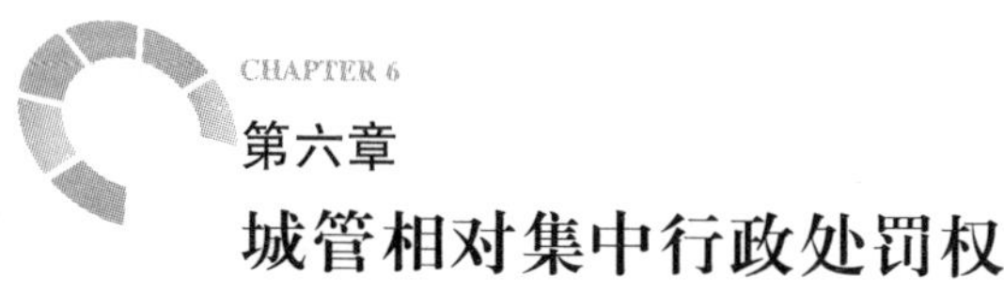

CHAPTER 6

第六章 城管相对集中行政处罚权

在综合行政执法过程中，需要行之有效的各种行政执法和管理手段。由于行政执法具有强烈的单方性、强制性和制裁性特点，面对各种违法行为，行政处罚既是一种必需手段，更是一种必然选择。实践中，参与城市管理的部门众多，如果单个部门单从单行法的角度进行执法，不注意与其他行业主管部门沟通协调，必然造成各行其是、各自为战的局面，既无法形成执法的合力，也无法减少对行政相对人的干扰，结果必然是执法效能低下，在此情况下，相对集中行政处罚权制度应运而生。但是，凡事有一利必有一弊，该项制度在起到积极作用的同时，也引发了众多复杂的问题。本章以城管部门实施相对集中行政处罚权的情况为视角，总结该项制度实施的成效，提出其存在的问题，分析产生问题的原因，最后提出通过制定一部行政法规即《相对集中行政处罚权实施条例》的思路来完善这一制度，希望对理论研究和实务工作都能提供一些参考。

第一节 相对集中行政处罚权制度及其实施

相对集中行政处罚权，是指将若干行政机关的行政处罚权集中起来，交由一个行政机关统一行使，行政处罚权相对集中后，有关行政机关不再行使已经统一由一个行政机关行使的行政处罚权。[1]相对集中行政处罚权是行政处罚法确立的一项重要的法律制度。1996年3月颁布的《行政处罚法》[2]第16条规定："国务院或者经国务院授权的省、自治区、直辖市人民政府可以决定一个行政机关行使有关行政机关的行政处罚权，但限制人身自由的行政处罚权只能由公安机关行使。"该条规定，成为相对集中行政处罚权制度最基本的法律渊源。

一、相对集中行政处罚权的特点

学界认为，相对集中行政处罚权制度具有以下主要特点：[3]

（1）从来源上看，相对集中行政处罚权来源于法律法规规定的、由其他行政机关行使的部分或者全部处罚权。通过相对集中行政处罚权制度，可以把内容交叉、重叠的处罚权集中起来统一行使，从而避免重复执法、多头执法。

（2）从主体上看，相对集中行政处罚权是把行政处罚权进行横向上的集中之后，交由一个新的行政机关来行使，原来的行政机关不再行使集中后的行政处罚权。行政处罚权相对集中后，有关部门不得再行使已经统一由一个行政机关行使的行政处罚权；继续行使的，作出的行政处罚决定一律无效。

（3）从内容上看，相对集中行政处罚权是对行政处罚权的"相对"集中而非"绝对"集中，也就是说，原行政机关仍享

---

〔1〕 曹康泰："在全国相对集中行政处罚权试点工作座谈会开幕式上的讲话"，载《相对集中行政处罚权工作读本》编写组编写：《相对集中行政处罚权工作读本》，中国法制出版社2003年版，第232页。

〔2〕 为便于行文和阅读，以下有关我国法律法规的名称统一使用简称，即省去"中华人民共和国"字样。

〔3〕 杨书文：《中国城市管理综合执法体制研究》，天津人民出版社2009年版，第7~8页。

有部分未被集中的行政处罚权。

(4) 从范围上看，相对集中行政处罚权的范围，主要是在城市管理领域。根据2002年《国务院关于进一步推进相对集中行政处罚权工作的决定》(以下简称“2002年《决定》”) 的规定，具体的范围包括市容环境卫生管理、城市规划管理、城市绿化管理、市政管理、环境保护管理、工商行政管理、公安交通管理等七个方面的部分或者全部的行政处罚权，以及省、自治区、直辖市人民政府决定调整的城市管理领域的其他行政处罚权。2015年发布的《中共中央、国务院关于深入推进城市执法体制改革改进城市管理工作的指导意见》(以下简称“2015年《指导意见》”)，进一步明确了相对集中行政处罚权的实施范围，即：市政公用设施运行管理、市容环境卫生管理、园林绿化管理等方面的全部工作；市、县政府依法确定的，与城市管理密切相关、需要纳入统一管理的公共空间秩序管理、违法建设管理、环境保护管理、交通管理、应急管理等方面的部分工作。城市管理执法即在上述领域根据国家法律法规规定履行行政执法权力的行为。[1]

(5) 最后，从性质上看，相对集中行政处罚权是行政处罚权在行政机关之间的重新配置。对原行政机关而言，是一种原行政权力的部分让渡；对新行政机关而言，是一种新行政权力的部分获取。这种行政权力的重新配置必然触动原有的利益格局，从而带来广泛的影响。

二、相对集中行政处罚权的实施情况

实行相对集中行政处罚权制度的初衷，在于解决行政管理

---

〔1〕“中共中央、国务院关于深入推进城市执法体制改革改进城市管理工作的指导意见”，载《人民日报》2015年12月31日。

中长期存在的多头执法、职权交叉、重复执法、执法扰民、行政机构膨胀等问题，提高行政执法的效率和水平，以建立“精简、统一、效能”的行政执法体制，同时加强行政权力之间的监督与制约。例如，相对集中行政处罚权实行“管执分离”的原则，即改变城管部门与行政执法机构的职能配置和管理方式，将城市管理中的管理权、许可权与监督权、处罚权适当分离。行政处罚权相对集中后，有关部门不得再行使已统一由一个行政机关行使的行政处罚权，否则，作出的行政处罚决定无效；集中行使城管行政处罚权的行政机关也可以不再承担城市管理的相关管理和许可职能。管理权、许可权与监督权、处罚权适当分离，既加强了对执收执罚的监督，也形成对管理审批的制约。总体来看，近年来我国推行相对集中行政处罚权制度的主要成效有如下几点：

（1）有效解决了城市管理领域中多头执法、重复处罚等问题。通过开展相对集中行政处罚权工作，国内城市大多组建了统一的城市管理行政执法机构，统一行使市容、环卫、市政、园林、规划、工商和交通等部门的全部或部分行政处罚权，在一定程度上避免了多头执法、交叉执法、重复处罚、执法扰民的现象。“一个部门执法，一支队伍对外”，一时解决了“七八个大盖帽管不住一个小草帽”的问题，减少了多部门职权交叉引起的诸多弊端，在很大程度上缓解了部门之间推诿、扯皮等问题。

（2）精简了行政机构和执法人员，提高了执法效能。城市管理领域的行政处罚权相对集中后，原有执法队伍被撤销或相应精简，执法人员明显减少，降低了城市管理执法的成本。多数城市由原有的多支、多层专业执法队伍集中为一个执法队伍。

（3）改变了执法理念和方法，改善了政府城市管理与行政执法的形象。相关城市按照国务院有关文件的要求，严把行政执法人员的录用关，注重对行政执法人员的培训和管理，提高行政执法人员的政治素质、业务素质和法治观念。通过规范行政执法程序、完善行政执法监督，在执法中改变“管理就是收费，执法就是罚款”的观念，强调疏堵结合、管理与服务相结合、教育与处罚相结合的新的行政执法理念，树立了政府城市管理与行政执法的良好形象。相对集中行政处罚权的实践，为深化改革积累了经验，对改革现行行政管理和执法体制具有积极而深远的影响。

第二节　相对集中行政处罚权制度实施中存在的问题

虽然相对集中行政处罚权制度在实践中取得了较好的成效，但同时也面临一些需要认真对待的问题。

一、相对集中行政处罚权面临合法性质疑

当前，我国正处于高速城市化发展过程中，城市管理的难度日益增大，城管执法也迫切需要明确的法律依据。目前，我国城管执法直接的依据是《行政处罚法》第 16 条和《行政强制法》第 17 条第 2 款的规定，但这两个条款只是授权性条款，城管执法的依据仍然是各单行法律、法规、规章，可谓规定分散、条目众多，尚不足以支撑起整个城管部门的执法工作需要。在组织法方面，《地方各级人民代表大会和地方各级人民政府组织法》第 64 条规定，地方各级人民政府根据工作需要和精干的原则可以设立必要的工作部门。该条规定似乎给城管综合执法机构的设立及其职权行使提供了组织法依据，但这个条款也仅仅

在原则上规定了综合执法机关的主体地位，而实践中直接赋予综合执法机关执法主体资格的往往是一些规范性文件，而不是正式的法律法规。〔1〕法谚云："无法律无行政。"相对集中行政处罚权制度涉及面广、影响较大，但支撑起该项制度的权力来源却主要是政府规范性文件的直接规定和《行政处罚法》第16条、《地方各级人民代表大会和地方各级人民政府组织法》第64条的间接规定，缺乏单行法律的明确授权，这就使通过各级政府的规范性文件集中了很多部门的行政处罚权的城管部门，经常面临合法性的质疑。对此，中国政法大学王敬波教授认为，相对集中行政处罚权制度的初衷主要是针对当时城管执法实践中普遍存在的执法部门过多、权力分散、多头执法、多层执法、重复执法、权责脱节、执法违法等问题。实践证明，相对集中行政处罚权制度在一定程度上缓解了"条条"之间的矛盾，推进了"条块"之间的结合与执法重心的下移。但是，由于相对集中行政处罚权制度缺少组织法等法律法规层面的权威性、配套性制度支持，城管综合执法机构一直面临着执法机构本身的合法性诘问、执法依据交错盘结、执法权限模糊不清等一系列难题，尤其是执法责任交叉、职能重叠、扯皮推诿等复合型问题不断呈现且趋向严重。〔2〕由于欠缺统一的法律规则，相对集中行政处罚权的设立与行使没有组织法的明确规定和单行法、专门法的具体规定，相对集中行政处罚权制度面临的合法性质疑就成为必然的事。具体而言，相对集中行政处罚权制度面临如下几个方面合法性的质疑：

---

〔1〕 张步峰、熊文钊："城市管理综合行政执法的现状、问题及对策"，载《中国行政管理》2014年第7期。

〔2〕 王敬波主编：《城市管理执法办法理解与适用》，中国法制出版社2017年版，第66页。

（1）城管执法权的来源与职权法定原则相冲突。所谓职权法定原则，就是指各级政府及其职能部门的行政职权都必须由法律作出明确规定，法无明文规定则不享有相应的行政职权，否则其做出的行政行为无效。目前城管执法领域所涉及的法律关系，都有相应的单行法在调整，每个单行法都对应着相应的职能部门，职能部门也依据相应的单行法开展执法活动。而城管部门实施相对集中行政处罚权，也就意味着要大量行使其他部门的法定职权，如行政管理权、行政检查权、行政强制权等。然而，目前各地城管部门行使的行政职权，其依据主要是国务院的授权决定或者国务院授权的省级人民政府的文件规定，从法律渊源的角度看，这些规范性文件都不属于“法”的一种。很明显，城管部门行使其他部门的行政职权并没有直接的法律依据，因而不符合现代行政职权法定原则。因此，综合执法机关的执法依据和法律地位经常被质疑存在违背职权法定原则的嫌疑，究其根本原因就是缺少在国家层面的城管综合执法方面的专门立法。〔1〕

（2）城管执法权的来源与法律优先原则相冲突。法律优先原则，又称法律优位原则，是指一切行政权之行使，不问其为权力的或非权力的作用，均应受现行法律之拘束，不得有违反法律之处置而言。〔2〕意即下位法不得违反上位法之精神与规范。现行城管执法中所拥有的相对集中行政处罚权，其来源主要是国务院或者省级人民政府的“通知”“决定”或者“批复”。从行政法的渊源来说，它们只属于规范性文件，而不属于“法”。关于政府部门职权的设定，根据《立法法》《国务院组织法》的

〔1〕 张步峰、熊文钊：“城市管理综合行政执法的现状、问题及对策”，载《中国行政管理》2014年第7期。

〔2〕 翁岳生编：《行政法2000》（上册），中国法制出版社2002年版，第172页。

规定，应当由全国人大及其常委会制定的法律进行规定，至少应由全国人大授权国务院制定行政法规来规定。仅由国务院或者省级人民政府通过一些具有指导性、政策性、临时性的规范性文件对行政执法权力进行调整，而不是依据法律法规，显然是不够恰当的。[1]虽然国务院依照《宪法》《国务院组织法》的规定享有对各级国家行政机关行政职权的调整权，国务院也可以授权省级人民政府行使有关行政职权的调整权，但对横跨众多行政部门职权的相对集中行政处罚权的划转、调整、行使，一直依照的是行政规范性文件而不是依照专门的法律法规，就很难摆脱公众对该项职权合法性不足的质疑。

（3）城管执法权的行使与正当程序原则相冲突。所谓正当程序原则，其基本含义是：行政权力的运行必须符合最低限度的程序公正标准，具体包含行政公开、避免偏私和行政参与等基本内容。该原则直接体现了现代法治国家对行政权力公正行使的最低限度要求，从根本上承载了现代行政程序的基本价值追求，即程序正义，这是确保程序正义理念在行政行为中得以实现的重要保障。[2]城管执法权的行使与正当程序原则相冲突的表现，不在于我国《行政处罚法》《行政强制法》等法律法规没有专门的行政程序规定，而在于当众多其他部门的行政处罚权划归于城管部门之后，城管执法中常会存在法律适用中选择的困难、法律冲突中的矛盾处理，以及因不同法律在程序设置上的不一致而带来的适用上的困惑。试想，按照我国行政管理和执法体制的惯例，一般是“一法律、一部门、一队伍”，即每制定一部法律，便交由一个专门的行政机关去管理该领域的

〔1〕 张良：《从管控到服务：城市治理中的“城管”转型》，华东理工大学出版社2016年版，第72~73页。

〔2〕 周佑勇：《行政法原论》（第2版），中国方正出版社2005年版，第77页。

事务，而管理的方式就是组建一支专门的行政执法队伍。任何领域的行政机关要做好执法工作都不是一件容易的事，这常常需要高度的法律知识理解、掌握和运用能力，暂且不论专业性较强的行政事务了。如果将众多的行政职能部门的行政处罚权都交由城管部门统一行使，这对城管部门及其执法人员来讲，其难度与困惑可想而知，更何况我国还没有制定一部专门的《行政程序法》。在此情况下，城管部门如何保证法律的准确适用，如何确保行政相对人的知情权、参与权、表达权和监督权，无不关涉行政程序的正当性与合理性，因而，城管执法权的行使与正当程序原则的冲突也会成为难以避免的问题。行政程序是行政行为的法定构成要素，健全的程序规则是对行政行为过程的系统约束，是行政目标得以实现的基本保障。王敬波教授认为，在城管执法过程中，执法程序的问题可归结为两个方面：一是某些城管执法行为没有相应的程序制度约束，城管执法无程序可依；二是程序规则被忽略，在城管执法过程中被虚置。城市管理工作具有较大的自由裁量空间，如果没有正当程序加以约束，行政执法权力很容易变成肆无忌惮的强权。因此，规范城管执法程序和机制就显得非常重要。[1]

二、相对集中行政处罚权行使主体的性质、编制含混不清

相对集中行政处罚权是一种行政权力。行政权力是一种国家强制权，是直接或者间接涉及公民、法人和其他组织权利义务的公权力。按照行政法治的基本原理，这类权力应当由国家行政

---

〔1〕 王敬波主编：《城市管理执法办法理解与适用》，中国法制出版社 2017 年版，第 184~185 页。

机关直接行使，而不能交由其他非国家行政机关代为行使。[1]《行政处罚法》第 16 条规定，国务院或者经国务院授权的省、自治区、直辖市人民政府可以决定一个行政机关行使有关行政机关的行政处罚权。该法规定，行使相对集中行政处罚权的机关只能是行政机关。1996 年《国务院关于贯彻实施〈中华人民共和国行政处罚法〉的通知》（以下简称“1996 年《通知》”）规定，根据《行政处罚法》的规定，行政处罚原则上只能由行政机关实施，非行政机关的企业、事业单位未经法律、法规授权，不得行使行政处罚权；没有法律、法规或者规章的明确规定，行政机关不得委托事业组织实施行政处罚。相比于《行政处罚法》的规定，该通知排除了《行政处罚法》第 17 条关于法律法规授权的组织可以行使行政处罚权的内容，将行使行政处罚权力的主体范围限制在行政机关的范围之内。[2]2000 年《国务院办公厅关于继续做好相对集中行政处罚权试点工作的通知》（以下简称“2000 年《通知》”）进一步规定，为了进一步推进行政管理体制的改革，试点城市集中行使行政处罚权的行政机关应当作为本级政府的一个行政机关，不得作为政府一个部门的内设机构或者下设机构。集中行使行政处罚权的行政机关的执法人员必须是公务员。该通知不但强调了行使行政处罚权的机关只能是行政机关，而且提出将该机关“作为本级政府的

〔1〕 王敬波主编：《城市管理与行政执法：理论·实务·案例》，研究出版社 2011 年版，第 82 页。

〔2〕《行政处罚法》第 17 条规定：“法律、法规授权的具有管理公共事务职能的组织可以在法定授权范围内实施行政处罚。”该条授权规定是普遍性规定，也是间接规定，尚不能由此得出哪个“具有管理公共事务职能的组织”根据该条规定可以行使具体的行政处罚权的结论。同时，1996 年《通知》、2000 年《通知》均突出强调了只有行政机关才能行使相对集中行政处罚权，限制了法律法规授权的组织行使行政处罚权的适用空间。

一个行政机关，不得作为政府一个部门内设机构或者下设机构”，明确排除了法律法规授权的组织行使相对集中行政处罚权的可能性，可谓是对《行政处罚法》第17条含义的限缩。2002年《决定》继续强调：规范集中行使行政处罚权的行政机关的设置，不得将集中行使行政处罚权的行政机关作为政府一个部门的内设机构或者下设机构，也不得将某个部门的上级业务主管部门确定为集中行使行政处罚权的行政机关的上级主管部门；集中行使行政处罚权的行政机关应作为本级政府直接领导的一个独立的行政执法部门，依法独立履行规定的职权，并承担相应的法律责任。该决定进一步强调了集中行使行政处罚权的行政机关的地位，突出了其行政性、直属性和独立性。2015年《指导意见》对于主体部分规定要“统筹解决好机构性质问题，具备条件的应当纳入政府机构序列”。[1]该意见并没有延续国发1996年《通知》、2000年《通知》、2002年《决定》三个文件关于相对集中行政处罚权行使主体的行政机关身份的规定，而是出现了松动迹象，提出“统筹解决好机构性质”问题，要求“具备条件的应当纳入政府机构序列”。换句话说，对城管执法部门的安排与定性，地方政府仍有很大的机动灵活、因地制宜的空间，城管执法部门的性质并不具有全国的统一性。由此可以预见的是，政策的波动性和全国各地的差异性，必然带来城管执法人员身份自我认同和社会公众对城管职业群体身份认同上的困惑。

在城管执法人员的编制上，2000年《通知》强调“集中行使行政处罚权的行政机关的执法人员必须是公务员”。2015年《指导意见》规定，统筹解决好执法人员身份编制问题，在核定

[1] “中共中央、国务院关于深入推进城市执法体制改革改进城市管理工作的指导意见”，载《人民日报》2015年12月31日。

的行政编制数额内，具备条件的应当使用行政编制。意即，城管执法人员的编制未必都是行政编制，是否是行政编制，需要地方政府“统筹解决”；在“不具备条件”的情况下，也可以是事业编制或者其他编制。应当说，这种对城管执法人员编制的政策调整和以上关于城管执法部门性质的讨论一样，回应了各地近年来在实践操作中，“有些地方政府将其作为或者变相作为事业单位”〔1〕的实际情况，没有将城管执法人员统一确定为在行政编制之下的公务员，实际上有可能出现在同一个城管执法部门里的相同的岗位上、做同样的工作，编制却不相同的情况，如有的是行政编，有的是事业编，还有的可能是临时工制，等等，这对城管执法人员造成的心理影响必然是复杂的。相比于其他行政机关公务员身份的同一性，城管执法人员的身份更显得多样性与复杂性，〔2〕这种情况历来也是比较少见的。

整体来看，历次中央文件关于相对集中行政处罚权行使主体的规定，体现出以下几个特点：一是从最初突出强调行使相对集中行政处罚权的主体的性质只能是行政机关，到后来出现标准的松动，政策上并没有保持连续性和稳定性。可以认为，在缺乏统一立法规定的情况下，今后一段时期还难真正统一。〔3〕二是数个文件一再强调集中行使行政处罚权的行政机关应当是本级政府的一个行政机关，不得作为政府一个部门内

〔1〕 熊文钊主编：《新时期城市管理综合行政执法指导全书》（第3卷），新华出版社2003年版，第1225页。

〔2〕 至此可见，城管执法人员的编制至少有三种，即行政编制、事业编制、合同制。

〔3〕 2015年《指导意见》规定，要“统筹解决好机构性质问题，具备条件的应当纳入政府机构序列”。但该意见但并没有延续2000年《通知》、2002年《决定》所提出的“不得将集中行使行政处罚权的行政机关作为政府一个部门的内设机构或者下设机构，也不得将某个部门的上级业务主管部门确定为集中行使行政处罚权的行政机关的上级主管部门”的刚性规定，看起来对主体要求松动了不少。

设机构或者下设机构。这说明，部分城市将城管执法机关划归到住房和城乡建设局或者国家市场监督管理局之下作为二级局进行管理，显然是不符合规定的。遗憾的是，在实践中，由于上述文件不具有法律渊源的性质，其效力层次比较低，并没有从立法上给予相对集中行政处罚权的行使机构以充分的制度保障。受行政机构设置限额和行政编制总额的制约，目前我国各地城管机构性质不统一，法律地位不稳定、不明确，有的地方将城管综合执法机构列为地方政府组成部门，大多数则将其列为政府的直属行政机构，个别地方将之划归为住建部门管理的二级机构。三是在编制上，一些地方明确将城管执法部门和执法人员定性为行政编制，一些地方只是笼统地说是行政编制，还有一些地方则确定为事业编制。在法理上，把相对集中行政处罚权的实施机关定性为事业编制，实际上是把典型的国家职能交由非国家机关的单位去行使，这是不合适的。就像我们不能把各级政府定性为事业编制一样，我们也不能把长期和主要行使行政职权的机构定性为事业单位。这种体制既不符合国家职能应当由国家机关履行的宪法精神，也不利于城管事业的健康发展。[1]为此，应当推动城管执法部门实现完全的行政机关化，执法人员的行政编制化，尽快消除机构、编制不统一的繁杂局面。

三、相对集中行政处罚权的领域无序扩张

在肯定相对集中行政处罚权制度积极意义的同时，我们还应当看到，自1996年推行相对集中行政处罚权制度以来，各地城管执法职责范围不断扩大，已经从最初的以市容环境管理领

〔1〕 王敬波主编：《城市管理与行政执法：理论·实务·案例》，研究出版社2011年版，第82~83页。

域的行政处罚权为主扩展到如今的27大类、908项。[1]根据相关规范性文件的规定，城管执法中主要行使以下法律、法规、规章规定的行政处罚权：①市容环境卫生管理方面的行政处罚权；②城市规划管理方面全部或者部分的行政处罚权，如强制拆除不符合城市规划的建筑物或者设施；③城市绿化管理方面的行政处罚权；④市政管理方面的行政处罚权；⑤环境保护管理方面的部分行政处罚权；⑥工商行政管理方面对无照商贩的行政处罚权；⑦公安交通管理方面对侵占城市道路行为的行政处罚权；⑧省、自治区、直辖市人民政府决定调整的城市管理领域的其他行政处罚权。上述集中的具体职权范围，可概括称为“七+X”模式。2015年，王敬波教授对包含全国直辖市、省政府所在地共计20个市级政府城管执法部门的执法领域进行统计，结果显示：城管执法领域包括：市容环境卫生、市政管理、公用事业、城市节水、园林绿化、环境保护、城市河湖、施工现场、城市停车、公安交通（运输）、工商行政、城市规划、城市道路、旅游管理、城市建设、房地产、户外广告、建筑市场、民政殡葬、人防工程、人民防空、煤炭市场、救助、养犬、气象、汽车清洗、城市广场、土地使用等共计28项。[2]可以说，在所有的行政执法中，城市管理执法的范围最为广泛，边界或许也最不清晰。从历次政策调整的范围来看，城管执法的职权范围总体上始终没有准确的界定，且范围越来越广，执法事务越来越详细，数量上呈不断增加之势。

关于城管执法的职责范围及其发展变迁，请看以下笔者整理的中央规范性文件确定的城管综合行政执法领域变迁的表格。

---

〔1〕 张斌：“统一城市管理执法制式服装和标志标识”，载《中国建设报》2016年5月18日。

〔2〕 王敬波：“相对集中行政处罚权改革研究”，载《中国法学》2015年第4期。

文件名称	确定的执法领域	具体的执法范围
1996年《国务院关于贯彻实施〈中华人民共和国行政处罚法〉的通知》	结合各省实际提出调整意见，报国务院批准	各省、自治区、直辖市人民政府要认真做好相对集中行政处罚权的试点工作，结合本地方实际提出调整行政处罚权的意见，报国务院批准后施行
2000年《国务院办公厅关于继续做好相对集中行政处罚权试点工作的通知》	多头执法、职责交叉、执法扰民问题比较突出，严重影响执法效率和政府形象的领域，如城市管理领域等	主要包括：①市容环境卫生管理、规划管理、城市绿化管理、市政管理、环境保护管理等方面法律、法规、规章规定的全部或者部分行政处罚权；②工商行政管理方面法律、法规、规章规定的对无照商贩的行政处罚权；③公安交通管理方面法律、法规、规章规定的对侵占道路行为的行政处罚权；④集中行使行政处罚权的行政机关还可以履行法律、法规、规章或者省、自治区、直辖市和城市人民政府规定的其他职责
2002年《国务院关于进一步推进相对集中行政处罚权工作的决定》	多头执法、职责交叉、重复处罚、执法扰民等问题比较突出，严重影响执法效率和政府形象的领域，目前主要是城市管理领域	主要包括：①市容环境卫生管理方面法律、法规、规章规定的行政处罚权；②城市规划管理方面法律、法规、规章规定的全部或者部分行政处罚权；③城市绿化管理方面法律、法规、规章规定的行政处罚权；④市政管理方面法律、法规、规章规定的行政处罚权；⑤环境保护管理方面法律、法规、规章规定的部分行政处罚权；⑥工商行政管理方面法律、法规、规章规定的对无照商贩的行政处罚权；⑦公安交通管理方面法律、法规、规章规定的对侵占城市道路行为的行政处罚权；⑧省、自治区、直辖市人民政府决定调整的城市管理领域的其他行政处罚权

续表

文件名称	确定的执法领域	具体的执法范围
2015年《中共中央、国务院关于深入推进城市执法体制改革改进城市管理工作的指导意见》	领域包括：①市政公用设施运行管理、市容环境卫生管理、园林绿化管理等方面的全部工作；②市、县政府依法确定的，与城市管理密切相关、需要纳入统一管理的公共空间秩序管理、违法建设治理、环境保护管理、交通管理、应急管理等方面的部分工作	具体范围是：①住房城乡建设领域法律法规规章规定的全部行政处罚权；②环境保护管理方面社会生活噪声污染、建筑施工噪声污染、建筑施工扬尘污染、餐饮服务业油烟污染、露天烧烤污染、城市焚烧沥青塑料垃圾等烟尘和恶臭污染、露天焚烧秸秆落叶等烟尘污染、燃放烟花爆竹污染等的行政处罚权；③工商管理方面户外公共场所无照经营、违规设置户外广告的行政处罚权；④交通管理方面侵占城市道路、违法停放车辆等的行政处罚权；⑤水务管理方面向城市河道倾倒废弃物和垃圾及违规取土、城市河道违法建筑物拆除等的行政处罚权；⑥食品药品监管方面户外公共场所食品销售和餐饮摊点无证经营，以及违法回收贩卖药品等的行政处罚权；⑦其他需要集中行使的具体行政处罚权的事项，由市、县政府报所在省、自治区政府审批，直辖市政府可以自行确定

通过对上表中涉及城管综合执法的四个中央规范性文件的罗列与比较，可以得出结论：城管综合行政执法领域呈不断扩大趋势，而且执法事务越来越详细，越来越具体，也越来越专业。随着2015年《指导意见》关于公共空间秩序管理、应急管理等方面的新职责的增加，以及各省、自治区、直辖市政府可以自行确定需要集中行使的具体行政处罚权事项的不确定性，可以认为，城管执法部门的综合执法领域和执法范围仍将继续扩大，且各地的城管执法会呈现出千差万别的执法事权和职责

状况。就此，王敬波教授认为，事实上，不要说是在市、县级城管执法领域各不相同，即便在省级层面，也很难找到城管执法领域完全相同的两个地方。[1]执法范围变动不居、日益膨胀的现状说明，由于缺乏全国统一的规定，哪些行政处罚权应当集中，哪些可以不集中，各地有迥然不同的做法，城管机构职能界定不统一、不规范的问题越来越突出。这说明城管执法部门的职能设置和调整划转随意性太强，城市管理相关部门横向间的职能界定、城管系统各层级纵向间的职能划分，均缺乏科学的论证，各地城管机构行使的管理职能，彼此之间关联度较低，造成城管职能横向延伸过宽，这对城管执法的整体效能和自身的形象，都带来许多消极的影响。[2]

虽然 2015 年《指导意见》和 2017 年《城市管理执法办法》对城市管理综合执法领域有了更加明确的划分，但 2002 年《决定》已将实施相对集中行政处罚权的审批权授予省级人民政府，因而现在许多城市实施相对集中行政处罚权的范围已与初期有很大差别，有些城市实施的范围已远超预期的领域，有的甚至集中了专业性很强的行政处罚权。现实说明，哪些行政处罚权应当集中、也可以集中，各地有不同的理解，导致在实践上差别很大。有的城市盲目求大、求全，集中行政处罚权的领域铺得太宽，将一些毫不相干的行政处罚权捆绑集中，结果与各行政职能机关的关系协调困难，纵向的内部管理层次和结构很难理顺，导致相对集中行政处罚权的优势不仅没有表现出来，原有的比较稳定的管理力量也受到了削弱，违背了建立相对集中

〔1〕 王敬波主编：《城市管理执法办法理解与适用》，中国法制出版社 2017 年版，第 106 页。

〔2〕 王敬波主编：《城市管理与行政执法：理论·实务·案例》，研究出版社 2011 年版，第 93~94 页。

行政处罚权制度的初衷。[1] 毕竟，全国各地城市的基础设施条件、经济文化水平、法治发展程度，以及城管执法队伍的素质，甚至地理气候情况等各有不同，要求千篇一律地保持统一的执法领域也是不现实的，毕竟“法律是一种地方性知识”。[2]但城管执法领域过大的差异性，尤其是未经审慎论证的无序扩张，对法治建设带来的直接影响则是影响全国法制的统一性，同时，也加剧了社会对城管执法的合法性与正当性的质疑。为维护法治的统一性和权威性，对城管执法领域加以统一的规范实属必须。[3]

四、行政处罚权相对集中后，带来部门之间协调的困难

部门之间协调的困难，首先表现为行政职权划转的关系没有理顺。调查显示，随着综合执法工作的展开和运行，各地改革试点中也出现了一些问题和矛盾，特别是综合执法机构与职能部门的关系等体制性问题尚未理顺，影响着综合执法的成效。具体表现为：[4]一是职责划转不规范、不科学。职责划转的范围一直没有统一的界定标准，而且划转的依据也各不相

---

〔1〕 彭志芳：“关于相对集中行政处罚权有关问题的思考”，载《河北法学》2005 年第 1 期。

〔2〕［美］克利福德·吉尔兹：“地方性知识：事实与法律之间的比较透视”，邓正来译，载梁治平编：《法律的文化解释》，生活·读书·新知三联书店 1994 年版，第 28 页。

〔3〕 此处的“统一规范”仍然具有相对意义，城市的差异性决定了统一的有限性。但笔者认为，保持城市管理执法领域“统一”基础上的“差异”，应当作为一项法治原则。参见王敬波主编：《城市管理执法办法理解与适用》，中国法制出版社 2017 年版，第 120 页。

〔4〕 中国行政管理学会课题组：“推进综合执法体制改革：成效、问题与对策”，载《中国行政管理》2012 年第 5 期。

同。[1]在一些地方，对于如何划分城管执法机关与职能部门的职责，并未经过严格论证，带有较大的随意性，有的部门往往将那些费力大、获利小、比较棘手的管理事项当作包袱甩给城管执法机关，如有的地方将黑网吧治理、清理无照经营、计划生育等事项都划转给城管执法机关。[2]二是执法技术配套不足。虽然当前有些领域采取了综合行政执法，但部门相关的技术配套力量并未转移，城管部门必需的检测检验力量尚显不足。同时，地方检测检验机构市场化水平尚不能满足综合执法部门检测检验工作的要求，给城管综合执法的全面推进带来了困难。[3]三是管理职能与执法职能划分发生错位。实行综合执法要求将有关部门的监督处罚职能剥离出来交给综合执法机构，但有的部门则有意无意地混淆管理和执法的性质，将管理职能卸载转移到执法职能里，以执法解决管理问题，造成管理弱化，这一做法既增加了工作层次和过程，无形中也肢解了管理职能，降低了工作效率。[4]

从现实情况看，除了城管部门外，有城市管理职责的政府部门还有很多，这包括住建、规划、环保、工商、交通等。对作为行使相对集中行政处罚权的城管部门而言，为开展好本部

---

〔1〕《城市管理执法办法》第9条提出了职责划转的标准，规定："需要集中行使的城市管理执法事项，应当同时具备下列条件：（一）与城市管理密切相关；（二）与群众生产生活密切相关、多头执法扰民问题突出；（三）执法频率高、专业技术要求适宜；（四）确实需要集中行使的。"相比以往没有法律标准的情况，该办法是个明显的进步，但仍显笼统。

〔2〕张步峰、熊文钊．"城市管理综合行政执法的现状、问题及对策"，载《行政法学研究》2014年第7期。

〔3〕夏德峰："综合行政执法改革的难题及其破解"，载《中国行政管理》2016年第6期。

〔4〕张步峰、熊文钊："城市管理综合行政执法的现状、问题及对策"，载《中国行政管理》2014年第7期。

门的工作，往往需要在以下方面和其他职能部门相协调，包括：一是前端行政许可与末端行政处罚衔接的事项；二是需要其他机关出具检测报告或技术鉴定的事项；三是需要其他部门协查或者移送的执法事项；四是需要其他部门配合方能完成执法目标的事项等。[1]实践中，城管部门的部分职能不能很好地履行，主要原因之一就在于协调工作难以开展。相对集中行政处罚权的实施机关拥有的主要职权是行政处罚权，一般不包括行政管理权、行政检查权、行政许可权等其他行政权力。事实上，相对集中行政处罚权的实施机关所拥有的处罚权已经属于行政管理链条的末端，尽管行政处罚权是相对集中了，但其他行政管理职权还分属于相关行政职能机关。由于行政管理活动的多面性和复杂性，各个部门之间往往从本位主义出发，普遍存在着“互不买账”的现象。而对于一个具体的行政管理活动，行政管理权和行政处罚权又多是相互依存、相互制约的。处理得好，可以提高宏观管理效能；处理不好，必将产生较高的协调成本。目前，各地大都通过政府发文或者各有关部门联合发文的形式确立相互之间的协作关系。虽然如此，由于受文件的效力层次、约束程度所限，从目前实施的情况看，相对集中行政处罚权的实施机关和其他职能机关的协作关系并没有得到有效的制度性安排。这种关系处理不好将会带来两方面的消极后果：一方面影响相对集中行政处罚权实施机关顺利行使行政处罚权，另一方面也影响行政职能机关行使行政管理权。[2]目前来看，协调困难的状况并没有随着《城市管理执法办法》的颁布而予根本

---

〔1〕 王敬波主编：《城市管理执法办法理解与适用》，中国法制出版社 2017 年版，第 28~29 页。

〔2〕 彭志芳：“关于相对集中行政处罚权有关问题的思考”，载《河北法学》2005 年第 1 期。

消除。受行政级别、法律地位的限制，住房和城乡建设部对超越自身权限的跨部门协调事务，显然是有心无力的，它需要更高级别的行政机关即国务院出面协调，才能解决自身所面临的“协调难”问题。《城市管理执法办法》有多处条款出现跨部门协调的内容，如“城市管理执法主管部门应当推动建立城市管理协调机制，协调有关部门做好城市管理执法工作。”〔1〕“城市管理执法主管部门集中行使原由其他部门行使的行政处罚权的，应当与其他部门明确职责权限和工作机制。”〔2〕“城市管理执法主管部门应当与有关部门建立行政执法信息互通共享机制，及时通报行政执法信息和相关行政管理信息。”〔3〕“城市管理执法主管部门在执法活动中发现依法应当由其他部门查处的违法行为，应当及时告知或者移送有关部门。”〔4〕上述条款分别提出城市管理执法主管部门要与其他有关部门建立“城市管理协调机制”“明确职责权限和工作机制”“行政执法信息互通共享机制”以及“违法行为告知和移送机制”等部门协调工作机制的问题。实践中，由于城市管理事务横跨住建、规划、园林、市政、工商、交通、环保、食药监等众多执法领域，部门之间的相互协调工作量很大，单由城管部门一家出面主动协调的话，其他行政职能部门是否愿意协调、协调的效果如何、机制能否长效建立，以及发生争议后问题如何解决等，如果没有一个更高层级的行政机关出面统领的话，这种协调的难度和效果可想而知。即使由国务院统领，如果没有一个具有法律效力的长效机制监督制约的话，仍然会面临很多协调中的不确定性因素。

〔1〕见《城市管理执法办法》第5条。
〔2〕见《城市管理执法办法》第12条。
〔3〕见《城市管理执法办法》第35条。
〔4〕见《城市管理执法办法》第37条。

因此，通过国务院制定行政法规对相关问题加以一揽子规定，建立具有法律效力的机制，就成为解决相对集中行政处罚权实施中协调难问题的最好办法。

相对集中行政处罚权和管理权面临的种种理论困惑和实践难题，本质上是由社会发展的特定阶段决定的，是城市化进程中不可避免的现象。这样的社会性课题，仅仅在行政处罚权领域内进行调整，仅仅对相对集中行政处罚权制度进行完善、健全是远远不够的，必须在整个行政管理体制的大框架内，在城市化进程中形成各方面的合力，进行逐步规范和解决。〔1〕近年来，不少全国人大代表和全国政协委员多次就城管立法问题提出了建议、提案。他们认为，在研究各地制定的地方性法规和地方政府规章的基础上，国家层面应当尽快就推行相对集中行政处罚权工作制定单行行政法规，以增强城管行政执法的规范性、协调性、严肃性和权威性。〔2〕自《行政处罚法》实施以来，相关城市为了规范本地的相对集中行政处罚权的实施，有的制定了规范性文件，有的制定了地方性法规，还有的制定了地方政府规章。应该看到的是，上述法规、规章和规范性文件并没有国家的法律法规作依据，即使《行政处罚法》第16条规定的行政处罚权相对集中和《行政强制法》第17条规定的行政强制措施权相对集中，依然是概括的、模糊的规定，对实际工作的具体指导意义还不够明确。

有学者认为，针对城市管理的复杂领域，我国现有的法律法规大部分都从不同的角度进行了规范。如《环境保护法》对

〔1〕 王敬波主编：《城市管理与行政执法：理论·实务·案例》，研究出版社2011年版，第5页。

〔2〕 王敬波主编：《城市管理与行政执法：理论·实务·案例》，研究出版社2011年版，第117页。

环保方面的行政执法作出了规定，《食品安全法》对食品安全方面的行政执法作出了规定，《产品质量法》对产品质量方面的行政执法作出了规定，《城市市容和环境卫生管理条例》对市容和环境卫生方面的行政执法作出了规定，等等。这些法律法规已经就相关城市管理行政执法的各个方面作出了明确而具体的规定，使得城市管理行政执法有法可依。因此，没有必要也不可能制定一部统一的《城市管理法》。〔1〕笔者认为，这种看法虽有一定道理，但并不全面，也不完全符合事实。因为有关城市管理的法律法规虽然数量众多、包罗万象，甚至可以说是面面俱到，但基本上都属于实体性法律规范，而且相互之间并不完全一致，有的还相互冲突，有关城管执法所需的主体性法律规范、职权性法律规范、程序性法律规范、准入性法律规范、保障性法律规范、责任性法律规范等，都较为欠缺。这非常需要制定一部有关相对集中行政处罚权的行政法规，在条件成熟时，也需要制定一部更加宏观、涵盖面更广的《城市管理法》。鉴于此，有学者建议，需要认真总结全国推进相对集中行政处罚权工作的经验，在此基础上，研究相对集中行政处罚权工作的全国统一立法问题，在条件成熟时，适时制定行政法规，对城管执法的主体资格、职能权限、执法协调机制、执法保障、执法手段和程序、执法监督等问题进行统一规定。〔2〕

〔1〕 王敬波主编：《城市管理与行政执法：理论·实务·案例》，研究出版社2011年版，第117页。

〔2〕 王敬波主编：《城市管理与行政执法：理论·实务·案例》，研究出版社2011年版，第117页。

第三节　规范进路：制定《相对集中行政处罚权实施条例》

自从《行政处罚法》实施以后，各城市为了规范本地的行政执法行为，相继制定了一些规范性文件，部分城市还根据《立法法》的规定制定了地方性法规或者地方政府规章。在目前的国家级立法中，除《行政处罚法》对相对集中行政处罚权制度有原则性的规定外，尚无一部权威性的法律或者行政法规对有关城市的实践经验予以肯定，对存在的问题予以规范。虽然由住房和城乡建设部制定，并于2017年5月1日施行的《城市管理执法办法》规定了城市管理行政处罚权的范围、集中行使行政处罚权的条件等事项，但该办法在法律性质上属于部门行政规章，法律位阶低、涵盖面窄，一些跨部门的重大问题无法加以调整。因此，应当制定涵盖实施相对集中行政处罚权制度的目的、原则、作用，执法主体的设立、性质、地位、职责，执法的管理体制、运作方式、执法程序等一系列内容的专门性法律或者行政法规，对涉及相对集中行政处罚权工作的各个方面进行全面的规范，也即应当对相对集中行政处罚权进行全面立法。[1]

学界认为，当前城市管理全国统一立法的条件已经基本成熟。首先，城市管理是转型期社会综合治理的重要一环，在剧烈的社会转型中城市管理工作具有相当的综合性、复杂性和艰巨性。20多年来，城管执法一直面临法律缺位的尴尬，法律地位和职能定位始终被质疑。因此，尽管一部统一立法并不能彻底消解城管执法的诸多矛盾和问题，但是没有统一立法则会凸

〔1〕关保英：《执法与处罚的行政权重构》，法律出版社2004年版，第3页。

显城管执法权限的混乱，加剧城管执法职权与职责的错位。其次，城管综合执法试点改革已经推行了20多年，许多地方在地方立法方面积累了一定的立法经验，国外也有许多经验可以借鉴，可在参考国内外相应立法经验的基础上制定全国统一的法律或者行政法规。对此，制定统一规范城市管理综合行政执法的专门法律或者行政法规是必要的，同时也是可行的。〔1〕马怀德教授认为，从中央城市工作会议的召开，到中共中央、国务院下发的相关文件，再到地方政府的不断探索，在顶层规划与地方需求的双重合力下，统一的城市管理立法已到了呼之欲出的时刻。长期以来，在城管执法中存在的问题已经成为社会关注的焦点问题，这些问题必须通过城市管理立法来解决。随着城市化的推进，对城市管理立法的呼声也越来越高。从立法的必要性和可行性上，已经基本形成共识，即要提高城市管理和城市服务的水平，就必须改革现有的体制并建立新的体制，而要让这种体制得以顺利运转，就必然要有相对应的统一的高位阶法律作为基础和支撑。在多方面因素影响下，城市管理立法已经迎来了最好的时机。〔2〕笔者认为，现阶段由国务院制定一部行政法规更具有必要性、可行性，也有其现实性和针对性。

一、制定《相对集中行政处罚权实施条例》的必要性、可行性

（1）由国务院制定《相对集中行政处罚权实施条例》是来自于宪法的规定。《宪法》第89条规定："国务院行使下列职权……（六）领导和管理经济工作和城乡建设、生态文明建设；（七）领

〔1〕张步峰、熊文钊："城市管理综合行政执法的现状、问题及对策"，载《中国行政管理》2014年第7期。

〔2〕蒲晓磊："马怀德：城市管理立法迎来最好时机　已列入任务清单"，载《法制日报》2016年6月21日。

导和管理教育、科学、文化、卫生、体育和计划生育工作……”相对集中行政处罚权的实施主要集中在城市管理领域，而城乡建设本身就是国务院职责范围内的事。此外，相对集中行政处罚权集中了众多经济管理部门的职权和园林绿化、食品卫生、公安交通等行政主管部门的职权，以上职权都在国务院的行政管理权限之下。

（2）为行使以上管理职权，国务院可以根据《立法法》的授权制定行政法规。《立法法》第 65 条规定：“国务院根据宪法和法律，制定行政法规。行政法规可以就下列事项作出规定：（一）为执行法律的规定需要制定行政法规的事项；（二）宪法第八十九条规定的国务院行政管理职权的事项。”为执行《行政处罚法》、将该法第 16 条的规定加以全面贯彻实施，可以考虑制定《相对集中行政处罚权实施条例》。而《宪法》第 89 条规定的事项，正是国务院可以制定行政法规的事项，其中包括城乡建设。

（3）现行立法权的划分体制适合国务院制定行政法规。在立法权的划分体制中，国务院的行政法规立法权在现行中国立法权限划分体制中具有承上启下的作用，即行政法规在法的形式中处于低于宪法、法律而高于一般地方性法规的地位。国务院作为最高国家权力机关的执行机关，它行使行政法规的立法权要以宪法和法律为依据，以贯彻、实施宪法和法律为基本目的。有了国务院的行政法规，宪法和法律的原则和精神才能具体化，才能更好地、有效地实现。[1]截至目前，全国人大及其常委会制定了众多与城市管理相关的法律，如行政处罚法、行政强制法、城乡规划法、城市房地产管理法、食品安全法、道

〔1〕 周旺生：《立法论》，北京大学出版社 1994 年版，第 388 页。

路交通安全法等，这些法律的原则和精神都可以通过行政法规的形式加以具体化，从而更好地实现法律制定的目的。

（4）国务院制定行政法规可以发挥桥梁纽带作用。国务院制定的行政法规是联结地方性法规、省级地方政府规章与宪法和法律的一个重要纽带。《行政处罚法》颁布后，为贯彻实施该法关于相对集中行政处罚权的规定，很多省、自治区、直辖市或者较大城市的人大常委会和人民政府都制定了有关相对集中行政处罚权的地方性法规或地方政府规章，前者如厦门市人大常委会于2012年8月30日修订通过后开始实施的《厦门经济特区城市管理相对集中行使行政处罚权规定》，后者如上海市人民政府于2004年1月5日发布的《上海市城市管理相对集中行政处罚权暂行办法》（现已失效）等。这些地方性法规、地方政府规章的颁布，既积累了相对集中行政处罚权相关的立法经验，也为国务院制定行政法规提供了丰富的素材，因此国务院也有责任和必要将地方性的法规、规章上升为行政法规。

（5）从调整对象上来看，由国务院制定行政法规比全国人大及其常委会制定法律更有现实性和经济性。国务院的行政法规调整的社会关系和规定的事项，一般情况下比全国人大及其常委会制定的法律调整的社会关系和规定的事项更加具体。国家和社会生活中的经济、政治、教育、科学、文化以及其他方面的社会关系和事项，只要不是带根本性的或其他法律保留的事项，一定要由宪法和法律来调整和规定的，行政法规都可以调整和规定。[1]就相对集中行政处罚权而言，往往只在个别领域（如城市管理、市场监督管理、生态环境保护等）发挥作用，所涉及的内容虽然十分重要，但一时还说不上带有根本性。虽

〔1〕 周旺生：《立法论》，北京大学出版社1994年版，第388页。

然近年来对综合行政执法日益强调，机构改革如火如荼，但相对集中行政处罚权仍然局限在有限的领域内。由国务院制定行政法规对相对集中行政处罚权问题加以调整，比由全国人大及其常委会制定法律更有现实性和经济性。同时，国务院该项行政法规的制定并非专门适用于城管执法领域，而是可以对包括市场监督管理、生态环境保护等实施综合行政执法的领域，都起到指导作用。

（6）由国务院制定行政法规，是科学立法原则的体现。科学立法原则问题，也就是立法的科学化和现代化问题。现代立法应是科学活动。坚持科学立法原则，有助于产生建设现代法治国家所需要的高质量的良法，有益于尊重立法规律、克服立法中的主观随意性和盲目性，也有利于避免或者减少错误和失误，降低成本，提高立法效益。[1]所以，现代国家一般都重视遵循立法的科学原则。按照科学立法原则的要求，由国务院先行制定有关相对集中行政处罚权的行政法规，能够在最大程度上避免全国人大及其常委会制定法律的随意性和盲目性，有利于避免或减少法律制定时的缺陷和失误，从而降低制定法律的风险和成本，能在最大程度上实现制定法律的效益。

综上，考虑到相对集中行政处罚权是典型的行政职权，对该项权力的实施制定行政法规，完全可以纳入国务院的职权范围。再则，无论从立法权的划分体制、行政法规的调整对象、地方立法的经验积累还是科学立法原则的要求等方面来讲，由国务院制定行政法规即《相对集中行政处罚权实施条例》，已能满足相对集中行政处罚权实施的需要。所以，根据实践对立法的需求和当前实施相对集中行政处罚权存在的问题，适时制定

〔1〕 张文显主编：《法理学》（第5版），高等教育出版社2018年版，第232页。

行政法规既是必要的，也是可行的。

二、制定《相对集中行政处罚权实施条例》的现实意义

通过统一立法，由国务院制定《相对集中行政处罚权实施条例》具有十分积极的意义。主要表现在：

（1）通过统一立法，可将近年来各地制定的相对集中行政处罚权地方性法规或地方政府规章中的有效做法、成熟经验吸纳进来，加以提炼、升华，使地方性立法经验转化为国家立法，以推动法治的统一和进步。例如，《郑州市城市管理相对集中行政处罚权规定》（现已失效）第38条规定："公民、法人或者其他组织对市城市管理行政执法机关作出的具体行政行为不服，申请复议的，应当向市人民政府申请复议；对区城市管理行政执法机关作出的具体行政行为不服，可以向区人民政府或者市城市管理行政执法机关申请复议。当事人也可以直接向人民法院提起行政诉讼。"[1]这就解决了长期以来城管执法部门"中央无部委，省里无厅局"所面临的行政复议时行政复议机关不明确的困惑，对当事人而言也多了一个权利救济的渠道，值得通过制定行政法规加以确认。

（2）可以对行使相对集中行政处罚权的城管部门的主体资格作出统一规定。对此，首先要落实2002年《决定》，即规范集中行使行政处罚权的行政机关的设置，不得将集中行使行政处罚权的行政机关作为政府一个部门的内设机构或者下设机构，也不得将某个部门的上级业务主管部门确定为集中行使行政处罚权的行政机关的上级主管部门。集中行使行政处罚权的行政机关应作为本级政府直接领导的一个独立的执法部门，依法独

〔1〕"郑州市城市管理相对集中行政处罚权规定"，载《郑州日报》2007年12月11日。

立履行规定的职权，并承担相应的法律责任。通过制定行政法规，将上述文件的规定固定化、法律化、长期化和统一化，避免再出现全国各地各行其是的弊端，以维护法制的统一。同时，进一步明确城管部门的执法主体资格问题，统一对城管执法人员和执法辅助人员的资质认定标准，建立统一的准入机制，将对执法人员和执法辅助人员的招录程序、资格条件、执法规范、工资福利、退出机制、执法辅助的领域和执法辅助人员的职责加以明确规定，这对他们而言，既是约束，也是保障。虽然《城市管理执法办法》对此问题已有专章规定，〔1〕但仍然显得比较笼统，同时还涉及人力资源和社会保障等部门的工作职责，超出了住房和城乡建设部的职权范围。在此情况下，制定一部位阶比较高、涵盖面比较广的行政法规，就能较好地解决以上问题。

（3）统一法律标准，克服相对集中行政处罚权无序扩张的趋势。对于在城市管理中哪些领域应当集中、可以集中，除了国务院的文件规定之外，《城市管理执法办法》制定了更具有操作性的参照标准。《城市管理执法办法》第 8 条规定："城市管理执法的行政处罚权范围依照法律法规和国务院有关规定确定，包括住房城乡建设领域法律法规规章规定的行政处罚权，以及环境保护管理、工商管理、交通管理、水务管理、食品药品监管方面与城市管理相关部分的行政处罚权。"此外，对有些不太好统一规定的事项，《城市管理执法办法》第 9 条提出了一个甄别、遴选的标准，即"需要集中行使的城市管理执法事项，应当同时具备下列条件：（一）与城市管理密切相关；（二）与群众生产生活密切相关、多头执法扰民问题突出；（三）执法频率

〔1〕"城市管理执法办法"，载《中国建设报》2017 年 3 月 31 日。

高、专业技术要求适宜；（四）确实需要集中行使的”。《城市管理执法办法》的上述规定具有很强的针对性和现实性，提供了初步的、具有法律效力的相对集中行政处罚权划转的“标准”，划出了城管综合执法领域“无序”扩张的一个“边界”。但是，毕竟该办法属于住房和城乡建设部的行政规章，效力层次低，适用范围较窄，权威性、影响力有限。如果以此为基础，将《城市管理执法办法》的规范上升为行政法规，则将具有更好的效果。

（4）可以解决行政执法中的法律选择与适用困难。2015 年《指导意见》规定，城市管理的主要职责是市政管理、环境管理、交通管理、应急管理和城市规划管理等。具体实施范围包括：市政公用设施运行管理、市容环境卫生管理、园林绿化管理等方面的全部工作；市、县政府依法确定的，与城市管理密切相关、需要纳入统一管理的公共空间秩序管理、违法建设管理、环境保护管理、交通管理、应急管理等方面的部分工作。城市管理执法即是在上述领域根据国家法律法规规定履行行政执法权力的行为。〔1〕《城市管理执法办法》第 8 条规定，城市管理执法行政处罚权范围依照法律法规和国务院有关规定确定，包括住房城乡建设领域法律法规规章规定的行政处罚权，以及环境保护管理、工商管理、交通管理、水务管理、食品药品监管方面与城市管理相关部分的行政处罚权。〔2〕该办法遵循了中央规范性文件的要求，又增加了“水务管理”等事项。总体而言，城市管理执法集中了不少行政职能部门的行政处罚权，不但数量多，而且内容杂，既有法律法规，也有部门规章和地方

---

〔1〕“中共中央、国务院关于深入推进城市执法体制改革改进城市管理工作的指导意见”，载《人民日报》2015 年 12 月 31 日。

〔2〕“城市管理执法办法”，载《中国建设报》2017 年 3 月 31 日。

性法规、地方政府规章，还有各种层级的政府规范性文件。这些文件既有颁布时间上的先后性，也有适用事项和对象上的特殊性、专业性；既有程序法，也有实体法。这种数量众多、内容庞杂的立法状况必将带给城管执法人员在法律选择与适用上的困难，无疑对实施城市管理相对集中行政处罚权的部门和公务人员造成了巨大的压力。在这种情况下，通过立法明确法律选择与适用规则，既能起到快速检索最为合适的法律法规的作用，在一定程度上避免法律选择与适用上的困惑，又能统一法律适用标准，将各地各执法部门适用法律上的混乱局面得以一体解决，从而维护国家法制的统一与尊严。

（5）通过统一立法，建立综合执法的协调与保障机制。由于受规范性文件和《城市管理执法办法》这个行政规章的效力层次、权威程度所限，行使相对集中行政处罚权的城管执法机关和其他职能机关的工作协调机制，以及对城管行政执法所必须的职务保障机制，难以得到有效的法律制度安排。故前文述及，这种关系、机制处理不好，将会带来两方面的消极后果：一方面影响相对集中行政处罚权实施机关顺利行使行政处罚权，有碍工作的成效；另一方面也影响行政职能机关行使行政管理职权的积极性。为此，通过国务院制定行政法规，规定综合执法的协调与保障机制就显得尤为必要。

2015年《指导意见》关于建立综合执法的协调与保障机制问题，可谓论述宏阔、面面俱到，具体提出了以下几个方面的机制建设意见，包括〔1〕：①建立全国城市管理工作部际联席会议制度，统筹协调解决制约城市管理工作的重大问题，以及相关部门职责衔接问题。②各省、自治区政府建立相应的协调机

〔1〕“中共中央、国务院关于深入推进城市执法体制改革改进城市管理工作的指导意见”，载《人民日报》2015年12月31日。

制，市、县政府应当建立主要负责同志牵头的城市管理协调机制，加强对城市管理工作的组织协调、监督检查和考核奖惩。建立健全市、县相关部门之间信息互通、资源共享、协调联动的工作机制，形成管理和执法工作合力。③建立城管部门与公安机关、检察机关、审判机关之间的执法司法协作机制，包括信息共享、案情通报、案件移送等制度，实现行政处罚与刑事处罚无缝对接。④建立城管执法的保障机制。公安机关要依法打击妨碍城市管理执法和暴力抗法行为，对涉嫌犯罪的，应当依照法定程序处理。检察机关、审判机关要加强法律指导，及时受理、审理涉及城市管理执法的案件。加大城市管理执法行政处罚决定的行政和司法强制执行力度。⑤建立互联网与硬件设施的配套与支持机制，包括：综合运用物联网、云计算、大数据等现代信息技术，整合人口、交通、能源、建设等公共设施信息和公共基础服务，拓展数字化城市管理平台功能。加快数字化城市管理向智慧化升级，实现感知、分析、服务、指挥、监察“五位一体”。整合城市管理相关电话服务平台，形成全国统一的“12319”城市管理服务热线，并实现与“110”报警电话等的对接。综合利用各类监测监控手段，强化视频监控、环境监测、交通运行、供水供气供电、防洪防涝、生命线保障等城市运行数据的综合采集和管理分析，形成综合性城市管理数据库，重点推进城市建筑物数据库建设。强化行政许可、行政处罚、社会诚信等城市管理全要素数据的采集与整合，提升数据标准化程度，促进多部门公共数据资源互联互通和开放共享，建立用数据说话、用数据决策、用数据管理、用数据创新的新机制，等等。《城市管理执法办法》有多处条款出现城管综合执法部门和其他职能部门之间跨部门协调或者工作保障性质的内容，包括：①工作协调机制；[1]②职责权限划分机制；[2]③执法信息互通共享机制；[3]④案件线索移送机制；[4]⑤执法保障机制，[5]等等。

另外，通过统一立法，还可以弥补《城市管理执法办法》调整对象有限性的不足。《城市管理执法办法》只是部门规章，部门规章只能根据法律法规的授权在自己的职权范围内作出有限的规定，无权对其他部门制定行为规范，这对于综合性极强的相对集中行政处罚权的行使而言，无疑是步履维艰、处处受限的。由国务院制定《相对集中行政处罚权实施条例》，可以将跨部门、综合性的工作，如涉及行使相对集中行政处罚权的部门和行政职能部门之间的职责分工、工作协调、技术鉴定等事宜，统一加以规定。

（6）可以将行政处罚程序统一起来，规范相对集中行政处罚权行为，将之纳入统一的程序轨道。长期以来，城管执法存在执法程序标准化、规范化程度低的问题。因为城管执法的范围广，执法事项繁多，不同的执法事项存在不同的性质和特点，因此，常表现出执法手段、执法方式和执法标准的不同。并且不同的执法人员对同一违法行为的理解也会不同，这样经常会导致同样的违法行为出现不一样的处罚结果的现象。通过《相对集中行政处罚权实施条例》的制定与实施，可以在很大程度上避免行政处罚程序上存在的问题。[6]

---

〔1〕 见《城市管理执法办法》第 5 条。

〔2〕 见《城市管理执法办法》第 12 条。

〔3〕 见《城市管理执法办法》第 35 条。

〔4〕 见《城市管理执法办法》第 37 条。

〔5〕 见《城市管理执法办法》第 20~22 条。

〔6〕 王敬波主编：《城市管理执法办法理解与适用》，中国法制出版社 2017 年版，第 175 页。

（7）通过统一立法明确法律责任。城管执法人员的法律责任本来在各个有关部门法、单行法中都有不同程度的规定，在《监察法》《公务员法》中更有专门的规定，这对解决城管执法人员和行政相对人的法律责任起到了基础性的支撑作用。但是，上述法律法规的规定毕竟体现在各个实体法和程序法之中，比较分散、凌乱，有的甚至相互冲突，既不便于查找，也不便于适用。对此，通过统一立法，将城管执法人员和行政相对人的法律责任，尤其是行政法律责任统一加以规定，就能在很大程度上克服以上问题，至少能解决普遍存在的程序性违法法律责任问题。如《北京市实施城市管理相对集中行政处罚权办法》第24条明确规定了九种因城管执法人员违法执法所应承担的行政法律责任，看起来一目了然。〔1〕又如《上海市城市管理相对集中行政处罚权暂行办法》（现已失效）第20条规定，对当事人一个行为同时违反了两个以上法律、法规和规章的规定，并且都应当给予罚款的，市和区县城管执法部门可以适用其中处罚较重的条款给予行政处罚，不得合并或者重复罚款。〔2〕该条规定借用了刑法“想象竞合”犯罪的原理与立法规范，对当事人而言就比较合理。

（8）通过统一立法解决行政相对人的权利救济问题。相比于城管执法人员法律选择与适用上的困难，行政相对人的权利救济途径与方式同样各种各样，甚至可以说是五花八门，其难度丝毫不亚于城管执法部门和执法人员。如果国务院制定出相对集中行政处罚权的实施条例，并将行政相对人的权利救济问

〔1〕“北京市实施相对集中行政处罚权办法”，载《北京日报》2007年12月15日。

〔2〕“上海市城市管理相对集中行政处罚权暂行办法”，载《新法规月刊》2004年第2期。

题纳入其中，情况将大有不同。那些被分散在其他法律法规中的救济途径与方式被集中在一部法规中，这对行政相对人而言，无异于有了一部自我保护的指南，将极大地减轻当事人选择适用法律的负担，同时也节约了执法资源、司法资源和社会资源，其益处是多方面的。

（9）是规范性文件法律化的需要。所谓规范性文件法律化，是指将有权国家机关制定的规范性文件转化为法律形式的活动或过程。[1]规范性文件法律化，往往意味着将政策法律化，把政策上升为法律。所谓把政策上升为法律，是指把经过实践检验证明行之有效的、符合人民利益和客观规律、需要较长时期贯彻实行的政策，通过法律的形式固定下来，使之定型化、条文化、规范化。[2]规范性文件法律化是完善我国法律体系的重要方式，对我国依法行政具有重要意义。将规范性文件转化为法律，必须符合一定的条件：其一，该规范性文件已被实践检验证明行之有效，符合人民的利益和客观规律；其二，该规范性文件已是成熟、稳定的执法依据，能够在较长时期内贯彻实行；其三，规范性文件法律化后有更大的适用意义。

我国城市管理综合行政执法制度得以建立，除了《行政许可法》《行政处罚法》《行政强制法》等法律以外，很大程度上是依赖于国务院下发的大量的行政规范性文件的支持和推动，这包括但不限于：《国务院关于贯彻实施〈中华人民共和国行政处罚法〉的通知》《国务院办公厅关于继续做好相对集中行政处罚权试点工作的通知》《国务院关于进一步推进相对集中行政处

〔1〕叶敬涛：“论我国城市综合行政执法的立法研究”，南京师范大学2014年硕士学位论文。

〔2〕张文显主编：《法理学》（第3版），高等教育出版社、北京大学出版社2007年版，第375页。

罚权工作的决定》《国务院办公厅转发中央编办关于清理整顿行政执法队伍实行综合行政执法试点工作意见的通知》(现已失效)、《中共中央、国务院关于深入推进城市执法体制改革改进城市管理工作的指导意见》《中共中央、国务院关于进一步加强城市规划建设管理工作的若干意见》等，这些规范性文件对推进城市管理综合行政执法制度的建立和发展，起到了重要的支撑和引领作用。这些规范性文件已被实践证明是行之有效的，其主要内容符合我国城市发展的规律、符合人民的利益，而且它们长期作为各级地方政府进行城市管理的指南，也是城管执法部门稳定的行政执法的参照依据，并且还将长期发挥作用。然而，由于规范性文件自身的法律位阶不高、权威性有限，其作用并不能完全发挥出来。这就需要我们有选择地将上述规范性文件的内容及时转化为法律的形式，将它们的效用发挥到最大化。如果长期使用尚未得到国家立法机关确认的规范性文件作为城市管理和行政执法的依据，那么理论和实践中遇到的种种困惑将始终难以解决，相关法律制度的欠缺也将延缓我国的城市化快速发展的进程，甚至形成一定的阻碍。将规范性文件法律化，也就意味着使之定型化、条文化、规范化，使规范性文件中科学、合理的因素继续以法律的形式发挥作用，对解决当前城市管理综合行政执法中的各种难题，促进法治政府建设，起到十分重要的作用。

第四节　制定《相对集中行政处罚权实施条例》的具体建议

本书对相对集中行政处罚权整体的立法思路和建议是，通过国务院制定《相对集中行政处罚权实施条例》。该条例的主要内容包括但不限于以下三个方面：

一、相对集中行政处罚权的原则

在法理上，法律原则是法律的基础性原理，或是为其他法律要素提供基础或本源的综合性原理或出发点。法律原则的功能主要表现在三个方面：①为法律规则和概念提供基础或出发点，对法律本身的制定、法律规则的理解具有指导意义；②直接作为审判的依据；③法律原则可以作为疑难案件的断案依据，以纠正严格执行实在法可能带来的不公。[1]对相对集中行政处罚权进行立法规范，也应当重视对法律原则的研究。笔者认为，相对集中行政处罚权实施的原则应当包括科学原则、效能原则、合作原则、程序正当原则和公平公正原则。这里主要谈科学原则、效能原则、合作原则。

（1）科学原则。科学原则是指符合客观实际，能反映事物的本质和内在规律。在相对集中行政处罚权问题上，科学原则包含关联性原则、非专业性原则和非专属性原则三个子原则。首先是关联性原则。所谓关联性原则，是指集中的行政处罚权之间应当具有一定程度的关联度。如果将没有任何联系的事项集中在一起，由一个行政机关去实施，执法人员难以掌握，非但无助于提高行政效率，相反会增加行政管理的难度。只有将那些具有“相关性”或者“相近性”的事项集中在一起，才比较符合提高行政执法效率的要求。因此，在集中行政处罚权的过程中，不能脱离核心职能，必须在核心职能的基础上，根据职能间的关联度高低依次整合相关职能。确定职能间相关度的因素包括以下三个方面：第一，职能的领域集中在城市管理范

〔1〕 张文显主编：《法理学》（第5版），高等教育出版社2018年版，第120页。

围之内；第二，职能的目的相关；第三，职能行使的区域相似。其次是非专业性原则。在决定职能整合时应考虑不同职能的专业性程度与综合职能之间的关系，避免将专业性很强的问题纳入到相对集中行政处罚权范围之内去解决。在确定相对集中行政处罚权的范围时应当立足这一原则，其内容应主要集中在日常的、案情简单、能直接判断，不需要进行更进一步的技术检查或技术鉴定且大量存在的违法行为。而对于那些案情复杂隐蔽，专业性、技术性较强的违法案件则应由专业执法部门保留处罚权。[1]最后是非专属性原则，即特定的专属管辖不宜集中。对于法律法规明确规定由某个机构专属管辖的职能不应当集中。例如，《行政处罚法》明确规定限制人身自由的处罚权由公安机关行使。对这样的权力就不应当集中行使。此外，2002 年《国务院办公厅转发中央编办关于清理整顿行政执法队伍实行综合行政执法试点工作意见的通知》（现已失效）也有规定，中央垂直管理的海关、国税、金融监管、出入境检验检疫等部门和涉及国家安全与需要限制人身自由的行政执法工作不列入试点范围。

（2）效能原则。所谓“效能”，是指机构编制工作通过科学规范政府职能部门职能，合理设置政府机构，优化政府人员编制，不断改善机构编制资源的配置效率，形成权责统一、分工合理、决策科学、执行顺畅、监督有力的行政管理体制，以实现政府整体效能的实质性提升。[2]同时，还应当体现精简的精神。所谓“精简”，是指依法设置国家机关，严格核定机构编制，定员定岗，以实现国家机关之间职责明确、层次清楚，防

---

〔1〕 王敬波：“相对集中行政处罚权改革研究”，载《中国法学》2015 年第 4 期。

〔2〕 王敬波主编：《城市管理执法办法理解与适用》，中国法制出版社 2017 年版，第 70 页。

止综合执法机关机构和职能过于膨胀。

（3）合作原则。按照决策与执法相对分离的原则，城管执法机关主要承接职能部门的执法职能和权限，与相关职能部门之间有着密不可分的工作关系。第一，需要在明确综合执法机关的性质和职责的基础上，建立起全面而规范的公务合作制度，主要包括：规划编制协商制度、信息资源共享制度、联合执法制度、行政协调制度、行政协助制度等，加强相互之间的协调配合，及时解决共同面临的问题。第二，存在职能衔接的有关部门之间应当建立紧密的合作关系：有关部门在城市管理领域中作出行政许可的，要加强后续管理，发现违法行为的，应及时告知城管执法机关；城管执法机关在进行查处之后要将处罚情况及时反馈给有关部门。在现行法律中，上述制度只有零散规定。[1]因此，建立部门间规范的公务合作制度是制定《相对集中行政处罚权实施条例》、完善综合行政执法的一项重要任务。

二、相对集中行政处罚权的行使主体

从《国务院办公厅关于继续做好相对集中行政处罚权试点工作的通知》和《国务院关于进一步推进相对集中行政处罚权工作的决定》的规定中可以看出，国务院始终强调把集中行使行政处罚权的行政机关设置为本级政府直接领导的一个独立的行政机关，依法独立履行相应的职权，并承担相应的法律责任。既然要成为本级政府直接领导的独立部门，城管执法机关的设置就要遵循精干、高效等行政机关设置的总原则。在此基础上，各地执法机关的设置还要体现出以下原则：

〔1〕 张步峰、熊文钊："城市管理综合行政执法的现状、问题及对策"，载《中国行政管理》2014年第7期。

（1）行政定位。即进行机构设置时要定位为行政机关，而不能定性为事业单位。[1]这一定位不仅要符合国务院的相关规定，也要符合《行政处罚法》的精神。《行政处罚法》第16条规定：“国务院或者经国务院授权的省、自治区、直辖市人民政府可以决定一个行政机关行使有关行政机关的行政处罚权……”该条突出强调由“行政机关行使有关行政机关的行政处罚权”，实际上就是对城管执法机关的行政定位。就此而言，一些地方将城管执法机关确定为事业编制、事业单位，是违反《行政处罚法》的行为。

（2）同等地位。即城管执法机关和其他职能机关的法律地位同等，是一种平行的关系。上述两个文件都明确指出，集中行使行政处罚权的行政机关应当作为本级政府的一个行政机关，不得作为政府一个部门的内设机构或者下设机构。这就确定了城管执法机关与其他职能机关在法律地位上的平等性。实践中，一些地方政府将城管执法机关挂靠在其他行政机关之下，这种做法应当给予纠正。

（3）财政保障。即城管执法机关的行政经费要由国家财政全额拨付。这一点在上述两个文件中规定得也很具体，即集中行使行政处罚权的行政机关所需经费，一律由财政予以保障，所有收费、罚没收入全部上缴财政，不得作为经费来源。

三、相对集中行政处罚权的具体实施

（1）相对集中行政处罚权的实施领域。相对集中行政处罚权的实施领域，可以参照2015年《指导意见》和2017年《城市管理执法办法》第8条、第9条的规定加以确定。《城市管理

[1] 杨书文：《中国城市管理综合执法体制研究》，天津人民出版社2009年版，第89页。

执法办法》第8条规定："城市管理执法的行政处罚权范围依照法律法规和国务院有关规定确定，包括住房城乡建设领域法律法规规章规定的行政处罚权，以及环境保护管理、工商管理、交通管理、水务管理、食品药品监管方面与城市管理相关部分的行政处罚权。"第9条规定："需要集中行使的城市管理执法事项，应当同时具备下列条件：（一）与城市管理密切相关；（二）与群众生产生活密切相关、多头执法扰民问题突出；（三）执法频率高、专业技术要求适宜；（四）确实需要集中行使的。"国务院制定《相对集中行政处罚权实施条例》时，可以将上述职责划分和条件固定下来，同时对可能产生歧义的"集中"事项，及时做好法规解释工作。

（2）相对集中行政处罚权的工作协调。城管部门之间应建立健全同"协作与配合"职能相匹配的制度，包括：一是信息共享制度；二是联席会议制度；三是指挥调度制度；四是争议调解制度；五是联合执法制度。[1]借鉴《城市管理执法办法》的规定，城管部门和其他职能部门之间的工作协调机制应当包括：①工作协调机制；②职责权限划分机制；③执法信息互通共享机制；④案件线索移送机制；⑤执法保障机制；等等。

（3）相对集中行政处罚权的工作保障。包括：第一，建立城管部门与公安机关、监察机关、检察机关、审判机关之间的执法司法协作机制，包括信息共享、案情通报、案件移送等制度，实现行政处罚与政务处分、行政处罚与刑事处罚无缝对接。第二，建立城管执法的保障机制。公安机关要依法打击妨碍城管执法和暴力抗法行为，对涉嫌犯罪的，应当依照法定程序处理。监察机关、检察机关、审判机关要加强法律指导，及时受

---

〔1〕王敬波主编：《城市管理执法办法理解与适用》，中国法制出版社2017年版，第202~203页。

理、审理涉及城管执法的案件。

（4）相对集中行政处罚权的实施程序。包括以下内容：①统一制式服装款式和执法车辆标识，规范城管执法机构名称。目前全国各地城管执法人员的制式服装款式基本统一了，但名称还很不一，甚至可以说极为混乱，建议一律称为“城市管理行政执法局”。②推行城市管理标准化执法，将处罚权行使流程分为“立案、取证、处罚标准确定、陈述申辩、行政处罚决定、强制执行”等步骤；将执法程序固定为“案件线索收集、执法任务分派、立案、调查取证、作出预处理意见、陈述与申辩、作出行政处罚决定、非诉行政案件申请法院强制执行、结案、跟踪回访”等阶段。[1]③提高执法技术，执法人员在执法过程中需配备执法记录仪，全程录音录像，增强证据保全意识。建立执法人员和执法车辆信息管理库，执法人员和执法车辆变更要及时更新上报汇总，更新信息管理。④严格约束自由裁量权，对常见的违法行为按照违法事实、性质、发生频率、影响程度等要素，细化裁量档次，有效约束行政执法人员的自由裁量权。

（5）相对集中行政处罚权的监督与考核。相对集中行政处罚权的监督与考核包括以下几点：①公开权力清单与责任清单，向社会公开部门职能、法律依据、职责权限和监督方式等，严格规范公正执法和文明执法。②加大对城市管理的事前监督，落实以属地政府为主体的城管执法监督体系，侧重于问题的发现，健全完善城市管理问题的先期预防，充分发挥属地政府在城市管理中的统筹协调作用。建立城管执法过程的监督机制，强调事中环节的监督，防范和遏制城管执法中的不规范现象。③建立城管执法全过程记录制度，建立专门的城管执法监督队

---

〔1〕 魏声然：“我国城市管理行政执法的困境与对策研究”，扬州大学 2016 年硕士学位论文。

伍，建立城管执法过程的跟踪监督机制。④与信息公开制度相结合，建立城管执法文书及执法过程规范性文件的公示制度，全面向社会公开。⑤建立健全依法行政考核和社会评议制度，将城管执法工作纳入年度上级政府的考核和社会评议之中。⑥全面利用互联网、大数据、GPS 定位、无人机、网格化管理等现代科技手段，加强监督，提升管理水平。

（6）相对集中行政处罚权的权利救济。相对集中行政处罚权是一项综合性权利，与其他行政执法冲突后的处理方式相比，其对行政相对人的救济渠道和方式也多有不同。随着 2015 年《指导意见》和 2017 年《城市管理执法办法》的实施，住房和城乡建设部同地方住房和城乡建设主管部门被确定为城市管理的主管部门，解决了各地城管执法长期以来存在的“中央无部委，省里无厅局”的尴尬局面，增加了行政相对人提起行政复议的渠道，这是一个很大的改进。但是，仅仅满足此点进步是不够的，还应当注意到因城管执法自身的特点所产生的权利救济难题，并能通过统一立法加以解决。具体表现在：①法律选择与适用上的多元性与复杂性。城管执法横跨太多部门，有时一个案件可能涉及多个法律领域，不要说普通的行政相对人，就连城管执法人员都未必能准确选择、正确适用。在此情况下，通过立法统一法律选择与适用标准，就显得很有必要。②城管执法部门与其他职能部门之间执法协作的紧密性。其他职能部门往往掌握着行政许可权、行政检查权、行政管理权，以及检测检验鉴定的权力，这对城管执法部门行政处罚权的行使，都会带来影响。如果是由于“前手”其他职能部门的原因产生了相关法律纠纷，需要追究责任时，就不应当单由作为“后手”的城管执法部门承担，而应当就此问题建立一整套责任追究机制。③行政管理相对人的流动性强。与国土、环保、税务等部门管理的对象相比，城管执法部门所面对的行政相对人往往处于社会生活的底层，靠摆摊设点谋生者占了多数，他们肩挑车推，走街串巷，流动性很强，相应地，对其采用的行政处罚手段和实施机关也不是固定不变的，在权利救济上需要充分注意这一点。④新的城市管理改革方向是将重心下移，让街道办事处、县级城管部门的派出机构承担更多的职能。在此情况下，如何解决由此产生的行政复议、行政诉讼、国家赔偿等问题，也需要明确适用的规则和主体。

（7）相对集中行政处罚权的法律责任。相对集中行政处罚权的法律责任与其他行政执法、行政处罚略有不同的是，该项权力带有综合性、跨度大、协作性强、执法人员编制多样、执法部门性质各异等特点。相应地，在法律责任的追究上，不能适用单一的追责机制，即既不能完全适用《公务员法》，也不能完全适用《劳动合同法》，应当建立健全法律责任的追究机制，确定不同情况下是连带责任还是按份责任，是个人责任还是单位责任，是国家赔偿还是个人承担。对于上述问题，应当通过统一立法加以妥善安排。2018 年 3 月通过的《监察法》为此提供了新的制度安排，弥补了立法空白，但综合执法的特殊性也决定了法律适用上的差异性，需要具体问题具体分析。

（8）相对集中行政处罚权与《行政处罚法》的修改。《行政处罚法》第 16 条对相对集中行政处罚权的规定过于简单，无法对实践中出现的问题起到应有的规范和指导作用，法律实践实际上已经远远走在了《行政处罚法》的前面。因此，在制定《相对集中行政处罚权实施条例》的时候，应当考虑到对《行政处罚法》的修改，保持法律与行政法规立法精神的一致性，以及相关规则的承接性与关联性，使二者相得益彰。同时，《行政处罚法》第 16 条的表述也不够明确，应当突出行政处罚权“集中”行使的定位，以便于理解和适用。另外，《行政处罚法》没有规定行政处罚权集中及其行使应遵循的原则，实践中产生了很多乱象，在修改时应当予以明确。实践中集中行使行政处罚权的机关性质各异，且未必都是行政机关，这不但与法治的理念相悖，也与《行政处罚法》第16条的规定和国务院制定的众多规范性文件的要求不一致。对此，应当进一步明确“集中行使行政处罚权的机关，应当是行政机关”。再由于《行政处罚法》没有授权国务院对相对集中行政处罚权的实施作出具体规定，那么也应当在《行政处罚法》修改时予以明确。综上，可以考虑将《行政处罚法》第16条的规定作如下修改：

国务院或者经国务院授权的省、自治区、直辖市人民政府可以决定一个行政机关集中行使有关行政机关的行政处罚权，但限制人身自由的行政处罚权只能由公安机关行使。

行政处罚权集中行使，应当遵循科学、效能、合作原则。

集中行使行政处罚权的机关，应当是行政机关。

行政处罚权集中行使的实施办法，由国务院具体规定。

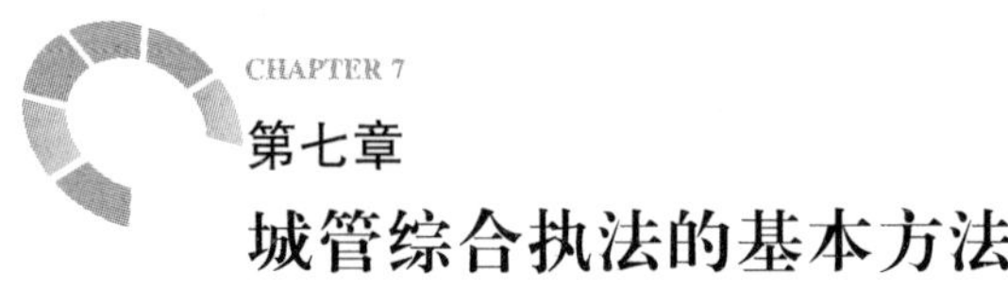

CHAPTER 7

第七章 城管综合执法的基本方法

执法，即国家机关对法律的执行。学界认为，在我国，行政执法尚不是一个十分确定的法律概念，学术界和实务界对行政执法的具体含义存在着不同的理解。[1]在行政实务界，人们习惯于将从事监督检查、实施行政处罚和采取行政强制措施一类行为方式称为行政执法。[2]本书认为，行政执法是指行政机关及其执法人员为了实现行政管理目标，依照法定职权和程序执行法律法规规章，直接影响相对人权利义务的行为。行政执法与行政立法相区别，也与行政司法相区别。故此，所谓城管行政执法或者城管综合行政执法，是指城管执法机关及其执法人员为了实现城市综合管理目标，依照法定职权和程序执行法律法规规章，直接影响相对人权利义务的行为。有关城市管理立法和城市管理司法之外“执行”法律的行为，均可归入城管执法的范畴。

执法是需要方法的，不同的方法会产生不同的法律效果、社会效果和政治效果，而最好的方法，应当是追求法律效果、社会效果与政治效果的统一。三种效果相统一的执法，本书称之为“有效执法”。对一个国家而言，制定法律，就是要使其在

---

〔1〕 应松年主编：《行政法与行政诉讼法学》（第2版），法律出版社2009年版，第156页。

〔2〕 姜明安：“论行政执法”，载《行政法学研究》2003年第4期，第7页。

社会生活中得到遵守和执行，否则法律将变为一纸空文，必然失去其应有的效力和权威。因此，有效执法是现代社会实行法治的国家的必然要求。一般认为，执法有两项基本内容：一是宣传动员、组织实施法律，使法律为千家万户所了解、所遵守、所信仰，这是行政执法活动的基础环节；二是采取各种行政措施，排除执法过程中的阻力和违反法律、破坏法律秩序的行为。[1]前者属于执法的准备阶段，后者属于执法的实施阶段；前者需要倡导、宣传，多采取柔性的手段，后者需要推行、强制，多采取刚性的手段。实际上，执法工作要做好，多是柔性与刚性的统一，仅靠柔性手段或者仅靠刚性手段，都有极大的不足，都不可能达到执法的理想目标。尤其是近年来，城管执法部门动辄采用强制手段驱赶违章占道的摊贩，强制拆除违章建筑，强制实施各种单方行为进行“创卫”“创文”等活动，表面上维持了城市的干净整洁、井然秩序，但由于缺乏应有的对话、沟通和相互的理解、尊重，导致执法既没有实现公正的法律效果、良好的社会效果，也没有实现应有的政治效果，甚至出现了社会公众对城管执法部门和执法人员一边倒的指责和谩骂，严重损害了法律的权威性和政府的公信力。这种教训，值得我们认真总结、深刻反思。因此，探讨城管综合执法的方法，不但是一个重要的理论问题，也是一个重要的现实问题。

第一节　当前城管执法方法中存在的问题

近年来，有关城管执法的事件总是成为新闻舆论的焦点，城管执法的方法也常被社会各界所诟病。从“眼神执法”“围观

---

〔1〕 张文显主编：《法理学》（第5版），高等教育出版社2018年版，第248页。

执法”，再到“举牌执法”，在名为“城管执法革命”的系列改革中，有关部门在努力寻找“暴力执法”之外的执法方法。但似乎这一系列举措非但没有改变城管污名化的现实，反而带来不少质疑。每当曝出城管人员粗暴执法的新闻时，主管部门总会这样表态：改进执法方法、提高队伍素质。然而，城管工作的复杂性和执法思维与执法方法的固化积累而成的现实问题，绝非一个表态、一个呼吁、一项制度所能轻易改变的。在新形势下，应当认真反思城管执法方法存在的问题以及问题产生的根源，并寻求一个长效的改进措施和运行机制。概括而言，当前城管执法方法中存在的问题，主要表现在以下几个方面：

一、执法理念落后

行政执法的传统形式具有“命令—服从”的特征，权力色彩极强，对行政执法主体的执法行为，行政相对人必须服从，否则，执法主体有权直接或者通过法院运用国家强制力加以履行，并对行政相对人予以制裁。这类具有强制性的行政执法形式，被称为“权力执法”。但随着行政机关从管理机关到服务机关的转变，行政权从管理权到服务权的转变及其引起的行政权性质从强制性到说服性的嬗变，必然伴随着行政执法形式的相应变革，即“非权力行政的增长”或权力色彩的弱化。同时，尊重行政相对人的基本人权，引导和鼓励行政相对人心悦诚服地履行其行政法上的义务，避免因强制性手段的运用引起行政主体与行政相对人之间不必要的冲突，增强行政执法的灵活性和可行性，树立行政执法机关的良好形象，也促使行政主体采用权力色彩较弱的新的行政执法形式，如行政合同、行政指导等。[1]

---

〔1〕 应松年主编：《行政法与行政诉讼法学》（第2版），法律出版社2009年版，第165页。

遗憾的是，虽然我国近年来大力倡行法治，推进执法体制改革，采取各种措施改进执法方式，但仍有不少地方的主管部门和执法人员习惯于旧的执法理念和执法方式，注重采用强制性手段，较少采用非强制性手段，管制型政府理念强烈，服务型政府理念不足，不能适应当代法治政府、责任政府、服务型政府建设的需要，这是需要改善的。

二、执法手段单一

城管执法人员如果对法治理念和法律制度缺乏正确、完整的认知，便会片面地认识、理解法律，也会机械地执行法律，对适用法律采取形而上学的态度。这方面的主要表现就是，执法思路狭窄，执法手段单一。〔1〕如只会采取强制性的禁、堵、关、罚、封、扣等刚性手段，以罚代管、以罚代教，不懂得处罚与管理相结合、处罚与教育相结合，不懂得配套采用柔性行政方式实行柔性管理，施行一罚了之、一关了之、一禁了之，忽视行政执法的社会效果，这些虽然便利了行政执法机关和执法人员，但却委屈了行政相对人，造成执法机关和行政相对人的关系长期处于紧张状态，最终也可能损害政府的形象。在新时代条件下，转变执法理念、改进执法方式、丰富执法手段，应当是今后的执法工作不断探索、完善的地方。

三、执法体制不顺

体制不顺主要表现为城管部门与其他职能部门的关系尚未理顺，影响着综合执法的成效。〔2〕具体表现在以下方面：一是

---

〔1〕 莫于川等：《行政执法新思维》，中国政法大学出版社 2017 年版，第 230 页。

〔2〕 中国行政管理学会课题组：“推进综合执法体制改革：成效、问题与对策”，载《中国行政管理》2012 年第 5 期。

城管职责划转不规范、不科学。在划转的范围上一直没有统一的界定标准，而且划转的依据也各不相同。[1]在一些地方，对于如何划分城管部门与职能部门的职责，并未经过严格论证，带有较大的随意性，有的部门往往将那些费力大、获利小、较为棘手的事项当作“包袱”甩给城管部门，如黑网吧治理、清理无照经营、计划生育等事项。[2]二是相关执法技术配套不足。虽然当前采取了综合执法，但职能部门的技术配套力量并未随之转移，城管部门必需的检测检验检疫力量欠缺。三是管理职能与执法职能划分发生错位。实行综合执法要求将有关部门的监督处罚职能剥离出来交给综合执法机构，但有的部门则有意无意地混淆管理和执法的性质，将管理职能“卸载”转移到执法职能里，以执法代替管理、解决管理问题，造成管理工作弱化，这既增加了工作层次和环节，也无形中肢解了管理，降低了工作效率。[3]

四、公众参与不足

传统的行政法理念认为，政府是社会的“家长”，理想的行政管理的要素是：单一主体（行政机关）、单一功能（管制手段）、单方意志（命令—服从）、单一行为（许可、处罚、强制）、单一标准（古典的“依法行政”）、单一后果（不合法即

---

〔1〕《城市管理执法办法》第9条提出了职责划转的标准，规定：“需要集中行使的城市管理执法事项，应当同时具备下列条件：（一）与城市管理密切相关；（二）与群众生产生活密切相关、多头执法扰民问题突出；（三）执法频率高、专业技术要求适宜；（四）确实需要集中行使的。”相比以往没有法律标准的情况，该办法是个明显的进步，但仍显笼统。

〔2〕张步峰、熊文钊：“城市管理综合行政执法的现状、问题及对策”，载《中国行政管理》2014年第7期，第41页。

〔3〕张步峰、熊文钊：“城市管理综合行政执法的现状、问题及对策”，载《中国行政管理》2014年第7期，第41页。

违法)。基于这种理念，在整个行政管理过程中，行政相对人仅仅是行政管理的对象，被动地充当着被管理者的角色，没有积极参与管理过程的任何权利，也没有能够体现民主权利和公众参与的应有制度安排。随着20世纪下半叶在世界范围内出现的民主化潮流及其对各个领域的影响，现代行政管理和行政执法越来越多地增加了民主因素，公众参与状况成为新的制度价值追求和民主法治判断标准。从国外行政法律制度的历史发展轨迹来看，直接体现民主精神的行政法律制度不断出现，如立法参与、执法参与、司法参与，说明理由、告知权利、听取陈述和申辩，以及各种听证会、论证会……现代行政执法更加强调对行政相对人程序性权利的保障，强调行政相对人在执法过程中对行政权力的制约。

行政法上的公众参与精神与我党的群众路线存在内在的一致性，公众参与不足，往往意味着对群众路线的背离。如小商小贩占道经营，流动摊点屡禁不止，暴力抗法层出不穷，其根本原因在于体制机制的不完善以及经济社会发展的不平衡、不充分。但从城管自身而言，不善于与行政相对人沟通，不善于在管理过程中宣传法律，化解矛盾和风险的能力不强，不敢做群众工作；工作方法欠缺，不会做群众工作，这些都导致城管执法机关和执法人员密切联系群众不够，缺乏代表性和凝聚力，不能在关键时候发挥战斗堡垒作用，甚至变成了“弱势群体”。腾讯网上曾有人发起过一个网络民调：“你遇到过城管暴力执法吗?”在11 424名参与调查者中有86.48%的人表示曾经遇到过这样的现象。看来，一些城管在日常生活中并没有给公众留下好的印象。

城管执法方法中存在的问题，除了上述执法理念落后、执法手段单一、执法体制不顺、公众参与不足外，还有公关意识不强、人员素质不高等原因。近年来，城管暴力执法的新闻不断刷新着人们的眼球，刺激着人们的神经，挑战着社会的良知。一些城管部门为了避免陷入舆论风暴的漩涡，尽快改变给公众留下的不好印象，常常会寻找城管协管员作为“替罪羊”为正式的城管执法人员“顶包”，以使自己尽快脱身。不曾想，这种不敢正视问题，甚至想方设法掩盖问题的行为非但没能尽快改变自身的形象，反而引起更大的质疑和指责——“眉毛越描越黑”。显然，这与缺乏正确的态度有关，也与欠缺良好的公关意识有关。在执法队伍方面，随着城市规模的不断扩大，法治化进程的快速推进，城管执法的任务越来越重，难度越来越大，要求越来越高，部分执法人员仍未改变“老城管”的思维模式和执法方法，业务能力不强，做群众工作的能力和水平不高，服务意识不足等，制约了队伍素质的整体发展。再由于部分城管执法队员和城管协管员年龄较大，文化水平、法律素养不高，在执法工作中违反工作纪律、履职不到位，以及由于管理执法不当引发冲突等事件的发生，都影响了城管队伍的整体形象，也影响了执法的效能。

新时代对城市管理工作提出了新要求、赋予了新使命，加强城市管理工作，提高城市的承载力、包容度和宜居性，事关增进人民群众获得感、安全感和幸福感。为此，要加大城市执法体制改革推进力度，以体制机制创新为重点，推动改革落地见效；改进城市管理和服务，以破解突出矛盾为着力点，多做惠民利民、增加群众获得感、让人民满意点赞的事情，“城市管理从末端走向前端，把70%的问题通过服务解决，20%的问题通过管理解决，剩下的10%才是执法”。[1]为此，应当合理划分服务、管理与执法的不同功能，正确处理好三者之间的关系，

---

〔1〕 刘飞、张悦:“住建部：进一步推进城市执法体制改革”，载 http://www.chinanews.com/gn/2017/11-19/8380516.shtml，2018 年 8 月 15 日访问。

以构建共建、共治、共享的城市治理新格局。

但是，要实现把城市管理与执法中70%的问题通过服务解决，20%的问题通过管理解决，10%的问题通过执法解决，并不是一件容易的事。这里首先要面对的问题是：什么是服务，什么是管理，什么是执法？再有，将服务、管理与执法的比重划分为70%、20%、10%，是否科学，是否合理？本书认为，服务、管理和执法三者之间并非泾渭分明，而是你中有我、我中有你，你离不开我、我也离不开你，彼此紧密交织在一起，以共同实现城市治理的目标。但是，它们各自的功能不同，发挥着不同作用，应有一定的界限。而三者之间70%、20%、10%（即"721工作法"）的比例划分，也只是个大致的界定，绝不会这么精准，也不应当一成不变，而应当根据具体情况具体分析，允许相应的调整和变化。

第二节　70%的服务

70%的服务，即"721工作法"中服务的比重要达到70%。该工作法是由住房和城乡建设部倡导的城市管理工作方法。2016年8月，住房和城乡建设部首次提出城市管理"721工作法"，要求各地城管部门改进工作方法，变被动管理为主动服务，变末端执法为源头治理。

长期以来，城管部门作为执法机关，部分城管人员暴力执法事件频发，使得其常常如"过街老鼠"一般，引来公众的一片质疑声、反对声。住房和城乡建设部倡导的这种以"服务"为主解决问题的方法，让城市管理与执法多了些"温情"，少了些"生硬"，让公众多了理解，多了配合，让问题得到了更好的解决，使得城市管理更加高效、更被认可。"70%的服务"的要求从根本上改变了城市管理的方法，让城管部门由事后被动反应变为事先的主动服务，让执法人员由一个“纯粹的执法者”，多了一个“温馨的服务者”的身份，让整个执法过程不再是简单、粗暴、生硬，而是多了沟通、合作、协商，使城市管理深入千家万户、走入寻常巷陌，从而拥有深厚的群众基础。应当看到，把70%的问题用服务手段解决，这个数字是很大的，短期内怕难以实现，它需要很多条件的支撑，是一个逐渐发展和接近的过程。当然，如果我们的法治建设、体制机制、文化程度、科技发展、社会文明以及公民素质更高，这个比例将会更高，而不止于70%了。

一、服务的法理

法律是规定权利和义务的规范，权利、义务的背后是利益。马克思指出：“人们为之奋斗的一切，都同他们的利益有关。”〔1〕马克思还指出：“社会——不管其形式如何——究竟是什么呢？是人们交互作用的产物。”〔2〕利益关系是因人们有意识的交互行为，即追求利益的行为而形成的一种社会联系，是一种交互行为关系。没有主体的交互行为就不可能有主体间的社会关系或利益关系。与利益关系的一致和冲突一样，主体的行为有合作行为和斗争行为。利益的一致和冲突，既是合作和斗争的原因又是合作和斗争的结果。合作中有斗争，斗争中有合作。主体之间这种合作和斗争的行为关系，是利益关系对立统一的直接表现。〔3〕

---

〔1〕 马克思：“第六届莱茵省议会的辩论（第一篇论文）”，载《马克思恩格斯全集》（第1卷），人民出版社1956年版，第82页。

〔2〕 马克思：“致巴·瓦·安年柯夫”，载《马克思恩格斯选集》（第4卷），人民出版社1972年版，第320页。

〔3〕 叶必丰：《行政法的人文精神》，北京大学出版社2005年版，第128页。

行政法是调整公益与私益、行政主体与行政相对人关系的法律。然而，公共利益与个人利益关系、行政主体与行政相对人交互行为的特殊性，又决定了行政法精神的特殊性。近代个人主义的人文精神在行政法上的体现，就是行政主体与行政相对人之间的命令与服从、权力与控制的对抗关系。现代集体主义的人文精神，在法律中体现为合作精神并旨在建立主体之间的合作伙伴关系。“实际上，公共行政的许多工作是通过为数众多的私人团体和个人的协作完成的。‘私营’和‘公共’之间的界限现在确实已变得模糊不清。”〔1〕“公共行政是属于行政的一个种类，这个种类反过来又是我们称之为‘人类合作行为’家族中的一员。‘合作’这个词在这里可以按照结果来限定：人类有影响的行为都是合作产生的，如果没有合作，也就不会有任何成果。”〔2〕不过，行政主体与行政相对人的合作是其通过为行政相对人提供服务来实现的，行政相对人对行政主体的合作则主要表现为配合与参与。因此，法的现代精神即合作在行政法中就具体表现为行政主体与行政相对人之间的服务与合作的信任关系。也就是说，行政法在规范主体行为时所应贯彻的精神，就表现为服务与合作了。〔3〕与私人的服务不同，行政主体的服务是一种公共服务，这种服务的主体是行政主体，是公共利益的代表。这种服务的对象是社会公众，是公共利益的享有者。这种服务的内容，原则上是无偿地集中、维护和分配公共

---

〔1〕［美］菲利克斯·A. 尼格罗、劳埃德·G. 尼格罗：《公共行政学简明教程》，郭晓来等译，彭和平等校，中共中央党校出版社 1997 年版，第 11 页，转引自叶必丰：《行政法的人文精神》，北京大学出版社 2005 年版，第 134 页。

〔2〕［美］德怀特·沃尔多：“什么是公共行政学”，载彭和平等编译：《国外公共行政理论精选》，中共中央党校出版社 1997 年版，第 187 页，转引自叶必丰：《行政法的人文精神》，北京大学出版社 2005 年版，第 134 页。

〔3〕叶必丰：《行政法的人文精神》，北京大学出版社 2005 年版，第 134 页。

利益。[1]行政机关是全社会成员的共同利益的代表者和各社会成员个人利益的维护者，本质上是公众的服务者。行政机关所代表的公共利益，不是供其本身及其工作人员享受的特殊利益，而是分配给公众来享受的利益，是用于保障个人利益的利益。公共利益的集中、维护和分配，是因为单个的社会成员无法或难以实现自己的这种利益。因此，社会成员需要这样的服务机关，行政机关只能是服务机关。[2]

行政机关是服务机关，发挥为人民服务的作用，有其宪法依据。《宪法》第 27 条第 2 款规定："一切国家机关和国家工作人员必须依靠人民的支持，经常保持同人民的密切联系，倾听人民的意见和建议，接受人民的监督，努力为人民服务。"第 29 条第 1 款规定："中华人民共和国的武装力量属于人民。它的任务是巩固国防，抵抗侵略，保卫祖国，保卫人民的和平劳动，参加国家建设事业，努力为人民服务。"上述规定为建设服务型政府提供了宪法依据。

二、服务型政府建设

学界认为，服务型政府是以社会发展和人民群众的共同利益为出发点，以为人民服务为宗旨并承担相应服务职责的现代政府治理模式。[3]

服务型政府主要是针对中国传统计划经济条件下，政府大包大揽和以计划指令、行政管制为主要手段的管制型政府模式而提出的一种新型的现代政府治理模式。服务型政府要求各级

---

〔1〕 叶必丰：《行政法的人文精神》，北京大学出版社 2005 年版，第 135 页。

〔2〕 叶必丰：《行政法的人文精神》，北京大学出版社 2005 年版，第 138 页。

〔3〕 任勇："服务型政府建设在改革开放中深入推进"，载《人民日报》2018 年 9 月 9 日。

政府和官员必须树立“人民本位、社会本位、权利本位”的思想，即人民是国家的主人，政府的权力来自于人民的让渡，政府为人民服务是天职，人民的利益至上，政府必须全心全意为人民服务，实现公共利益的最大化。传统管制型政府的理念则停留在“官本位、政府本位、权力本位”的基础上，政府利用公共权力主要是维护统治秩序和对社会实施管制，公众和社会的主导性和自主空间很少。服务型政府以服务为宗旨，这意味着政府与公众的关系将转化为服务供给者与消费者的关系。政府行使权力的目的，不再是主要为了管制，而是为公众提供更好的服务。服务型政府将以市场即公众需求为导向，因为只有顾客驱动的政府，才能提供满足人们合理、合法需求的公共服务。管制型政府是适应计划经济的需要而建立的，因此对市场和社会的介入无孔不入，政府职能也无限膨胀，职能设置上的不合理使政府管了许多“不该管”“管不好”“管不了”的事。而服务型政府要求政府职能是有限的，政府要还权于社会、还权于市场，政府主要是做市场和个人不能做、不愿做或做不好的事情，包括维护市场经济秩序，保护财产权利和公民权利，完善社会福利体系，健全社会保障制度，如教育、医疗、环保等。管制型政府向来只从便于自身控制、管理出发，整个社会运行都由政府主导推动，政府提供什么样的服务，以及怎样提供服务，都是政府独断和一厢情愿的强制性提供，而较少考虑社会公众的愿望和多样化需求，政府与公众是一种“命令—服从”式的单向关系，公众只能被动接受政府的“恩赐”。而服务型政府则不同，它要求政府的施政目标必须首先征得服务对象即民众的同意。其次，还必须经过一定的法定程序，即让公众参与到决策的过程中，由公众和政府通过双向互动达成一致来决定。就此而言，政府只能在法律和人民授权的范围内行事和提供服务，政府必须依法行政，必须是法治政府。在管制型政府状态下，政府不仅机构臃肿、职责不清、审批环节繁杂、效率低下，政府管理手段也主要是单一的行政手段。服务型政府则要求政府必须优化工作流程，使用先进的管理手段和方法，本着方便、快捷、高效、亲民的原则为民服务，让民众在接受服务的同时，享受主人翁的待遇和感受。

改革开放 40 年来，党和政府不断深化对服务型政府的建设，持续推进政府职能转变，取得了重大成就，积累了宝贵经验。特别是党的十八大以来，我国各级政府职能加速向服务型转变，大量减少对经济活动的微观管理和直接干预，更加注重加强宏观调控、市场监管和公共服务等职能建设，有力推动改革开放向纵深发展。中国特色社会主义进入新时代，我国社会主要矛盾发生转化，这对服务型政府建设提出了新的更高的要求。党的十八大提出“建设职能科学、结构优化、廉洁高效、人民满意的服务型政府”，进一步将服务型政府建设的内容具体化，服务型政府建设进入全面深化的崭新阶段。党的十八届三中全会提出“使市场在资源配置中起决定性作用和更好发挥政府作用”，明确把服务型政府建设作为国家治理体系和治理能力现代化的重要组成部分。党的十九大提出，要建设人民满意的服务型政府。在这个阶段，各级政府牢牢抓住简政放权这个“牛鼻子”，以全面深化“放管服”改革为引领，加强监管创新，优化政府服务，提高办事效率，加强各类公共服务供给。〔1〕

三、以服务为目的推进执法

在城市飞速发展的今天，城市管理与行政执法一直是公众

---

〔1〕 任勇：“服务型政府建设在改革开放中深入推进”，载《人民日报》2018年9月9日。

关注的焦点。当前，许多地方都致力于建设宜居宜游宜业城市，城市管理部门积极探索城市管理的新思路、新举措、新办法，这对促进城市管理效率、提升政府效能和公信力有着重大的现实意义。引用“721 工作法”正是积极创新执法理念的具体举措，在提升城市管理的广度和深度的同时，实现“为城管人”向“为人管城”转变，提高城市综合治理水平，使市民满意度得到大幅提升。常言道：“三分靠建设，七分靠管理。”城市管理，“管”只是手段而不是目的，它的根本目的是让城市更有序、更宜居，让市民更满意、更幸福。因此，城市管理不应止于“管”那么简单粗暴，要从“以物为本”转向“以人为本”，针对不同人群的需求，提供相应的服务。所以，在城市管理中，要做到以人为本，像绣花一样细化服务。因为只有“绣花一样的管理”，才能照顾到每一个人、每一件事，满足个人的、具体的、个性化的需要，这样才能把以人为本落实到每一个个体身上。“721 工作法”以服务手段为主导，从“冷漠刻板”的管理转为“温馨灵活”的服务。该工作法让城市管理者始终树立为人民服务的宗旨，采取人性化的服务方式，让每个居民都感受到城市的温度，增强对城市的认同感、归属感。

以服务为目的实现管理与执法的效果，必须彻底转变一些不正确的观念，增强服务意识和责任意识。城市的主体是市民、公众，城市管理的根本目的是为每个市民和社会公众创造更加优美的城市环境。城管执法工作中，要牢固树立城市是人民的，城市资源和公共服务应由全民共享，树立城市管理要贴近市民、服务市民、惠及市民的理念，使城市管理符合最广大人民的根本利益，顺应人民群众不断满足对美好生活的需求。城市管理首先是一种服务，就是为市民服务，而不单纯为了外在的光鲜靓丽，市容的美观、整洁只有在方便人们生活的尺度内才是可取的，只有二者有机统一才能相互促进、共同发展。要变单纯执法为“执法+管理+服务”三位一体。单纯的执法、管理往往只注重了执法效果而忽视了社会效果、政治效果，最终既会失去执法效果也会失去社会效果和政治效果。城管执法工作中，我们要牢记城管执法就是服务、城管执法就要服务、城管执法必须服务的宗旨，坚持“既要城市形象，又要执法形象”“既要外在美，又要内在美”“刚性管理，柔性执法”的执法理念。要真诚对待市民和社会公众，时时、事事、处处换位思考，站在对方角度分析，去解答问题、解决困难，切实转变门难进、脸难看、事难办的“三难”的衙门作风，满腔热情地为社会公众服务，为城管事业尽职尽责。要解放思想，勤奋学习，开拓创新，熟悉和掌握好有关法律法规和城管政策，切实转变观念和作风，不断提高服务质量、办事效率和服务水平。要牢固确立“为民管城”理念，加大便民服务设施建设，为群众生产生活提供更多便利。要进一步理顺体制机制，提升城管队伍形象，提高城管服务效能。

第三节　20%的管理

本书认为，住房和城乡建设部将“721 工作法”中的管理功能定位为 20%，只是一个大概的比例描述，既没有精确的计算依据，也没有如此精确的必要，不过是个倡议性、引导性、鼓励性指标，旨在贯彻落实新发展理念，体现新时代条件下以人民为中心的治国理政思想。比例之所以是 20%，而不是其他数字，一方面说明过高或者过低的比例不符合城市管理的本质要求和当前国情，另一方面则强调管理职能的约束性和责任性，是不能推卸的。

一、管理的原理

所谓管理，就是在特定环境下，对组织所拥有的各种资源进行有效计划、组织、领导、控制、协调，以达成既定目标的过程。[1]管理表示管领、掌管、管治、治理、经理的意思。“科学管理之父”弗雷德里克·温斯洛·泰勒认为，管理就是确切地知道你要别人做什么，并使他用最好的方法去做。彼得·德鲁克认为，管理是一种工作，它有自己的技巧、工具和方法；管理是一门科学，一种系统化的并到处适用的知识；同时管理也是一种文化。亨利·法约尔认为，管理是所有的人类组织都有的一种活动，这种活动由五项要素组成：计划、组织、指挥、协调和控制。

管理是一门科学，也是一门艺术，是科学性与艺术性的统一。所谓管理的科学性，首先是指有效的管理必须有科学的理论和方法来指导，要遵循管理的一般原理，只有按照管理活动本身所蕴含的客观规律办事，管理的目标才能实现。其次，管理的科学性是指一门科学，是由一系列概念、原理和方法构成的科学体系，有它内在的规律可循。也就是说，在人类历史的长河中，人们通过总结管理实践中大量的成功经验及失败的教训，已经归纳、抽象出管理的一些基本原理和方法。这些原理和方法较好地揭示了一系列具有普遍应用价值的管理规律，遵循这些管理规律办事，管理活动的效率就能大大提高，组织的目标就容易实现。所谓管理的艺术性，是指灵活运用管理理论知识的技巧和诀窍。管理对象的复杂性和管理环境的多变性，决定了管理活动不可能有放之四海而皆准的固定不变的模式，

〔1〕 智库·百科：“管理”，载 https://wiki.mbalib.com/wiki/%E7%AE%A1%E7%90%86，2019 年 5 月 3 日访问。

管理者应当结合所处环境创造性地运用所掌握的理论知识。不同的人对同样的管理方式可能会产生截然不同的反应，这决定了管理者只有根据具体的管理目的、管理环境与管理对象，创造性地运用理论知识与技能去解决所遇到的实际问题，管理才可能获得成功。管理是科学性与艺术性的统一，包含着内在的辩证关系。管理的科学性是管理艺术性的基础，管理需要科学的理论做指导，管理艺术性的发挥必然是在科学理论指导下艺术性的发挥。离开了管理的科学性，艺术性就会变成简单的感觉与经验，就不能成为真正的艺术，从而很难实现有效的管理。管理的艺术性是管理科学性的升华，离开了管理的艺术性，科学性就会变成僵化的教条，难以发挥其应有的作用。从管理的目的和本质来看，管理是一种有价值和道德取向的行为，它的对象是人，因此管理者一定要与人打交道，他们必须面对包括他们自己在内的人性的“善”与“恶”。真正的管理，其目的和本质是激发、释放人们固有的善意和潜能去积极地创造价值，而不是利用人性的弱点去操纵、控制、约束他们，以达成个人或小团体的不当目的。管理是有任务和原则的。管理的任务是设计和维持一种环境，使在这一环境中工作的人们能够用尽可能少的支出实现既定的目标，或者以现有的资源实现最大化的目标。这可细分为四种情况：产出不变，支出减少；支出不变，产出增多；支出减少，产出增多；支出增多，产出增加更多。这里的“支出”包括资金、人力、物力、时间等成本的消耗。总之，管理的基本原则是“支出少，收获多”，即以最少的资源投入和耗费，取得最人的业绩和效果。[1]

本书认为，管理就是“管”和“理”，是“管”与“理”

〔1〕 智库·百科：“管理”，载 https://wiki.mbalib.com/wiki/%E7%AE%A1%E7%90%86，2019 年 5 月 3 日访问。

的统一。“管”即控制、限制、约束，强调的是强制力、权威性、服从性；“理”即沟通、协调、化解，强调的是互动性、合理性、协调性。只“管”不“理”，一味单项命令、指挥，罔顾矛盾滋生和蔓延，必然导致积怨日深、民心疏离，管理的权威性便难以持久，也不会起到管理的效果。只“理”不“管”，一味强调沟通、协调、合作，看似关系融洽、团结和睦，实则效率低下、进展缓慢，最终也损害管理的权威性。最优的方案，应当是管与理的高度统一性、一致性，使管中有理、理中有管，协调并进，相得益彰。当然，管理也是科学性与艺术性的统一，是应当以最少的资源投入和耗费，取得最大的业绩和效果的行为。

二、做好新时代条件下的城管执法工作

新形势下的城管执法工作，是“管”与“理”的统一，是科学性与艺术性的统一，也是低成本与高效益的统一。

首先，实现“管”与“理”的统一。长期以来，城市管理工作“管”得多、“理”得少，一味地强调“管”，缺少了“理”、忽视了“理”，对管理对象控制、限制、约束得多，沟通、协调、化解得少，导致出现十分消极的后果。这方面，既有纵向上的上下级之间的关系需要理顺，也有横向上的职能部门之间的关系需要理顺，还有权责不对等、不一致的关系需要理顺，更有对管理对象的困难理解不够、关心不够，对其实际问题需要理顺等。就像《中共中央、国务院关于深入推进城市执法体制改革改进城市管理工作的指导意见》所指出的，当前城管执法工作还存在管理体制不顺、职责边界不清、法律法规不健全、管理方式简单、服务意识不强、执法行为粗放等问题。对此，要改变过去管得过宽、管得过多、管得过死，而沟通不

够、协调不够、化解不够的问题，通过体制机制创新、搭建沟通合作平台、优化管理执法方式，尽可能少点“管”、多点“理”，推进城管执法工作转型发展。

其次，实现科学性与艺术性的统一。城市管理与执法工作既是一门科学，也是一门艺术。应当加强对城管工作规律性的研究，总结多年来城市管理实践中大量的成功经验及失败的教训，并从中归纳、抽象出城市管理的原理、原则和方法，作为今后城管执法工作的指南。同时，由于全国各地城管执法工作的经济基础、历史人文、人才队伍以及地方立法情况差异巨大，应当尊重各地的实际情况，允许各地采取具有灵活性和针对性的方式方法开展城市管理与执法工作，探索个性化、地域化的城市管理模式，而不能千篇一律、千城一面。

再次，实现低成本与高效益的统一。长期以来，对城管执法工作缺乏成本—效益分析，投入巨大而收效甚微，导致领导不满、城管委屈、百姓质疑，几无多少值得肯定之处。这种情况的出现，既有上文提及的管制型政府思维定势的影响，也有不善运用科技手段的局限，以及公众参与不足的窘迫，同时，还有理论研究欠缺的原因。为此，应当深化行政体制改革，转变政府的思维定势，实现从管制型政府向服务型政府的转变。在管理手段和方法上，多采用现代化的科技手段，开发利用数字城管、智慧城管，以及无人机、大数据、云计算等技术，减少人力物力消耗，提高管理效率。增强公众参与的力度和广度，唤起民众的自觉性和主动性，发扬他们的主人翁精神，做到人人为我、我为人人，使城市管理成为人人参与、人人负责的事业。

最后，还要加强理论研究，及时总结城市管理与行政执法的经验教训，提高执法人员的文化层次和法治水平，加强成本—效益分析，研究如何实现从管理到治理的转型，以取得更好的管理、治理效果。

第四节　10%的执法

将城市管理中10%的问题通过执法来实现，是否可能？依据何在？这是一个更加值得研究的问题。

一、执法的性质和特点

对上述问题的回答，首先不可避免地涉及对执法的性质和特点的理解。在行政实务界，人们习惯于将从事监督检查、实施行政处罚和采取行政强制措施一类的行为方式称为行政执法。[1]行政执法有广义和狭义之分。广义的行政执法是指行政主体及其公务人员依法采取直接或者间接影响行政相对人权利义务的行政行为，以及对行政相对人权利义务的行使和履行进行指导、引导、帮助、检查、监督、救济的行为，具有多元的行为主体、多样的行为类型、复杂的法律关系、广泛的法律效果和实施效果。就此而言，广义的行政执法是指所有执行性的行政管理活动。狭义的行政执法则是指行政主体及其公务人员依法采取直接影响行政相对人权利义务的行政行为，以及对行政相对人权利义务的变更和进行监督检查的行政行为，一般具有法定性、裁量性、单方性、强制性、外部性、直接效果性等特征。[2]住房和城乡建设部于2016年8月倡导的城市管理“721工作法”，提出10%的问题用执法手段解决，其所说的“执法”应当是狭义上的，即从事监督检查、实施行政处罚和采取行政强制措施等不利行政行为。因为广义上的行政执法包括了指导、引导、

---

〔1〕姜明安：“论行政执法”，载《行政法学研究》2003年第4期，第7页。
〔2〕莫于川等：《行政执法新思维》，中国政法大学出版社2017年版，第34页。

帮助、救济等授益行政行为，这些行为既具有服务性特色，也具有管理性内容，难以与行政相对人产生冲突，恰是当前城管执法改革的取向，以尽量减少强制性、约束性、单方性行为。住房和城乡建设部提出10%的问题用执法手段解决，正是考虑到狭义的行政执法极易与行政相对人产生冲突，不利于和谐社会建设，所以实践中尽量加以约束和限制。至于为何是10%的比例、为何要维持一定比例的约束和限制手段，本书认为，原因在于以下几点：①通过日常人性化的服务和管理工作，已经大大化解了潜在的矛盾冲突，分散了执法的力量配置，很多工作已经不需要通过刚性的执法来完成，致使执法的成分大大降低。②法律的国家强制性特点决定了执法的刚性，即执法既是必要的，也是应当的，否则“徒法不足以自行”；在原则问题上不能坚持，否则必将损害法律的权威。因而，必须维持一定比例执法的刚性。③国家法治建设的历程还比较短，社会公众的法治素养、文化水平还不够高，违法行为的发生还有比较大的几率，这就需要通过刚性执法来维持应有的社会秩序。④随着我国城市化进程的加快，人口的流动性仍然比较强，加上经济基础还不够雄厚，居民收入水平整体还不够高，摆摊设点、私搭乱建、乱发广告等各种短期违法逐利行为还比较多，对违法者不采取强制性手段是难以解决问题的。由此可以认为，住房和城乡建设部提出的“721工作法”也只是一个理想的目标，将城市管理中70%的问题用服务手段解决，20%的问题用管理手段解决，10%的问题用执法手段解决，绝非一朝一夕能够做到的。尤其是把10%的问题用执法手段解决，更是短期内无法实现的，必然要经过一个逐渐过渡和实现的过程。

二、城管执法的未来取向

当然，将10%的问题用执法手段解决，也不是没有可能的，它需要几个条件的满足，这也是城管执法今后的努力方向。

首先，进一步加大建设服务型政府的力度。这是减少执法比重、实现将10%的问题用执法手段解决的根本之策。因为服务型政府必然是社会公众满意的政府，是将重大问题和社会风险提前化解的政府，是主动性大于被动性的政府，是有作为、敢担当、敢负责的政府。这样的政府和政府行为，必然会消解很多社会矛盾，得到社会公众的理解和支持，相应地，需要通过强制性手段执法的可能性也必然大大降低。对此，应当坚持以人民为中心，注重政府自身建设，同时完善公共服务体系。服务型政府建设的宗旨是全心全意为人民服务。无论是深化简政放权、全面提高政府效能，还是规范行政行为、优化办事流程，服务型政府建设聚焦的都是社会公众普遍关心的问题，社会公众的公共服务诉求是服务型政府建设的根本动力。服务型政府建设能否取得成效，很大程度上也取决于政府自身行政水平的高低，取决于政府运行体制机制是否顺畅。改革开放40年来，我们始终围绕政府职能转变这个主题，加强服务型政府的体制机制建设，针对政府管理的不同事项，致力于把该管的事管好管到位、该放的权放足放到位、该提供的服务提供到位，实现不同时期服务型政府建设的目标。社会公众对美好生活的需要日益增长，相应地也对政府公共服务供给的内容、类型及方式提出了更高要求。要通过公共政策的有效引导增强基本公共服务供给能力，调动市场力量增加非基本公共服务供给，努力为社会公众提供便捷高效、公平可及的公共服务。〔1〕概言之，服务的内容越多、功能越强、效果越好，则执法的内容越少、功能越弱、比例越低，因而服务型政府建设终将是治本之策。

---

〔1〕任勇："服务型政府建设在改革开放中深入推进"，载《人民日报》2018年9月9日。

其次，切实提高城市管理的效能。城市管理不是城管部门一家的管理，更不是城管执法队伍单打独斗式的管理，而是既涉及地方政府又涉及相关部门，既涉及城管部门又涉及社会公众的管理。只有上下联动、左右配合、全民参与，城市管理才能管到位又能理得顺，从而减少执法的比重、弱化执法的功能，实现“将10%的问题用执法手段解决”的目标。所谓“上下联动”，是指作为地方政府应当有一盘棋的认识，将城管工作纳入当地国民经济和社会发展计划中通盘考虑，并建立健全体制机制，搭建统一指挥和协调的平台，提供强有力的政策、资金、人力、物力、财力支持。城管部门也不能“只顾低头拉车，不顾抬头看路”，应当积极主动地将城管工作的问题、成效及时向地方政府汇报，征得党委政府的支持，以便更好地开展城管工作。建议成立城市管理委员会，由城管部门和相关职能部门共同参与，市级主管领导担任管委会主任，这样容易综合施策、形成合力，提高城管工作效能。所谓“左右配合”，是指城管部门和其他相关职能部门共同参与到城管工作中来，不能相互推诿，互不配合。多年来，城管执法一直处于“九龙治水”的局面，即工商、卫生、质检、农业等部门都拥有各自的执法权。但多头执法不可避免地造成一些部门趋利避害、挑肥拣瘦，形成了“有利争着上，无利绕着走”的局面。为解决多头执法和执法空白问题，1996年通过的《行政处罚法》，确立了相对集中行政处罚权制度。2002年发布的《国务院关于进一步推进相对集中行政处罚权工作的决定》，授权省、自治区、直辖市人民政府可以决定在本行政区域内开展相对集中行政处罚权的工作。目前全国绝大部分城市都已开展了相对集中行政处罚权工作，个别地方已经延伸到乡镇一级。但在具体实践中，城管依然在遭遇执法尴尬。一些地方政府把很多本不属于城管的事项交给了城管，同时有许多部门将自己不愿管、不好管的“烫手山芋”也都甩给了城管，但在衔接配合时却出现了脱节问题。城管难作为的背后夹杂着一些职能部门的不作为。2014 年 9 月，北京市石景山区被确定为城市管理体制改革试点区，为此，石景山区调整管理机制，将区环保局、城管执法局、园林绿化局、公园管理中心等都归于新设立的城市综合管委会管理，以此堵住互相推诿扯皮现象的源头。同时，为解决“看得见”与“管不了”的矛盾，石景山区在体制改革中，将职能下沉到街道，城管执法局街道执法队以街道管理为主，而公安、工商、食药、安监、环保等单位则抽调业务骨干，常驻街道开展综合执法，起到了较好的效果。〔1〕所谓“全民参与”，是指城市管理需要公众参与进来，不能只靠地方政府，更不能仅靠城管部门一家。石景山区城市综合管理委员会主任冯重北认为，治理“城市病”存在三大问题：一是多头管理、多头执法，“七八个大盖帽管不住一个破草帽”；二是权责配置不合理，有职有权的政府职能部门“管得了但看不见”，而无职无权的街道办事处“看得见却管不了”；三是城市管理缺乏社会协同，往往形成“政府干着、群众看着，政府很努力、群众不买账”的局面。对此，《中共中央、国务院关于深入推进城市执法体制改革改进城市管理工作的指导意见》指出，要积极动员公众参与，依法规范公众参与城市治理的范围、权利和途径，畅通公众有序参与城市治理的渠道。倡导城市管理志愿服务，建立健全城市管理志愿服务宣传动员、组织管理、激励扶持等制度和组织协调机制，引导志愿者与民间组织、慈善机构和非营利性社会团体之间的交流合作，组织开展多形式、常态化的志愿服务活动。依法支持和规

〔1〕 张璁：“今天的城管怎么管（法治头条·城市管理中的法治问题②）”，载《人民日报》2016 年 1 月 13 日。

范服务性、公益性、互助性社会组织发展。采取“公众开放日”、城管“主题体验活动”等方式，引导社会组织、市场中介机构和公民法人参与城市管理，形成多元共治、良性互动的城市治理模式。通过公众参与、多元共治有效化解社会矛盾，从而减少执法比重过大的问题。

最后，改进执法方式，提高执法水平。执法水平高了，遗留问题就少了，潜在的社会矛盾和冲突就会减少，执法的积极作用就比较明显。这不但能树立执法部门的权威，而且会减少类似问题的发生，从而降低执法所占的比重，同时进一步把可能存在的执法工作交由服务、管理来完成，由此形成一个良性的循环。改进执法方式、提高执法水平，务必做到严格规范公正文明执法。严格规范公正文明执法，是深入推进依法行政、提升执法公信力的重要原则。严格规范公正文明执法是一个有机统一的整体，其中，严格是执法的基本要求，规范是执法行为的准则，公正是执法的价值取向，文明是执法的最高境界。〔1〕要改进执法方式，提高执法水平，重点应做好以下几点：〔2〕

一是制定权责清单。要按照转变政府职能、规范行政权力运行的要求，全面清理调整现有城市管理和综合执法职责，优化权力运行流程。依法建立城市管理和综合执法部门的权力清单和责任清单，向社会公开职能职责、执法依据、处罚标准、运行流程、监督途径和问责机制等。

二是规范执法制度。城市管理部门应当完善执法程序，规范办案流程，明确办案时限，提高办案效率。积极推行“执法办案评议考核制度”和“执法公示制度”，健全“行政处罚适

〔1〕 张文显主编：《法理学》（第5版），高等教育出版社2018年版，第249页。

〔2〕 “中共中央、国务院关于深入推进城市执法体制改革改进城市管理工作的指导意见”，载《人民日报》2015年12月31日。

用规则”“行政处罚裁量基准制度”和“执法全过程记录制度”，严格执行“重大执法决定法制审核制度”，杜绝粗暴执法和选择性执法，确保执法公信力，维护公共利益和社会秩序。为此，2018 年 12 月 5 日，《国务院办公厅关于全面推行行政执法公示制度执法全过程记录制度重大执法决定法制审核制度的指导意见》发布，就全面推行行政执法公示制度、执法全过程记录制度、重大执法决定法制审核制度工作等有关事项提出了更加明确的要求。

三是改进执法方式。城管执法人员应当做到着装整齐、用语规范、举止文明，依法规范行使行政检查权和行政强制权，严禁随意采取强制执法措施。坚持处罚与教育相结合的原则，根据违法行为的性质和危害后果，灵活运用不同执法方式，对情节较轻或危害后果能够及时消除的，应当多做说服沟通工作，加强教育、引导、告诫。综合运用行政指导、行政奖励、行政给付、行政调解等非强制行政手段，引导当事人自觉遵守法律法规，及时化解矛盾纠纷。

四是完善监督机制。强化外部监督机制，畅通群众监督和行政复议渠道，主动接受法律监督、行政监督、社会监督。强化内部监督机制，全面落实行政执法责任制，加强城市管理部门内部流程控制，健全责任追究和问责机制。

五是提高执法队伍素质。队伍整体素质不高是当前制约城管执法的很大短板。城管执法队伍成分复杂，有公务员编制、事业人员编制，还有合同制，不少地方聘用的协管员占了多数。有些协管员文化素质偏低，自律意识不强，风纪队容和组织纪律性差，常被社会各界诟病，难以树立执法的权威。为此，应当提高执法队伍入门门槛，加大培训考核力度，不断提升城管队伍素质，提高城管执法能力，培育新时代条件下的城管队伍。

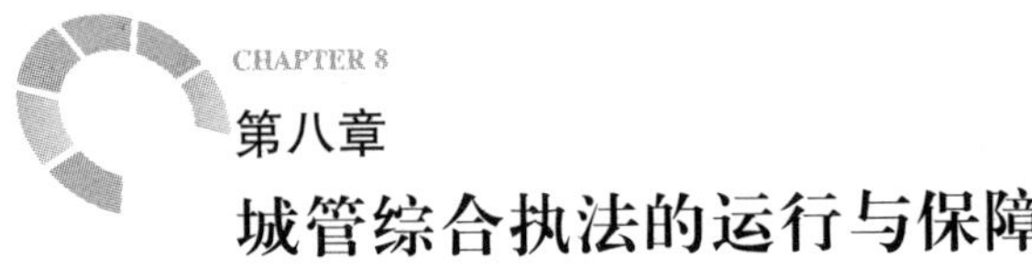

CHAPTER 8

第八章 城管综合执法的运行与保障

城管综合执法工作的开展，需要各种条件的支撑与保障。这既包括完备的法律法规依据和运行高效、上下联动的执法机构，也包括明确的行政执法权力，还包括素质优良的执法队伍，以及确保执法工作顺利进行的各种物质技术条件。城管执法权力问题已在第五章、第六章做了阐述，本章针对城管的执法依据、执法机构、执法队伍和执法保障等问题加以展开。

第一节 城管综合执法的依据

要做好城管执法工作，首先要解决的是执法的依据问题。望文生义，作为执“法”机关，没有“法”在前，何有“执”在后？执法依据的存在，是执法机关存在的合法性基础、正当性所在。这里所讲的“法”，既包括全国人大及其常委会制定的法律，也包括国务院制定的行政法规，还包括有关部委尤其是住房和城乡建设部制定的行政规章。作为地方执法机关，执法的依据还有地方性法规和地方政府规章。此外，城市管理工作涉及面广、内容庞杂、事项众多，加上我国城市化发展速猛，各类新生事物千变万化、日新月异，法律法规不可能穷尽一切现象，必须赋予执法机关灵活应对的权限和依据，这就为政策的产生提供了空间，政策也应当成为执法机关在执法时广义上的“依据”。只要不与法律法规相冲突，包括各级各类政府红头文件在内的政策，既有作为执法依据的必要性，也有作为执法依据的现实性，更有中国特色的政治性和地方性。

作为城管执法依据的法律、行政法规、行政规章和政策，当然是指城管职责领域内所运用的法律、行政法规、行政规章和政策，而不是全国人大及其常委会颁布的所有法律，国务院颁布的所有行政法规，有关部委颁布的所有行政规章和国家及地方党政机关制定的所有政策。多年来，我国的城市管理执法领域不但有历史变迁导致的纵向上的不同，而且有各地执法领域千差万别的横向上的不同。可以说，作为城管执法依据的法律、行政法规、行政规章和政策，全国并没有一个统一的名录。在地方上，各地城管部门的职责领域由于差别较大，作为执法依据的法律、行政法规、行政规章和政策，自然也不完全相同。2015 年《中共中央、国务院关于深入推进城市执法体制改革改进城市管理工作的指导意见》对城市管理工作的职责范围进行了相对明确的划定，但该意见同时还赋予市、县政府根据本地情况一定的自主决定权，可以说全国范围内的城管工作职责领域，并没有随着该意见的制定而完全统一起来，实际上也难以完全统一起来。按照该意见的规定，城市管理的主要职责是市政管理、[1]环境管理、交通管理、应急管理和城市规划实施管理等五个方面。具体实施范围包括：市政公用设施运行管理、市容环境卫生管理、园林绿化管理等方面的全部工作；市、县政府依法确定的，与城市管理密切相关、需要纳入统一管理的

〔1〕 本书认为，“市政管理”的概念有狭义与广义之分。狭义上的市政管理是指路桥、煤燃暖气、城市照明等基础设施建设与管理，广义上的市政管理还包括市容环境卫生管理、园林绿化管理、公共空间秩序管理、违法建设治理等内容。参见《中共中央、国务院关于深入推进城市执法体制改革改进城市管理工作的指导意见》之“（四）匡定管理职责”。

公共空间秩序管理、违法建设管理、环境保护管理、交通管理、应急管理等方面的部分工作。城市管理执法即是在上述领域根据国家法律法规规定履行行政执法权力的行为。[1]以此文件的划分为根据，我们分析一下有关城管执法的法律、行政法规、行政规章和政策有哪些。

一、一般性法律、行政法规、行政规章和政策

所谓一般性法律、行政法规、行政规章和政策，即是指在城管执法工作中普遍适用的法律、行政法规、行政规章和政策，它们关涉执法主体存在的普遍性、执法行为约束的普遍性、执法监督对象的普遍性和执法救济方式的普遍性等，适用面广，一般没有职责范围、执法领域方面的限制。

（一）一般性法律

一般性法律包括但不限于全国人大及其常委会制定的《宪法》《组织法》《地方各级人民代表大会和地方各级人民政府组织法》《立法法》《公务员法》《监察法》《行政许可法》《行政处罚法》《行政强制法》《治安管理处罚法》《行政复议法》《行政诉讼法》《国家赔偿法》《刑法》《刑事诉讼法》等。虽然上述法律对城管部门而言并非都享有相应的执法权，但却与城管执法工作密切相关，如有的是城管部门开展执法工作的基础性法律（如《公务员法》《行政处罚法》），有的是保障性法律（如《治安管理处罚法》《刑法》），有的是救济性法律（如《行政复议法》《行政诉讼法》《刑事诉讼法》），城管执法部门和执法人员有必要烂熟于心。

---

〔1〕“中共中央、国务院关于深入推进城市执法体制改革改进城市管理工作的指导意见”，载《人民日报》2015年12月31日。

（二）一般性行政法规

一般性行政法规主要包括两个方面：一方面，指国务院为使全国人大及其常委会颁布的法律得以更好适用而制定的行政法规，如《公务员法实施细则》《行政复议法实施条例》；另一方面，指国务院根据《宪法》《立法法》规定所享有的对国家和社会事务的行政立法权，未必都需要有明确的上位法依据，如《行政法规制定程序条例》《事业单位人事管理条例》等。这类行政法规主要是程序性的规定，实体性的规定还不多见。

（三）一般性行政规章

如前所述，一般性行政规章不是针对某一具体事项的规定，而是针对城管执法工作中普遍适用的规定。由于我国城管工作的主管部门是国务院住房和城乡建设部，那么，针对城管执法工作有权颁布一般性行政规章的，往往也是住房和城乡建设部。这类行政规章，主要也是程序性的，部分是实体性的，如住房和城乡建设部于2017年1月24日颁布的《城市管理执法办法》，于2018年9月5日颁布的《城市管理执法行为规范》等。

（四）一般性政策

所谓一般性政策，并非指针对某个领域或某些具体问题所发布的意见、决定、办法、纲要、会议纪要等，而是面对城管执法工作的全局所发布的上述文件。这些文件有些来自中共中央、国务院或者住房和城乡建设部，有些来自地方党政机关及其城管执法的主管部门。如前所述，作为城管执法工作的依据，政策在我国的城管执法实践中起到了举足轻重的作用。众所周知，政策是政党、政府或者社会团体、公共组织为实现和维护自身的利益，以权威的形式规定的，在一定时期内指导、规范人们活动的行为规则，而法律是由国家制定或认可的并由国家的强制力保证实施的行为规范的总和。相比较而言，政策具有时效性、灵活性和应急性，法律具有长期性、稳定性和成熟性；政策依靠法律贯彻实施，法律依靠政策作为指导；政策具有前瞻性、超前性，法律具有当前性、滞后性，二者的作用是相辅相成、相互补充、相互统一的。在我国城市化进程加速推进的过程中，现行立法往往缓不济急，法律的立改废又有相应的计划、步骤、程序等多方面的限制。如果在城管执法工作中亦步亦趋，固守于现行立法而不做未雨绸缪、大胆探索和尝试，则执法的法律效果、社会效果和政治效果必将难以统一。故此，城管执法必须将政策作为执法的依据之一。当然，作为执法依据的政策，不能与现行立法相抵触，否则不能直接作为执法的依据。

作为城管执法的一般性政策，比较重要的有《国务院关于全面推进依法行政的决定》（1999 年）、《全面推进依法行政实施纲要》（2004 年）、《国务院办公厅关于继续做好相对集中行政处罚权试点工作的通知》（2000 年）、《国务院关于进一步推进相对集中行政处罚权工作的决定》（2002 年）、《中共中央关于全面深化改革若干重大问题的决定》（2013 年）、《中共中央、国务院关于深入推进城市执法体制改革改进城市管理工作的指导意见》（2015 年）、《中共中央、关于深化党和国家机构改革的决定》（2018 年）、《深化党和国家机构改革方案》（2018 年）等。

二、专门性法律、行政法规、行政规章和政策

所谓专门性法律、行政法规、行政规章和政策，是指根据城管执法的不同领域划分的单项性法律、行政法规、行政规章和政策，这些法律、行政法规、行政规章和政策在特定领域或者特定事项上适用，具有较强的专业性和针对性，一般不具有

普遍意义。按照《中共中央、国务院关于深入推进城市执法体制改革改进城市管理工作的指导意见》的规定，专门性法律、行政法规、行政规章和政策可进一步细分为以下类别，即市政管理、环境管理、交通管理、应急管理和城市规划实施管理等五个方面。

（一）专门性法律

专门性法律是指城管执法各个领域的具体法律，针对性、专业性较强。如在市政管理领域有《广告法》《建筑法》；在环境管理领域有《环境保护法》《大气污染防治法》《水污染防治法》《固体废物污染环境防治法》《环境噪声污染防治法》；在交通管理领域有《道路交通安全法》《公路法》；在应急管理领域有《突发事件应对法》《安全生产法》《消防法》《防震减灾法》；在城市规划实施管理领域有《城乡规划法》《土地管理法》等。当然，这些法律并非都由城管执法部门独享执法权，属于城管执法的内容甚至只有很少一部分，绝大多数内容、职责都由专门的行业主管部门进行管理和执法，很多情况下，城管部门只起配合、辅助作用。

（二）专门性行政法规

专门性行政法规是指由国务院针对城市管理和行政执法问题，依法制定的规范性法律文件。在市政管理领域有《城镇燃气管理条例》《无障碍环境建设条例》《城市道路管理条例》《城市房屋拆迁管理条例》（现已失效）等；在环境管理领域有《城市市容和环境卫生管理条例》《城市绿化条例》《风景名胜区条例》《城镇排水与污水处理条例》等；在交通管理领域有《公路管理条例》（现已失效）、《道路交通安全法实施条例》等；在应急管理领域有《破坏性地震应急条例》《重大动物疫情应急条例》《突发公共卫生事件应急条例》《烟花爆竹安全管理条例》

《殡葬管理条例》等；在城市规划实施管理领域有《城市规划条例》（现已失效）、《村庄和集镇规划建设管理条例》《国有土地上房屋征收与补偿条例》《历史文化名城名镇名村保护条例》等。与法律所面对的问题一样，上述行政法规除了市政管理中由相当多的内容属于城管部门专管的事项外，其他几项都有专门的行业主管部门管理、执法，城管部门只起配合、辅助作用。这里需要明确的问题是，城管部门和行业主管部门的职责如何划分，划分的依据是什么，以及发生管辖权争议后如何解决，在实践中仍需要进一步探索。

（三）专门性行政规章

针对城管执法的专门性行政规章，是指国务院有关部门依法制定的规范性法律文件。根据2015年《立法法》规定，所有设区的市以上的人民政府，包括设区的市、省会城市、沿海开放城市、国务院批准的较大的市、直辖市以及其他省级人民政府，具有行政规章制定权。[1]只不过，在行政法理论上，国务院有关部门制定的行政规章一般称之为“部门规章”，而地方人民政府制定的行政规章一般称之为“地方政府规章”。由于地方政府规章千差万别，为便于讨论，本书所谓的专门性行政规章主要指国务院有关部门依法制定的部门规章。

有关城管执法的部门规章还可以分为两大类，一类是城管业务主管部门即住房和城乡建设部制定的行政规章，另一类是指国务院其他有关部门制定的行政规章。作为城管业务主管部门的住房和城乡建设部，毫无疑问，是最主要的城管执法行政规章制定主体。由住房和城乡建设部制定的专门性行政规章主要有：①在市政管理方面，有《城市容貌标准》《燃气燃烧器具

---

〔1〕 截至2019年6月，我国有东莞市、中山市、三沙市、儋州市、嘉峪关市五个不设区的市，也享有地方性法规、地方政府规章制定权。

安装维修管理规定》（原建设部制定）、《城市照明管理规定》等；②在环境管理方面，有《城市建筑垃圾管理规定》《城市公厕管理办法》《城市车辆清洗管理办法》（现已失效）等；③在交通管理方面，有《城市轨道交通运营管理办法》（现已失效）等；④在应急管理方面，有《市政公用设施抗灾设防管理规定》《震后房屋建筑安全应急评估管理暂行办法》等；⑤在城市规划实施管理方面，有《城乡规划违法违纪行为处分办法》《城乡规划编制单位资质管理规定》《城市、镇控制性详细规划编制审批办法》《城市绿线管理办法》（原建设部制定）等。由国务院其他有关部门制定的行政规章，按照 2018 年新的机构改革方案的机构设置，主要涉及应急管理部、生态环境部、交通部、公安部、国家发展和改革委员会、自然资源部、国家市场监督管理总局、国家卫生健康委员会等，由于内容广泛、规章众多，此处不再赘述。

（四）专门性政策

有关城管执法的专门性政策，望文生义，是指由中共中央、国务院或者国务院有关部门制定的推进城市管理和行政执法工作的意见、决定、办法、纲要、会议纪要等各类文件。相对于一般性政策，专门性政策主要是针对某个领域或某些具体问题所发布的，具有针对性和特殊性。地方政府及其有关主管部门发布的专门性政策，由于内容、范围各异，千差万别，此处不予讨论。

近年来，城市管理与行政执法工作面临很多新情况、新局面，随着我国城市化进程的加速推进，城管执法面对的问题和压力更加复杂和繁重，无论是现行体制、机制还是理念、方法，都有待调整和改进。面对这些新情况、新问题，中共中央、国务院及住房和城乡建设部及时制定了富有前瞻性、预判力和可操作性的政策文件，用于指导城市管理与行政执法工作。这样的文件很多，常以“意见”“办法”“规定”“通知”等形式出现，涉及城市管理与行政执法的各个方面。简单列举一下，常见的有：《司法部、住房和城乡建设部关于开展律师参与城市管理执法工作的意见》（2017年）、《中共中央、国务院关于进一步加强城市规划建设管理工作的若干意见》（2016年）、《住房和城乡建设部关于印发〈规范城乡规划行政处罚裁量权的指导意见〉的通知》（2012年）《风景名胜区管理暂行条例实施办法》（2002年，现已失效）、《城乡建设环境保护部关于加强历史文化名城规划工作的几点意见》（1983年），等等。

概括本节讨论的城管执法依据问题，可以认为，无论作为一般性法律、行政法规、行政规章和政策，还是作为专门性法律、行政法规、行政规章和政策，其既有确定性、全面性的一面，也有杂乱性、碎片化的不足，缺乏系统性和完整性，对日常执法工作的便捷查询与准确适用提出了挑战。与其他行业主管部门的法律来源与具体应用的专业性、单一性相比较，城管执法既显得不够“专业”，又显得不够“明确”，“借法执法”问题突出。按照行政法的职权法定原则，城管执法权的来源不够明确、依据不够充分，常常引起社会各界的质疑，也带来城管执法的被动。自此情况下，总结、吸纳我国多年来城管执法的成熟做法和有益经验，整合现有的立法资源，制定一部专门的《城市管理法》，就成为值得高度重视的一个问题。

第二节　城管综合执法的机构

理论上，可以说城管执法机构是一直就有的，只要有城市管理工作，就会有城管执法机构。

但是，专门的城管综合执法机构产生的历史在我国并不长，它主要是1996年我国《行政处罚法》施行后，伴随着相对集中行政处罚权的产生而出现的，至少是《行政处罚法》将城管综合执法机构合法化、权力明确化了。对此问题，本书第二章、第三章已经做了探讨，此处不予重复讨论。本节要关注的问题是，当前的城管综合执法机构在机构性质、机构名称、纵向上的隶属关系、横向上的协作关系上还存在哪些问题，以及相关的完善进路。

一、城管综合执法机构的性质

关于城管综合执法机构的性质问题，本书第五章“城管综合执法的权力”已做了部分论述，此处在上述基础上略加展开。

国内最早规定城管综合执法机构性质的法律是1996年颁布的《行政处罚法》。该法第16条规定：“国务院或者经国务院授权的省、自治区、直辖市人民政府可以决定一个行政机关行使有关行政机关的行政处罚权，但限制人身自由的行政处罚权只能由公安机关行使。”该条强调行政机关是行使相对集中行政处罚权的法定机关。同时，该法第17条规定：“法律、法规授权的具有管理公共事务职能的组织可以在法定授权范围内实施行政处罚。”该条说明，如果经过法律、法规的授权，具有管理公共事务职能的组织也可以实施行政处罚。虽然《行政处罚法》没有明确“具有管理公共事务职能的组织”到底都是什么组织，具体包括哪些，但是一般认为既包括本不具有该项职能的其他行政机关和事业单位（如卫生防疫站），也包括机构改革、体制转型中的垄断性国企（如电力公司）。此外，《行政处罚法》第18条、第19条规定，行政机关依照法律、法规或者规章的规定，可以在其法定权限内委托符合条件的事业组织实施行政处罚。综合以上规定可以认为，相对集中行政处罚权的实施主体包括三类：①行政机关；②事业单位；③企业单位。但是，它们的权力来源却不完全相同。行政机关的行政处罚权主要来自宪法和组织法，是职权性、本源性的权力，但在单行法律授权情况下，也具有了本不具有的某种行政处罚权，只不过这时的行政处罚权是授权性、非本源性的。事业单位的行政处罚权完全不是职权性、本源性的，因为事业单位根本就不具有也不应当享有行政处罚权；他们之所以享有，要么来自于法律、法规的授权，要么来自于行政机关的委托，而且委托也需要有法律、法规或者规章的规定，否则任意委托是违法、无效的。企业单位的行政处罚权受到更加严格的限制，他们的权力来源只有一种，那就是法律、法规的授权，既不可能来自于本源性的职权，也不可能来自于行政机关的委托，因为按照《行政处罚法》第 19 条的规定，受托单位只能是事业组织而不应是企业单位。

这样说来，城管综合执法机构自从成立之日起，只要它不是企业组织（实际上也不可能是企业），那么无论在性质上、编制上地方政府怎么确定，城管部门都会有行政处罚权。这个处罚权要么是职权性的，要么是授权性的，要么是委托性的。但是，在行政处罚这类重要的权力行使上，如果一个政府一直安排一个事业单位来掌握，终究不是长远之计，因为行政处罚权毕竟属于国家公权，带有强烈的单方性、强制性和国家意志性，而事业单位根本不具有这些属性。事业单位在一定时期内和特殊情况下可以暂行一定的行政权力，但却不能一直行使，否则既影响了本单位的本职工作，也削弱了行政机关的自身权威，最终受损害的是整个国家。正是基于这种顾虑，在 1996 年《行政处罚法》颁布后，国务院及国务院办公厅连发几个规范性文件，明确各地行使相对集中行政处罚权的机关应当是行政机关而不应当是其他组织。[1]

虽然至今很多地方的城管部门在性质上仍然是事业编制，2015年发布的《中共中央、国务院关于深入推进城市执法体制改革改进城市管理工作的指导意见》，也没有将全国各地城管部门的性质完全统一起来，[2]但中央对此问题的重视一直没有放松过，也希望各地尽快统一起来。本书认为，城管部门的性质在全国各地至今没能完全统一起来，可能有三个方面的原因：一是城管部门不同于其他执法部门，事务比较琐碎，涉及城市生活的方方面面，服务性、公益性强，更接近于普通的事业单位。二是城管部门地方属性较强，受制于地方政府的管理需要和目标要求，中央不便“一竿子插到底”，于是允许地方享有相对的自主决定权。三是一个地方的编制类型和行政编制人数，往往受制于该地往年的编制约束，更受制于当地财政收入状况的制约；如果将一部分编制予以非行政化，则可以减轻地方政府财政的压力，减少公共开支。

本书认为，随着现代城市管理的日趋复杂和重要，也随着经济的发展和财政收入的增加，更随着法治政府建设的持续推进，城管综合执法机构最终会以全国统一的、法定的行政机关的性质展现于世人面前。

二、城管综合执法机构的名称

名称虽小，兹事体大。孔子曰：“名不正，则言不顺；言不

〔1〕 参见《国务院关于贯彻实施〈中华人民共和国行政处罚法〉的通知》（1996年）、《国务院办公厅关于继续做好相对集中行政处罚权试点工作的通知》（2000年）、《国务院关于进一步推进相对集中行政处罚权工作的决定》（2002年）等。

〔2〕 该《指导意见》规定，综合设置机构。统筹解决好机构性质问题，具备条件的应当纳入政府机构序列。言外之意，不具备条件的也可以（暂时）不纳入政府机构序列。

顺，则事不成。”[1]城管部门的名称和其他行政部门的名称一样，是自身的名分和脸面，代表着自身的形象，自然非常重要。但令人感到疑惑的是，与其他行政部门不同，城管部门的名称至今仍是五花八门，在全国各地都没有统一起来。

几年前，针对全国各地城管部门的名称问题，已经有学者做了统计。统计显示，从开展城市管理综合执法的城市来看，全国各地综合执法机构的名称可以分为七种：①城市管理行政执法局。这是大部分城市采用的称呼，尤其是2002年以后开展综合执法工作的城市大都使用了这一称呼。如上海、哈尔滨、吉林、长春、沈阳、太原、郑州、南京、昆山、青岛、杭州、宁波、苏州、南昌、厦门、长沙、深圳、宝鸡、成都、乐山、黄山、乌鲁木齐、兰州、天水、揭阳、淄博、潍坊、临沂、珠海等。②城市管理综合行政执法局。如北京、西安、南宁、铁岭等。③城市管理综合执法局。如天津、广州、[2]银川、拉萨、廊坊等。④城市管理执法局。如武汉、济南、温州、绥化等。⑤城市管理局。如石家庄、常州、衡水等。⑥市容管理局。如呼和浩特、桂林等。⑦城市管理综合执法监察大队（支队）。如重庆、贵阳等。有学者指出，机构名称不统一在某种程度上也反映了该机构运行中存在的不规范问题。[3]

这个现象值得深思：做相同或相似的城市管理与行政执法

---

〔1〕《论语·子路》。

〔2〕准确地讲，广州城管局的全称是“广州市城市管理和综合执法局”。参见该局网站：http://www.gzcgw.gov.cn/，2019年2月22日访问。

〔3〕杨书文：《中国城市管理综合执法体制研究》，天津人民出版社2009年版，第90页。但随着近年来的政府职能转变和机构改革，部分城管局的名称已经有所变化，如郑州市2015年2月根据《中共郑州市委郑州市人民政府关于市政府职能转变和机构改革的实施意见》（郑发［2014］30号）设立郑州市城市管理局（郑州市城市管理行政执法局）为市政府组成部门，武汉市已更名为城市管理执法委员会。

工作，但名称却千差万别，且这么多年来都没有统一起来，竟然也没有多少人认真关注过、探讨过。遍查国内其他行政部门的名称，几乎没有一个像城管部门这样五花八门的。对比其他行政部门全国上下整齐划一、职责明晰、上下一致的体系化、规范化机构设置，全国各地的城管部门却显得各行其是、职责各异、上下不一，既不成一个体系，也没有统一的规范。实际上，非但各地城管部门的名称不统一，城管执法人员的着装也差异很大。由于缺乏全国一致的培训、指导、教育、管理，各地城管执法人员的业务素质、执法水平出入很大，常常招致社会各界的诟病。一旦遇到“暴力执法”的事件发生，群众往往不分青红皂白，对城管执法人员群起而攻之，导致非常消极的社会后果。虽然很多事件与城管名称不统一、着装不统一、管理不统一没有直接关系，但“形式”反映“内容”，“外因”受制于“内因”，这些因素背后总存在千丝万缕的联系，需要我们认真反省。

本书认为，城管部门在全国各地名称的统一问题应当尽快予以解决，不能再任由各地随意命名了。基于国家政令一致、法制统一的考虑，也应当将行使相同或者基本相同职责的行政机关用同一个名称命名。2015 年《中共中央、国务院关于深入推进城市执法体制改革改进城市管理工作的指导意见》提出，到 2017 年年底，实现市、县政府城市管理领域的机构综合设置。该意见提出了“综合设置”的要求。2017 年 1 月，住房和城乡建设部发布《城市管理执法办法》，规定城市、县人民政府所在地镇建成区内的城市管理执法活动以及执法监督活动，适用本办法。该办法提出一个简洁明了的名称，即“城市管理执法”。结合中央文件精神和住房和城乡建设部的城市管理执法办法，联系城管综合执法的实际，本书认为用“城市管理综合执法局”来统一表述城管执法部门，是比较恰当、比较准确的，如某个市的城管执法局，就称为“某某市城市管理综合执法局”。把这个名称拆开来看，“某某市”表明了区域，“城市管理”表明了职能，“综合”表明了特点，“执法”表明了性质，合起来就比较全面准确地表达了这个行政执法机构的地域、功能和属性。另外，“执法”这两个字前面不必加“行政”二字，因为执法本身就指的行政执法，不可能是其他执法；“执法”前面再加“行政”二字，显得画蛇添足了。

三、城管综合执法机构的纵向主管

在我国，从中央到地方，对城管综合执法机构行使主管权的机关有哪些呢？

这个问题在2015年《中共中央、国务院关于深入推进城市执法体制改革改进城市管理工作的指导意见》中已经得到了解决，至少在中央层面明确了全国的城管综合执法主管部门。该意见规定，国务院住房和城乡建设主管部门负责对全国城市管理工作的指导，研究拟定有关政策，制定基本规范，做好顶层设计，加强对省、自治区、直辖市城市管理工作的指导监督协调，积极推进地方各级政府城市管理事权法律化、规范化。各省、自治区、直辖市政府应当确立相应的城市管理主管部门，加强对辖区内城市管理工作的业务指导、组织协调、监督检查和考核评价。同时，该意见还授权各省、自治区、直辖市人民政府自行确立相应的城市管理主管部门，没有对各省、自治区、直辖市政府及下级政府的城市管理主管部门直接作出安排。但关于各省、自治区、直辖市政府的城市管理主管部门这个任务，很快被2017年1月住房和城乡建设部发布的《城市管理执法办法》化解了。该办法第4条规定：“国务院住房城乡建设主管部门负责全国城市管理执法的指导监督协调工作。各省、自治区人民政府住房城乡建设主管部门负责本行政区域内城市管理执法的指导监督考核协调工作。城市、县人民政府城市管理执法主管部门负责本行政区域内的城市管理执法工作。”这表明，各省、自治区、直辖市政府的城市管理主管部门，是住房城乡建设主管部门。

严格来讲，住房和城乡建设部通过发布《城市管理执法办法》这个部委规章规定各省、自治区、直辖市政府的住房城乡建设主管部门作为各地的城管主管部门是不恰当的，因为《中共中央、国务院关于深入推进城市执法体制改革改进城市管理工作的指导意见》规定的是由各省、自治区、直辖市人民政府来确立各地相应的城市管理主管部门，住房和城乡建设部“一竿子插到底”，直接规定了全国各省、自治区、直辖市的住房城乡建设主管部门作为各地的城管主管部门，似乎缺乏授权来源，且与上述意见相冲突。作为与住房和城乡建设部平级的省、自治区、直辖市人民政府，是否同意本地的住房城乡建设主管部门作为当地的城管主管部门，不得而知。但是相信经过彼此的沟通协商，这个顾虑应当可以得到顺利解决。事实上，各省、自治区、直辖市的住房城乡建设主管部门作为各地的城管主管部门，比较符合城管工作的职责特点，切合城管工作的内容，相比其他上级机关而言，应当是最合适的主管部门了。

不过，如果说《中共中央、国务院关于深入推进城市执法体制改革改进城市管理工作的指导意见》解决了全国性的城管综合执法主管部门问题，那么《城市管理执法办法》便是解决了各省、自治区、直辖市的城管综合执法主管部门问题，即将住房城乡建设主管部门作为各地的城管主管部门，但是却没有解决各个设区的市、市辖区、县及以下政府的城管综合执法主管部门问题。这恰恰是问题的关键所在，也是城管综合执法体制运行上面临的最直接、也让各地常感困惑的问题。城管执法部门常常会问：到底谁是我们的“管家婆”？

针对此问题，不同的地方有不同的做法，归纳起来，大致有三种。一是由当地的住房城乡建设主管部门（住建局或住管局）作为城管综合执法机构的主管部门，即将原来相对独立的城管部门（城市管理局）合并在一起，城管综合执法机构作为住房城乡建设主管部门相对独立的二级单位，如广东省韶关市。二是设立或继续保留城市管理局，城管综合执法机构作为城市管理局相对独立的二级单位，如河南省郑州市。北京市比较特殊，既成立有城市管理委员会，也成立有城市管理综合行政执法局，二者都属于市政府的组成部门。[1]三是扩大城市管理机构的框架，成立城市管理委员会，城管综合执法机构作为城市管理委员会相对独立的二级单位，如广东省广州市。[2]

以上是设区的市城管综合执法机构的主管部门情况。设区的市政府以下（含区、县、县级市）的城管综合执法机构的主管部门是怎样的呢？这个情况更复杂。大致来看，主要也有三种情形：一是成立专门的城市管理局或者城市管理行政执法局，局长兼任执法部门的负责人，如长沙县；二是成立设区的市城管综合执法机构的分支机构，称为某市某区的执法局（分局），如韶关市武江区城管执法分局，但隶属于武江区城市综合管理

---

〔1〕 参见北京城管委网站：http://csglw.beijing.gov.cn/，和北京城管局网站，http://www.bjcg.gov.cn/index.html，http://zwgk.gz.gov.cn/GZ46/1.2/201606/b6b61a81c856477d8dc45ed57ba239d9.shtml，2019 年 2 月 23 日访问。

〔2〕 根据广东省委、省政府批准的广州市人民政府职能转变和机构改革方案，广州市政府设立广州市城市管理委员会，挂广州市城市管理综合执法局牌子，为市人民政府工作部门。参见广州市人民政府网：http://zwgk.gz.gov.cn/GZ46/1.2/201606/b6b61a81c856477d8dc45ed57ba239d9.shtml，2019 年 2 月 23 日访问。

局和韶关市城市管理行政执法局双重领导；三是合并相关职能部门，将相关的综合执法职能划归该部门管理，行使城市管理行政执法职能，如仁化县住建局。总体上看，如果是设区的市，那么各个区的城管综合执法机构受市城管综合执法机构和区城市管理主管部门的双重领导；如果是县或县级市，则相对独立，只受县或县级市城市管理主管部门的领导。

以上是区、县、县级市的城管综合执法机构的主管部门情况。那么，区、县、县级市下属的各个街道办的城管综合执法机构是怎么管理的呢？一般的做法是，由区、县、县级市的城管执法（分）局统一管理，下设不同的执法队，依法行使相应的执法权。随着近年来城管综合执法体制改革的深入推进，城管下移执法重心，区、县、县级市的城管执法队逐渐全部转隶至街道，各城管执法队由区城管执法局统一管理调整为以街道办事处为主的双重管理。

为解决上述错综复杂的城管综合执法纵向管理问题，2015年《中共中央、国务院关于深入推进城市执法体制改革改进城市管理工作的指导意见》提出，要下移执法重心。市级城市管理部门主要负责城市管理和执法工作的指导、监督、考核，以及跨区域及重大复杂违法违规案件的查处。按照简政放权、放管结合、优化服务的要求，在设区的市推行市或区一级执法，市辖区能够承担的可以实行区一级执法，区级城市管理部门可以向街道派驻执法机构，推动执法事项属地化管理；市辖区不能承担的，市级城市管理部门可以向市辖区和街道派驻执法机构，开展综合执法工作。派驻机构业务工作接受市或市辖区城市管理部门的领导，日常管理以所在市辖区或街道为主，负责人的调整应当征求派驻地党（工）委的意见。逐步实现城市管理执法工作全覆盖，并向乡镇延伸，推进城乡一体化发展。

四、城管综合执法机构的横向协作

城管综合执法，望文生义，不是一项单纯的执法，而是横跨多个部门行政职能的执法，其范围在《中共中央、国务院关于深入推进城市执法体制改革改进城市管理工作的指导意见》中已有明确规定，即城市管理的主要职责是市政管理、环境管理、交通管理、应急管理和城市规划实施管理等。具体实施范围包括：市政公用设施运行管理、市容环境卫生管理、园林绿化管理等方面的全部工作；市、县政府依法确定的，与城市管理密切相关、需要纳入统一管理的公共空间秩序管理、违法建设治理、环境保护管理、交通管理、应急管理等方面的部分工作。这样粗略算起来，城管综合执法机构需要与之建立横向协作关系的单位至少包括市政、环保、交通、公安、应急、规划、卫生、园林以及工商等部门。

城管综合执法机构行使上述部门依法享有的部分行政处罚权、行政强制权后，这些部门还保留着行政管理权，甚至还有自身掌握的行政处罚权、行政强制权。如何协调城管综合执法机构的行政处罚权、行政强制权与上述部门的行政管理权的关系？如何协调城管综合执法机构的行政处罚权、行政强制权与上述部门的行政处罚权、行政强制权的关系？例如，为了查处建筑垃圾违法运输、倾倒、沿途抛洒等问题，城管执法部门就要联合公安、交通等部门开展联合执法活动。但是如果没有一个较好的合作机制，公安、交通等部门不予配合，则城管执法部门单独很难做好这项工作。再如，为了防止城管执法活动中产生人身伤害，城管执法部门会联合公安部门或者成立“城管警察”开展联合执法活动，但怎么确保这种机制长效运转呢？诸如以上问题，必须建立城管综合执法机构与上述有关部门之间的协调机制，搭建横向协作的平台，构建良性的合作关系。其办法有三：一是建立联席会议制度，搭建协调机制。可让分管城市管理工作的市、县、区领导担任联席会议主席，定期召开联席会议，遇到重大问题随时召集相关部门负责人开会，形成制度化，联席会议办公室设在城管部门。二是成立固定化的城市管理委员会，城管综合执法机构和有管部门的负责人均为城市管理委员会组成人员，委员会主任由市、县、区领导担任。三是加强地方立法，通过制定地方性法规如《城市管理综合执法条例》或地方政府规章如《城市管理综合执法办法》，建立健全协调机制和工作机构，规定相关主体的权力（利）、义务和责任，以法治保障横向协作关系的顺利进行。

针对以上问题，《中共中央、国务院关于深入推进城市执法体制改革改进城市管理工作的指导意见》明确指出，要建立城管工作协调机制。建立全国城市管理工作部际联席会议制度，统筹协调解决制约城市管理工作的重大问题，以及相关部门职责衔接问题。各省、自治区人民政府应当建立相应的协调机制。市、县政府应当建立主要负责人牵头的城市管理协调机制，加强对城市管理工作的组织协调、监督检查和考核奖惩。建立健全市、县相关部门之间信息互通、资源共享、协调联动的工作机制，形成管理和执法工作合力。可以说，上述要求与本书的观点不谋而合，只是需要各地将该文件的精神具体化、制度化、可操作化。

第三节　城管综合执法的队伍

城管综合执法队伍即城管综合执法人员，是指从事城市管理和行政执法工作的各类公务人员。从编制上说，他们既包括行政编制人员，也包括事业编制人员，还包括临时聘用合同编制人员以及非固定性借用的人员。他们中，部分人员经过严格的选拔、考试，获得了执法资格证，具有执法资格；而部分人员不符合条件，没有执法资格，如城管协管员。

城管综合执法队伍是落实国家法律法规、实现地方城市管理目标，与社会公众直接打交道的一个群体。没有城管综合执法队伍高效、规范的执法工作，就不会有良好的城市管理秩序，他们的道德水平、工作作风、专业知识和执法能力如何，既关系着在城市里生活的千家万户的基本需求和利益，也关系着法律秩序、社会秩序的实现和各级政府的形象，因而具有举足轻重的作用。马克思曾说，人是生产力中最活跃的因素。毛泽东也说，政治路线确定之后，干部就是决定的因素。[1]这样的道理用在城管综合执法队伍上，同样具有重要的指导作用。

一、城管综合执法队伍的产生

根据宪法、组织法、公务员法和有关的人事政策规定，城管综合执法队伍的产生方式主要有选任、委任、考任和聘任等几种。

一是选任。即由国家权力机关通过选举，确定任用对象的任用方式，它适用于需要根据民意产生的人员的任用。我国公务员中的各级政府组成人员实行选任制，即由各级人民代表大会及其常务委员会选举产生或者决定任命。城管综合执法队伍的负责人在以往很少成为政府组成人员，但随着近年来城市管理工作的日益重要和行政体制改革的推进，越来越多的城管执法局成为政府组成部门，城管执法局的负责人于是也成了政府

---

〔1〕《毛泽东选集》（第2卷），人民出版社1991年版。

组成人员。相信这个现象将越来越普遍。

二是委任。即由国家权力机关或者国家行政机关在任免权限范围内，直接确定公务人员的任用人选，委派其担任一定职务的任用方式。这种方式的实质是由上级部门直接决定任用人选。根据《宪法》《地方各级人民代表大会和地方各级人民政府组织法》的规定，在地方人大闭会期间，地方人大常委会有权根据省、市、县（区、县级市）长的提名，决定任免当地城管综合执法机构的负责人等。

三是考任。即通过公开考试、择优录取的原则来选拔、任用公务人员。根据2018年《公务员法》第23条规定，录用担任一级主任科员以下及其他相当职级层次的公务员，采取公开考试、严格考察、平等竞争、择优录取的办法。根据该法第16条规定，国家实行公务员职位分类制度。公务员职位类别按照公务员职位的性质、特点和管理需要，划分为综合管理类、专业技术类和行政执法类等类别。由此可见，城管执法人员基本上都要通过考任的方式产生。

四是聘任。即由行政机关通过招聘渠道或者资格审查聘请任用公务员，形成职务关系。一般情况下，某些专业性或技术性较强的职位任用公务员，常实行聘任制。[1]实际上，大量的城管协管员也实行聘任制，只不过他们没有执法权，在行政执法中只起配合辅助作用。

以上几种方式产生的城管执法人员，在实践中，由于各地行政编制、财政状况、城管执法队伍建设情况各有不同，即使公开招考入职的执法人员，也可能是事业编制，这与城管执法人员的身份是不相称的。为逐步解决此问题，《中共中央、国务

---

〔1〕 应松年主编：《行政法与行政诉讼法》（第3版），中国政法大学出版社2017年版，第83页。

院关于深入推进城市执法体制改革改进城市管理工作的指导意见》规定，各地应当根据执法工作特点合理设置岗位，科学确定城市管理执法人员配备比例标准，统筹解决好执法人员身份编制问题，在核定的行政编制数额内，具备条件的应当使用行政编制。同时，建立符合职业特点的城市管理执法人员管理制度，优化干部任用和人才选拔机制，严格按照公务员法有关规定开展执法人员录用等有关工作，加大接收安置军转干部的力度，加强领导班子和干部队伍建设。

二、城管综合执法人员的权利和义务

城管综合执法队伍的骨干是公务员，依照《公务员法》的规定，有关公务员权利和义务的内容适用于作为公务员的城管执法人员。该法第 2 条规定，公务员，是指依法履行公职、纳入国家行政编制、由国家财政负担工资福利的工作人员。城管执法人员中的临时聘用人员、非行政编制人员，不适用公务员权利义务的规定。但是，根据该法第 112 条的规定，法律、法规授权的具有公共事务管理职能的事业单位中除工勤人员以外的工作人员，经批准参照本法进行管理。

（一）城管综合执法人员的权利

《公务员法》第 15 条规定："公务员享有下列权利：（一）获得履行职责应当具有的工作条件；（二）非因法定事由、非经法定程序，不被免职、降职、辞退或者处分；（三）获得工资报酬，享受福利、保险待遇；（四）参加培训；（五）对机关工作和领导人员提出批评和建议；（六）提出申诉和控告；（七）申请辞职；（八）法律规定的其他权利。"

概括以上条文，作为公务员的城管执法人员依法享有下列权利：①身份保障权，即作为城管执法人员的身份和职务受法律保障，非因法定事由、非经法定程序，不被免职、降职、辞退或者处分；②执行职务权，即城管执法人员有权依法执行职务，获得履行职责应当具有的工作条件；③工资福利权，即城管执法人员有权获得工资报酬，享受福利、保险待遇；④参加培训权，即有权参加政治理论和业务知识、技能的培训；⑤批评建议权，即城管执法人员有权对行政机关的工作和领导人员提出批评和建议；⑥申诉、控告权，即城管执法人员的合法权益被侵犯或受到不公平待遇时，有权向有关部门提出申诉或控告；⑦辞职权，即城管执法人员因主观或者客观原因不愿意继续担任现职或公职的，有权根据法定条件和法定程序辞职；⑧宪法和法律规定的其他权利。

（二）城管综合执法人员的义务

《公务员法》第 14 条规定："公务员应当履行下列义务：（一）忠于宪法，模范遵守、自觉维护宪法和法律，自觉接受中国共产党领导；（二）忠于国家，维护国家的安全、荣誉和利益；（三）忠于人民，全心全意为人民服务，接受人民监督；（四）忠于职守，勤勉尽责，服从和执行上级依法作出的决定和命令，按照规定的权限和程序履行职责，努力提高工作质量和效率；（五）保守国家秘密和工作秘密；（六）带头践行社会主义核心价值观，坚守法治，遵守纪律，恪守职业道德，模范遵守社会公德、家庭美德；（七）清正廉洁，公道正派；（八）法律规定的其他义务。"

概括以上条文，作为公务员的城管执法人员必须履行下列义务：①遵守法律的义务，即城管执法人员必须遵守宪法和法律，不得违宪、违法；②维护国家利益的义务，即城管执法人员必须随时注意维护国家的安全、荣誉和利益；③接受监督的义务，即城管执法人员必须全心全意为人民服务，接受国家、社会和公众的监督；④忠于职守、服从命令的义务，即城管执法人员必须坚持原则、忠于职守，服从和执行上级依法作出的决定和命令，并且努力提高工作质量和效率；⑤保守秘密的义务，即城管执法人员对其了解或者利用的属于国家秘密的资料应当保密，防止泄密；⑥带头践行社会主义核心价值观的义务，即城管执法人员应当模范遵守职业道德、社会公德和家庭美德；⑦廉洁奉公的义务，即城管执法人员应当公正廉洁、克己奉公，不得利用职权谋取私利，不得从事与公共利益相悖的活动，如不得经商、办企业和参加其他营利性的经营活动；⑧宪法和法律规定的其他义务。

三、城管综合执法队伍的管理

城管综合执法队伍的管理是一个复杂的系统工程，涉及的事项方方面面。这里仅就编制管理、持证上岗、培训考核等问题加以探讨。

（一）编制管理

一般认为，所谓编制是指组织机构的设置、人员数量的定额及职务的分配。由财政拨款的编制数额由机构编制管理部门确定，各级组织人事部门根据编制调配人员，财政部门据此拨款。在我国，“入编”意味着特定的地位、身份和资格，因此享有相应的权利、履行相应的义务。2007 年《地方各级人民政府机构设置和编制管理条例》第 6 条第 1 款规定：“依照国家规定的程序设置的机构和核定的编制，是录用、聘用、调配工作人员、配备领导成员和核拨经费的依据。”编制尤其是行政编制不是随意设置的，应当综合考虑机构、人员、工资和财政的关系。该条例同时规定，县级以上各级人民政府应当建立机构编制、人员工资与财政预算相互制约的机制，在设置机构、核定编制时，应当充分考虑财政的供养能力。由此规定了编制的重要意义和设置机构、核定编制时应当考虑的因素。

总体而言，从行政执法涉及的各方面的实际情况来看，执法机构所需要的执法人员的编制数量，由执法任务、管辖人口数量、管辖城区面积、管辖街道数量和执法案件多少等多种因素决定。[1]按照住房和城乡建设部的有关标准，在城管综合执法人员的配备比例上，大城市的城管执法人员按照城市人口的0.08%配备，中小城市按城市人口的0.05%配备。但从实际情况看，广州市常住人口为720万时，配备执法人员2765名，配备比例为1∶2603；深圳市常住人口为864万时，配备执法人员1208名，配备比例为1∶7152，都远未达到规定要求。[2]此外，《地方各级人民政府机构设置和编制管理条例》第15条还规定："机构编制管理机关应当按照编制的不同类别和使用范围审批编制。地方各级人民政府行政机构应当使用行政编制，事业单位应当使用事业编制，不得混用、挤占、挪用或者自行设定其他类别的编制。"实际上，城管综合执法机构虽然本身为行政机构，但许多地方的城管执法人员却是事业单位编制，或者行政编制与事业编制混编，违背了该条例的要求，同样需要纠正。

本书认为，出现上述现象的原因固然有很多，但最根本的，还是没有真正重视城市管理与行政执法工作，没有认识到城管综合行政执法的重要性。这在城市化快速发展的当今时代，既无法满足人民群众对日益增长的美好生活的向往，也无法适应中国快速工业化、现代化、城市化的现实需要，因而需要城市

---

〔1〕 熊文钊主编：《新时期城市管理综合行政执法指导全书》（第1卷），新华出版社2003年版，第201页。

〔2〕 王震国、王宇辰主编：《城市管理行政综合执法》，中国建筑工业出版社2017年版，第20页。

政府加以重视和改变。

（二）持证上岗

在城管执法活动中，行政调查、行政检查、行政处罚、行政强制等执法行为必不可少，相关法律法规、党和国家的规章制度都规定了行政执法要出示证件或持证上岗等制度。如《行政处罚法》第37条规定，行政机关在调查或者进行检查时，执法人员不得少于两人，并应当向当事人或者有关人员出示证件。《行政强制法》第17条规定，行政强制措施应当由行政机关具备资格的行政执法人员实施，其他人员不得实施。《中共中央关于全面推进依法治国若干重大问题的决定》规定，严格实行行政执法人员持证上岗和资格管理制度，未经执法资格考试合格，不得授予执法资格，不得从事执法活动。《中共中央、国务院关于深入推进城市执法体制改革改进城市管理工作的指导意见》规定，要加强现有在编执法人员业务培训和考试，严格实行执法人员持证上岗和资格管理制度，到2017年年底，完成处级以上干部轮训和持证上岗工作。《城市管理执法办法》第17条规定，城市管理执法人员应当持证上岗。

城管综合执法人员实行持证上岗，既是《行政处罚法》《行政强制法》等法律有关执法资格制度的要求，也是城管执法工作的实际需要。通过执法人员持证上岗制度的落实，一方面促使城管执法主管部门严把城管执法人员的“入口”关，提高执法整体人员的素质；另一方面凭借高素质的执法队伍，提升城市管理和执法的水平。〔1〕

（三）培训考核

城管执法人员基本上属于公务员，因此，城管综合执法队

〔1〕王敬波主编：《城市管理执法办法理解与适用》，中国法制出版社2017年版，第81页。

伍理应接受《公务员法》的规范与调整，《公务员法》中有关公务员培训与考核的规定当然也就适用于城管执法人员。

《城市管理执法办法》第17条第2款规定："城市管理执法主管部门应当定期开展执法人员的培训和考核。"关于考核的内容和方式，《公务员法》第35条规定："公务员的考核应当按照管理权限，全面考核公务员的德、能、勤、绩、廉，重点考核政治素质和工作实绩。考核指标根据不同职位类别、不同层级机关分别设置。"第36条规定："公务员的考核分为平时考核、专项考核和定期考核等方式。定期考核以平时考核、专项考核为基础。"

在城管执法人员的培训中，需要注意的是：①执法人员应紧紧围绕专业化、法律化进行，培养他们以法治思维和法治方式分析解决城管问题的能力；②增强行业类专业类培训，使城管执法人员能从容处理日常城市管理中的专业性问题；③注重实践案例培训，增强城管执法人员的直观感受，提高实践能力；④注重执法礼仪与服务意识培训，内化执法人员的服务观念，促进服务型政府建设。

四、城管协管员管理面临的问题与对策[1]

（一）城管协管员的现状

一般认为，城管协管员是指由城管执法局聘用，协助城管执法人员开展执法工作的人员。他们是城管执法工作的辅助队伍和补充力量，属于"编外"劳务人员，编入城管执法队伍进行统一管理。城管协管员有两个特征：一是协管员是非正式执法人员，只承担协助正式执法人员从事辅助性的工作；二是协

[1] 本部分内容参考了韶关学院2019届行政管理专业汤子仪同学的学位论文"城管协管员规范化管理研究"。

管员由城管执法局聘用而来，与城管执法局之间是劳动合同关系，是以合同工、临时工方式存在的，其工资待遇由各聘用单位负责。

我国的协管制度起源于20世纪八九十年代，最早在治安领域出现的是治安联防队。21世纪初，我国各地方政府特别是城市政府积极建设服务型政府，政府任务越来越扩张，事务不断扩大，一线人员严重匮乏，不能满足行政任务扩张的需求。由于政府的公务员编制扩展困难，基于行政成本的考虑，城管执法局只能通过雇用临时工的方式来分担任务。政府聘用的这些临时工中，大多数都是城市的下岗工人、家庭困难人员，年龄普遍在30岁以上。这样有利于节约政府开支，缓解就业压力，同时还减少了一些社会的不稳定因素，一时间，各类协管员如雨后春笋般涌现。

我国各地有关协管员的管理制度中都对协管员的职责作了规定，大部分都明确规定协管员无执法权，须在具有执法资格的执法人员带领下协助完成行政任务。协管员在工作中遇到自身无法解决的问题时，应主动及时报告并协助处理。概括来看，城管协管员的职责大致包括：①向公众宣传城市管理的法律知识；②对违反城市管理规定的行为进行巡查、报告、劝阻、制止，督促其改正；③协助城管执法人员开展城市管理与执法工作；④对公众提出的意见和建议进行收集并及时向单位反映；⑤完成上级交办的其他任务。

（二）城管协管员管理中面临的问题

（1）身份定位不清，存在较大偏差。不少协管员因法律地位与身份界定不明，对自身职责认识并不清楚，在完成任务上没有明确的目标，在具体的行政执法过程中不知所为。

（2）队伍人员素质低，整体水平不高。大部分协管员都是年龄较大的下岗再就业人员，他们的专业素质和法律知识不足，业务培训学习也不够充分，部分协管员履行职责时会违反职业道德，甚至触犯法律。

（3）人员流动性大，职业归属感低。协管员队伍成员流动性比较大，一旦出了问题往往抬腿就走，责任感差。一些年轻协管员一时找不到合适的工作，就把协管员队伍当成了暂时的“避风港”，他们先让自己安下身来，确保工龄、社保不缺失，然后再一边工作一边考虑自身的后路。这样打算本无可厚非，但对于整个城管工作来说，却是不利的。

导致以上问题产生的原因是多方面的，主要在于以下方面：一是国家和地方层面缺乏相关的立法，协管员自身的权益得不到保障，在执法过程中也容易做出损害公民合法权益的行为。二是城管协管员管理制度不完善，既缺乏明确的职权职责规定，也缺乏统一严格的招聘录用机制，还缺乏培训教育机制和健全的竞争、激励机制。如在协管员的招录上，缺乏科学、正规、统一的录用制度，各单位各自为政，进人标准不一，无法满足协管员所需具备的素质要求。目前，协管员最大的抱怨是工资待遇低、晋升困难，不少协管员都抱着得过且过的心态。这样的价值观导致他们在工作中积极性低、缺乏激情。同时也会使得该岗位的吸引力降低，导致相当一部分有工作经验的协管员更倾向于选择其他工作。

（三）完善城管协管员管理的对策

（1）进一步明确协管员的法律地位和职责权限。要明确规定城管协管员的法律地位是行政辅助人员，担任着协助管理的角色，不具有行政执法资格。《城市管理执法办法》对此已有规定，但仍需要完善。应进一步明确协管员代表城管执法部门从事非强制性辅助执法活动，要接受所在部门的监督管理，其行为的后果归属于城管执法部门。在权限职责方面，明确城管协管员的主要任务是：①宣传城市管理的法律、法规和规章；②辅助城管执法部门实施城市管理，参与城市管理的日常管理，及时管理城市不良行为，制止违反城市管理秩序的行为，对超出自己权限范围的工作，应当立即向执法人员报告；③协助执法人员执法；④收集并及时反映所属管理区域人民群众的意见和建议等。

（2）加强内部监督和外部监督。如果城管部门通过法定程序招录协管员，那么须对他们的行为负责到底。必须不定期对该单位协管员的工作情况进行检查，包括违法行为次数、被投诉次数以及工作中服装仪表、言行举止是否规范等，并根据检查的情况进行通报。通过政府网站、电话电台、微信公众号，以及媒体的曝光等，加强对协管员行为的监督，以提升协管员队伍的整体素养。

（3）优化城管协管员队伍，提高行政能力。应建立专门的城管协管员准入机制，坚持优胜劣汰，严把人员进口关，招聘城市管理的有用之才。应规范招聘流程，明确招聘程序，公开、公平地招录热爱城管事业的人员。

（4）进一步加强协管员的培训教育。不但要对协管员进行入职培训，而且要有计划、有重点、有目的地进行入职后的专门培训。培训的内容应该包括思想政治、法律法规、业务能力、工作纪律、行为规范等。

（5）定期考核，实施奖惩激励制度。加大考核力度，引入淘汰机制，将考核结果与工资奖励、选拔晋升相挂钩。明确并实施精神与物质相结合的奖惩制度，通过奖惩制度，调动协管员的工作积极性。在实施奖惩制度的同时，还需完善协管员的职业发展规划，给年轻能干、表现突出者提供晋升、“入编”的机会和空间。

（6）提高协管员的工资福利待遇，增强幸福感、归属感。从各地有关规定和协管员的实际工资福利待遇看，目前总体水平偏低，加之工作强度和社会压力大，容易影响他们工作的积极性和队伍的稳定性。为此，需要建立一个更具吸引力的工资福利体系。应以目前的薪酬机制为基础，结合当地的经济发展水平，根据年度物价上涨指数，并且参考其他类似行业的工资水平，对协管员的工资不断进行调整。在社会福利方面，应提供交通、伙食、高温等补贴，使其享受充分的社保待遇等，以增强协管员的幸福感、归属感。只有这样，才能调动他们的积极性和主动性，以提高工作效率，切实履行岗位职责。

第四节　城管综合执法的保障

城管综合行政执法的顺利开展，离不开作为运转基础的外在支持系统作保障，这包括组织保障、经费保障、物质保障、法治保障等。

一、组织保障

组织保障主要是讲要重视和发挥城管综合执法中党组织的领导力、凝聚力、战斗力和执行力。党的十九大报告指出："党的基层组织是确保党的路线方针政策和决策部署贯彻落实的基础。"对加强城管综合执法中党的基层组织建设作出了安排部署，指出了具体措施，提出了明确要求。

首先，强化政治领导，提升党组织领导力。即要坚持以习近平新时代中国特色社会主义思想为指导，在思想上政治上行动上同以习近平总书记为核心的党中央保持高度一致，旗帜鲜明在城管综合执法中讲政治，确保党组织方向明、作风实、步伐稳，不断提升党组织的保障能力。其次，强化组织建设，提升党组织凝聚力。城管部门党组织要以加强组织建设为抓手，开展好党员教育管理工作，引导党员同志发挥先锋模范作用。再次，强化队伍建设，提升党组织战斗力。要加强高素质专业化城管综合执法队伍建设，提升党员执法人员的实战能力，按照党管人才原则，让党组织对人才吐故纳新，发挥示范引领作用。最后，强化能力建设，提升党组织执行力。高水平贯彻落实党组织的精神，高质量、高效率完成好上级党组织和城管部门的决策部署；建设学习型党组织，提高党员执法人员学习现代科技的能力；要加强党员执法人员法治建设，提高他们的法治思维和依法办事能力。

组织保障还意味着除了城管执法部门加强内部组织力、战斗力外，外在的部门、组织的支持也非常重要，如公安司法机关的保障。强化公安司法保障，可以考虑组建公安机关城管执法保障大队，负责城管执法保障工作，对突发性事件、暴力抗法事件等进行现场布控和及时处理，提高城管执法的震慑力、公信力。随着城管工作重要性的提升和复杂性的凸显，必要的时候，可成立城管巡回法庭，建立城管非诉案件“审执一站式”工作新模式，缩短办案时间，提高审执效率。

二、经费保障

俗话说，“工欲善其事，必先利其器”“巧妇难为无米之炊”。没有必要的执法经费，城市管理与行政执法的日常运转就难以维系，更难以达到预期的效果。为城管执法提供必要的经费保障，既是加强城市管理工作的现实需要，也是提升城市治理水平的内在要求。

长期以来，经费保障问题一直是制约城管执法工作可持续发展的“老大难”问题。随着城市面积的不断扩大、城市管理要求的不断提高，城管执法工作任务日益加重，经费不足问题更加突出。在这种情况下，即使城管执法机关能够恪守原则、坚持操守、秉公执法，执法经费的不足也必然导致执法工作的被动，必将严重制约执法的实际效果。必要的经费保障是城市管理与行政执法正常运行所不可或缺的条件，缺乏必要的经费保障也是个别城管执法部门滥用职权、追求经济利益的重要原因。〔1〕在面对执法经费短缺而执法机关又要完成日益繁重的执法任务的情况下，一些城管执法部门可能会以“逐利性”执法如下达罚款指标、罚款分成、以收定支等方式来获取执法经费，势必造成权力寻租、选择性执法等乱象，从而既激化社会矛盾，也损害城管部门和政府形象，这种问题务必加以解决。

关于城管执法经费的问题，《国务院关于进一步推进相对集中行政处罚权工作的决定》提出，集中行使行政处罚权的行政机关所需经费，一律由财政予以保障，所有收费、罚没收入全部上缴财政，不得作为经费来源。《中共中央、国务院关于深入推进城市执法体制改革改进城市管理工作的指导意见》规定，按照事权和支出责任相适应原则，健全责任明确、分类负担、收支脱钩、财政保障的城市管理经费保障机制，实现政府资产与预算管理有机结合，防止政府资产流失。城市政府要将城市管理经费列入同级财政预算，并与城市发展速度和规模相适应。严格执行罚缴分离、收支两条线制度，不得将城市管理经费与罚没收入挂钩。各地要因地制宜加大财政支持力度，统筹使用有关资金，增加对城市管理执法人员、装备、技术等方面的资

〔1〕 王敬波主编：《城市管理执法办法理解与适用》，中国法制出版社 2017 年版，第 119~120 页。

金投入，保障执法工作需要。《城市管理执法办法》第22条规定，城市管理执法应当保障必要的工作经费。工作经费按规定已列入同级财政预算，城市管理执法主管部门不得以罚没收入作为经费来源。

将城市管理与行政执法工作经费列入财政专项预算，对于充分发挥预算的计划筹集和资金供应，监督相关的公共服务活动，以及集中资金做好城市管理与行政执法的重点工作，不断满足人民群众日益增长的物质和精神文化需求都具有重大意义。将城市管理与行政执法工作经费列入同级财政预算，并与城市建设规模和发展速度相适应，是保证行政执法公正、合法的基本要求，也是构建综合执法体制机制良性运转的重要内容。

三、物质保障

“物质”是个含义丰富的词语。在哲学上，是指在人们的意识之外独立存在又能为人的意识所反映的客观实在。在日常生活中，是指金钱、生活资料等，如“物质生活”。广义的“物质”，是指人类创造的各种物质产品，包括生产工具、劳动对象以及创造物质产品的技术等。物质决定意识，经济基础决定上层建筑。没有物质做基础、做保障，一切生产、生活和管理、执法等活动，皆无从谈起。城市管理与行政执法亦是如此，没有必需的执法车辆、调查取证装备、通讯设施设备、统一规范的服装标识和现代信息技术，要想做好工作是不可能的。可以说，对城管执法而言，物质保障的重要性，丝毫不亚于经费保障。

“兵马未动，粮草先行。”城管执法物质技术装备是开展城管执法活动的物质基础，也是加强执法队伍业务能力建设的重要内容。在当前城管执法环境日趋繁重、复杂，人民群众对城管执法的期望值也越来越高的背景下，执法装备的完备与否、先进与否，对执法的质量和效率具有重要影响。由于城市管理和行政执法工作涵盖面广，且对象复杂，如果城管执法装备不能满足执法工作需要，出现管理与执法的盲区，将导致执法的效能不足、权威受限。城管执法部门和执法人员配置并规范使用必需的执法车辆、调查取证装备、通讯设施设备，统一服装标识，积极运用现代信息技术，既是开展执法工作的基本需要，也是提高执法能力的重要保障。为此，《中共中央、国务院关于深入推进城市执法体制改革改进城市管理工作的指导意见》明确提出，在物质保障上，各地要因地制宜加大财政支持力度，统筹使用有关资金，增加对城市管理执法人员、装备、技术等方面的资金投入，保障执法工作需要。根据执法工作需要，统一制式服装和标志标识，制定执法执勤用车、装备配备标准，到 2017 年年底，实现执法制式服装和标志标识统一。积极推进城市管理数字化、精细化、智慧化，到 2017 年年底，所有市、县都要整合形成数字化城市管理平台。[1]基于城市公共信息平台，综合运用物联网、云计算、大数据等现代信息技术，整合人口、交通、能源、建设等公共设施信息和公共基础服务，拓展数字化城市管理平台功能。加快数字化城市管理向智慧化升级，实现感知、分析、服务、指挥、监察“五位一体”。整合城市管理相关电话服务平台，形成全国统一的 12319 城市管理服务热线，并实现与 110 报警电话等的对接。综合利用各类监测监控手段，强化视频监控、环境监测、交通运行、供水供气供电、防洪防涝、生命线保障等城市运行数据的综合采集和管理分析，形成综合性城市管理数据库，重点推进城市建筑物数据

〔1〕 据统计，截至 2017 年底，全国各地城管执法机关已全面完成执法制式服装和标志标识统一工作，所有市、县也已整合形成数字化城市管理平台。

库建设。强化行政许可、行政处罚、社会诚信等城市管理全要素数据的采集与整合，提升数据标准化程度，促进多部门公共数据资源互联互通和开放共享，建立用数据说话、用数据决策、用数据管理、用数据创新的新机制。加快城市管理和综合执法档案信息化建设。依托信息化技术，综合利用视频一体化技术，探索快速处置、非现场执法等新型执法模式，提升执法效能。《城市管理执法办法》第20条至第23条也对城管执法装备问题作了具体规定。

与此同时，也要规范对城管执法装备的管理。对此，各地城管主管部门应尽快出台有关执法装备的使用管理规范，并将使用情况纳入执法规范化建设和依法行政考评的重要内容。[1]例如，对执法车辆的管理进行规范，要求除正常执法、公务活动外，严禁公车私用，严禁乱停乱放等，促使城管执法部门严格、规范、公正、文明执法。针对此问题，住房和城乡建设部于2018年9月发布了《城市管理执法行为规范》，对上述问题进行了明确化、规范化。《城市管理执法行为规范》第四章规定了“装备使用规范”，规定城市管理执法人员使用执法车辆，应当遵守道路交通安全法律法规，保持车辆完好、整洁。禁止公车私用。非工作需要，不得将执法车辆停放在公共娱乐所、餐馆酒楼等区城（第13条）。城市管理执法人员实施执法时，应当按照规范使用通讯设备，保持工作联络畅通，不得超出工作范围使用通讯设备（第14条）。城市管理执法人员实施执法时，应当开启音像设备，不间断记录执法过程，及时完整存储执法音像资料，不得删改、外传原始记录（第15条）。《城市管理执法行为规范》第五章还规定了“着装规范”，规定城市管理执法

〔1〕王敬波主编：《城市管理执法办法理解与适用》，中国法制出版社2017年版，第110页。

人员实施执法时，应当穿着统一的制式服装，佩戴统一的标志标识（第 16 条）。城市管理制式服装应当成套规范穿着，保持整洁完好，不得与便服混穿，不得披衣、放怀、挽袖、卷裤腿（第 17 条）。城市管理执法人员应当按规定佩戴帽徽、肩章、领花、臂章、胸徽、胸号等标志标识，不得佩戴与执法身份不符的其它标志标识或饰品（第 18 条）。这对维护城管综合执法队伍的尊严和形象，维护公共秩序和法律权威，都具有重要的规范意义和指导作用。

四、法治保障

做好城市管理与行政执法，最根本的，还要靠法治做保障，即要做到科学立法、严格执法、公正司法、全民守法。这里需要明确的问题是，一方面，虽然《中共中央、国务院关于深入推进城市执法体制改革改进城市管理工作的指导意见》等规范性文件规格很高、效力很强，但它们毕竟不是国家立法，在作为执法、司法、守法依据方面，不能作为国家的法律渊源，无法纳入司法裁判的范畴，因而具有明显的欠缺和不足。另一方面，虽然住房和城乡建设部颁布了《城市管理执法办法》《城市管理执法行为规范》，但它们在性质上只属于行政规章，效力层次低，影响面有限，规制空间较窄，在司法中只能作为“参照”的对象，作用有限，因而也同样具有明显的劣势和不足。在此情况下，通过国家和地方立法规范城市管理与行政执法行为，就应当纳入权力机关立法的视野。

针对如何依法保障城市管理与行政执法的问题，《中共中央关于全面推进依法治国若干重大问题的决定》规定，要“完善市县两级政府行政执法管理，加强统一领导和协调。理顺行政强制体制。理顺城管执法体制，加强城市管理综合执法机构建设，提高执法和服务水平”。《中共中央、国务院关于深入推进城市执法体制改革改进城市管理工作的指导意见》提出，要健全法律法规。加强城市管理和执法方面的立法工作，完善配套法规和规章，实现深化改革与法治保障有机统一，发挥立法对改革的引领和规范作用。有立法权的城市要根据《立法法》的规定，加快制定城市管理执法方面的地方性法规、规章，明晰城市管理执法范围、程序等内容，规范城市管理执法的权力和责任。全面清理现行法律法规中与推进城市管理执法体制改革不相适应的内容，定期开展规章和规范性文件清理工作，并向社会公布清理结果，加强法律法规之间的衔接。加快制定修订一批城市管理和综合执法方面的标准，形成完备的标准体系。《中共中央、国务院关于进一步加强城市规划建设管理工作的若干意见》提出，要推进依法治理城市。适应城市规划建设管理新形势和新要求，加强重点领域法律法规的立改废释，形成覆盖城市规划建设管理全过程的法律法规制度。严格执行城市规划建设管理行政决策法定程序，坚决遏制领导干部随意干预城市规划设计和工程建设的现象。研究推动城乡规划法与刑法衔接，严厉惩处规划建设管理违法行为，强化法律责任追究，提高违法违规成本。

上述三个重要文件均由中共中央牵头，都对加强城市管理与行政执法方面的立法工作提出了明确要求。概括而言，主要应当做好以下五个方面的立法和标准建设工作：一是做好全国性的城市管理和执法方面权力机关的立法工作，这属于全国人大及其常委会的职责，应该尽快纳入立法计划加以统筹安排。二是补充完善全国性的行政法规和行政规章，根据授权立法、创制立法、委托立法的不同权力来源，制定相应的行政法规或行政规章。三是有立法权的城市要根据《立法法》的规定，加快制定城市管理执法方面的地方性法规、地方政府规章。这块内容量大面广、全国各地情况各异，地方立法有较大的灵活性和自主权，但是不能违反《立法法》《行政许可法》《行政处罚法》《行政强制法》关于立法权的规定。四是开展行政规章和规范性文件清理工作，全面清理现行法律法规中与推进城市管理执法体制改革不相适应的内容。这一方面表明，各个地方积压了不少问题，不少行政规章和规范性文件与当前的城市管理执法体制改革取向和目标要求不一致，亟待清理。五是加快制定、修订一批城市管理和综合执法方面的标准，形成完备的标准体系，如执法办案质量标准、执法记录仪使用标准、数字城管建设标准、信息平台资源共享建设标准等。通过以上几个方面的立法和标准建设工作，最终实现城市管理与行政执法的规范化和法治化。

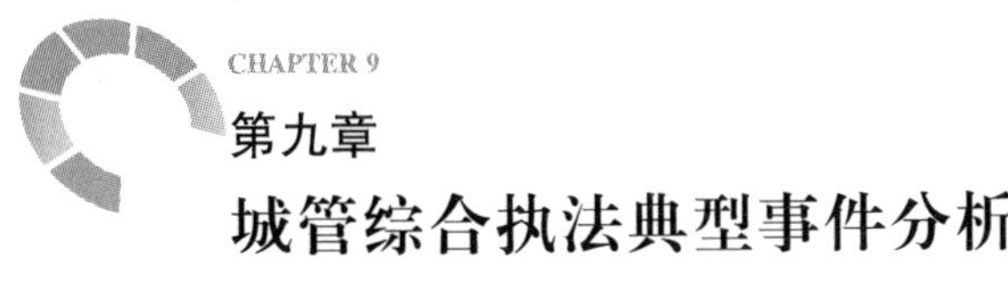

CHAPTER 9

第九章 城管综合执法典型事件分析

近年来，随着城管执法工作的加强、经济社会文化的发展和行政体制改革的推进，城市管理和行政执法工作中出现了许多引起社会各界广泛关注的事件，值得我们予以重视和深入研究。这些事件中，既有执法不当、冲突激烈的“城管打人”事件，也有温馨执法、关心他人的“举牌执法”事件；既有城管执法中如何处理群众围观拍摄行为的事件，也有城管与公安联动建立联合执法队伍的事件；既有城管大年初三上街撕掉“福”字引起非议、引发如何尊重传统风俗讨论的事件，也有引起广泛赞同、令人耳目一新的城管换装事件，等等。这些事件中，有的已经属于老问题，如城管“暴力执法”问题，而有的属于新问题，如城管公安队伍的建立等。它们都蕴含有很高的制度创新价值，具有重要的启发性、借鉴性和理论意义，值得我们认真梳理、深入研究。由于篇幅和内容所限，本章选取三个典型事件加以分析探讨，包括城管打人事件、群众围观拍摄事件、城管换装事件等。严格来讲，有些事件不能称之为“事件”，而只是一个现象或者一个问题。为了叙述和行文方便，本章均以“事件”称之。

第一节　城管打人事件

首先需要说明的是，近年来国内发生了多起“城管打人”

事件，可以说“城管打人”已经不是一个事件了，而是很多事件的集合。不过，为了叙述之便和文章结构，本节以“城管打人”为标题，对此类现象概括探讨。

城管打人的事实在太多，上网搜索就能发现，近年来能够引起社会舆论高度关注的事件不下数十起。此处列举发生在2018年的三个不同省份即山西省、云南省和江西省的事件加以分析，它们分别位于华北地区、西南地区和华东地区。之所以选取这三个省的事件，不是说这三个事件更加严重，也不是说这三个省的城管执法工作做得不好，而是因为考虑到三个省在地理位置上相距较远，覆盖面广，相对而言具有更广泛的代表性。另外，2018年这一年，对打人事件媒体多有报道，相关信息资料还比较丰富，作为研究素材，不容易失真。

一、三起城管打人典型事件

事件一：2018年6月山西太原万柏林区城管打人事件。

2018年6月19日下午，在山西省太原市万柏林区迎泽西大街公元时代城门口，万柏林区行政执法局千峰执法中队执法人员在集中整治市容市貌执法过程中，执法人员安某与一占道经营的水果商贩常某发生冲突。从网上一段8秒左右的视频中可以看到，一名身着城管制服的人用一根清洁工夹垃圾的工具连续抽打常某，并将其打倒在地。据了解，当天上午城管部门在执法时对常某进行了处罚，还没收了他的自行车，没想到，常某下午还在这里占道经营。导致双方冲突的直接原因是常某骂了一句脏话，随后就发生了视频中的打人一幕。冲突发生以后，万柏林区行政执法局第一时间召开局务会议，对在执法过程中粗暴执法的执法队员安某先作出停职检查的决定，根据调查结果对其再进行处理。随后公安部门进行立案侦查，纪检监察部门也介入调查。处理结果是，安某被依法行政拘留 10 日，罚款 500 元。随后，该局召开全局中队长会议，要求全区城管执法人员举一反三，坚决杜绝不文明执法行为的发生。〔1〕

事件二：2018 年 6 月云南昭通威信县城管打人事件。

2018 年 6 月 30 日下午，在云南省昭通市威信县扎西镇长征路与朝阳路十字路口旁合伙租赁门市卖鞋的梁某某、张某某在门市外人行道上堆放大量商品。当天威信县住建局城管执法大队开展例行巡查时，发现梁某某、张某某的行为涉嫌非法占道经营，经做工作无果后，执法大队工作人员刘某某、付某某、陈某、肖某某、王某某等人对梁某某、张某某非法占道的商品进行扣押。在执行扣押过程中，因梁某某、张某某阻止，双方发生冲突，刘某某在冲突的过程中用拳头殴打梁某某，后被劝停。稍后，双方再次发生语言冲突，因梁某某、张某某辱骂城管执法大队执法人员，刘某某、付某某、陈某、肖某某、王某某便对张某某进行殴打，致张某某轻微伤。据了解，此事发生前几天的 6 月 28 号、29 号、30 号为威信县学生中考时间，为此，县城管局要求威信县城城区居民不准播放音响，免得对考试的学生造成干扰。28 日，梁某某、张某某的音响设备被执法人员没收并被处以罚款。29 日，在交了 300 元罚款、取回音响设备后，两人于当天下午又继续播放音响，于是双方冲突几乎一触即发。到了 30 日，打人事件便发生了。处理结果是，威信县公安局依法对刘某某处以行政拘留 13 日的处罚，对付某某、陈某、肖某某、王某某 4 人分别处以行政拘留 10 日的处罚。〔2〕

〔1〕 田勇：“太原通报‘城管打人’事件后续报道 暴力执法队员被除名”，载《生活晨报》2018 年 6 月 22 日。

〔2〕 胡远航：“云南威信城管围殴商贩事件：五名城管被行拘”，载 https://www.chinacourt.org/article/detail/2018/07/id/3377984.shtml，2019 年 5 月 11 日访问。

事件三：2018 年 6 月江西新余城东分局城管打人事件。

2018 年 6 月 5 日上午，江西省新余市城管局城东分局执法队员宋某带领分局向社会购买服务的外包劳务公司工作人员林某、杨某等 5 人进行违规车辆乱停乱放整治活动时，发现市孔目江桥东面海关旁赣新卫生所门前有多辆违规停放的电动车、摩托车，林某等人进行了劝导。在劝导过程中，与卫生所医生廖某发生了激烈的冲突，冲突中廖某头部受伤，鲜血直流，现场围观市民用手机拍摄冲突经过，并传至网络，引起社会各界广泛关注。事发后，新余市城东派出所第一时间介入，新余市城管局城东分局负责人在接到电话后第一时间赶到现场，安抚伤者先到医院接受治疗，下午双方都到城东派出所接受了调查。事件发生后，新余市城管局作出处理决定：由城东分局负责安抚当事人廖某，并向家属做好解释，及时协调处理相关事宜，取得当事人谅解、理解，廖某于事发当晚就在朋友微信圈发布了“政府已妥善处理这件事，请大家不要再转播和讨论了，谢谢大家的关心”的信息。同时，该局立即暂停与外包劳务公司的合作，要求该公司承担廖某的医疗费等相关费用，并责令执法人员宋某停职反省，待事实查明后依法作出相应处理。新余警方也对该事件进行调查，对外包公司人员林某进行了询问笔录，待事情查清后，依法进行处理。〔1〕

除了上述三起城管打人事件以外，如果进一步搜索有关城管打人的案例，会发现网上公开的新闻报道数不胜数，仅某网站的相关视频就有 1120 个。〔2〕有的打人事件非常严重，甚至发

〔1〕 刘健：“‘新余城管打人’？事情经过是这样的……”，载《江南都市报》2018 年 6 月 6 日。

〔2〕 参见“360 影视”，载 https://video.360kan.com/mini.php? kw =%E5%9F%8E%E7%AE%A1%E6%89%93%E4%BA%BA，2019 年 5 月 11 日访问。

生了打、砸、抢、烧暴力行为，造成严重的社会危害。[1]进入2019年以来，网上有关城管打人的事件也不断出现，虽然比以往有所下降，但还是时而出现，城管给公众留下的“爱打人”的印象并没有消除。

二、城管打人事件的共同特点和规律

如果梳理以上城管打人事件的共同特点和规律，我们可以得出以下几点看法：

（1）城管打人对象具有底层性。在城管打人事件中，被城管人员殴打的对象，大多属于在城市沿街摆卖的商贩或者经营规模不大的商铺店主。他们要么是本地的无固定职业人员，要么是下岗再就业人员，要么是外地来的流动商贩，要么是进城摆卖季节性蔬菜瓜果的郊区农民，社会弱势成员居多。他们收入不稳定，文化水平低，法治意识不强，对城市管理的行为规范不够了解。但他们销售的商品、提供的服务却能便利市民群众，很容易获得公众的好感和支持。他们风餐露宿，不顾风吹雨淋的谋生方式也容易获得公众的理解和同情。与此相对应，作为“强势”一方的城管部门及其执法队员，动辄采取呵斥、驱赶甚至殴打方式，引起公众的反感和谴责，便是自然而然的事了。

（2）城管打人事件具有前因性。从媒体报道出来的城管打人事件中，我们可以发现这么一个规律，那就是城管打人总有

---

〔1〕 如发生在2014年4月19日的浙江省温州市苍南县灵溪镇城管执法冲突引发的群体性事件，群众聚集围堵城管执法车辆，部分社会闲散人员乘机滋事，肆意打砸，造成五名搬运工人1人重伤、2人轻伤、2人轻微伤，6辆车辆毁坏的严重后果。苍南县人民法院审理后作出判决，以故意伤害罪、故意毁坏财物罪分别判处涉案的22名被告人一年至五年零六个月不等的有期徒刑。

一定的原因，即打人之前双方往往已经发生了一些矛盾，形成了“积怨”，一旦遇到导火索，冲突便一触即发。城管无缘无故去打人，既不符合城管执法的纪律要求，也违背伦理常情。我们可以看到，在大多数城管打人事件中，行政管理相对人总有一定的过错在先，有一定的违法行为表现，有的还是多次劝阻无效，甚至可谓“屡教不改”。在此情况下，城管执法人员便用“武力”解决问题了。在以上2018年的三个城管打人事件中，都有这样的特点：“事件一”中的常某，上午城管部门在执法时对他进行了处罚，还没收了他的自行车，没想到，下午他还在那里继续占道经营。“事件二”中的梁某某、张某某，在打人事件发生前的6月28号、29号、30号为学生中考时间，城管局要求城区居民不准播放音响，免得对考生造成干扰。梁某某、张某某的音响设备于28日被执法人员没收并被处以罚款，在交了300元罚款、取回音响设备后，两人于29日下午又开始播放，30日，打人事件便发生了。“事件三”中的廖某，他在卫生所门前违规停放多辆电动车、摩托车，执法人员林某等人在对其进行劝导的过程中双方发生了冲突。总而言之，城管打人固然不对，甚至严重违法，但行政管理相对人先前的违法、不当之处，也是不可忽视的重要诱因。

（3）城管打人事件具有公开性。媒体公开报道的城管打人事件，基本上都发生在集市交易、临街商铺或者房屋拆迁等公开场所，无论白天黑夜，都在众目睽睽之下，围观群众较多，媒体关注度高，容易引起“意见领袖”的参与和表达，从而造成更大的影响。

（4）城管打人事件具有群体性。在媒体公开披露出来的城管打人事件中，几乎都是多个城管人员殴打少数甚至只有一个商贩、店主，形成多打一的“绝对优势”。这样很容易造成对方的伤害，也容易引起公众的愤慨——“太欺负人了！”

（5）城管打人事件具有失控性。打人事件发生时，城管人员多人打一人，具有“绝对优势”。但常常是围观群众越聚越多，由于同情弱者的心理影响以及不明真相者、别有用心者的煽动，围观群众在个别人的带动下，极易发起对城管人员和城管执法车辆的攻击，导致大量人员受到伤害和财产损失的严重局面。为防止事态蔓延，警方不得不出面采取强制手段，政府和城管部门也会严肃处理打人的城管人员，以平息众怒、安抚民心。

（6）城管打人事件具有炒作性。改革开放以来我国经济社会的快速发展，积压了较多的社会矛盾，城管打人事件也不是一个简单的、孤立的事件，往往是社会矛盾集中体现的一个窗口。在社会保障机制不强、权利救济渠道不畅的情况下，个别权利受损者极易借机生事，随意散布、夸大城管打人事件的性质和后果。部分媒体为了扩大自身影响、吸引人的眼球，不加审核就随意刊发相关信息，对城管打人事件的不良影响起到了推波助澜的作用。

（7）城管打人者的非公务员性。据媒体报道的情况看，在城管打人事件中，正式在岗在编的执法人员打人的很少，绝大多数打人者是招聘制的临时工、合同工。他们年龄不大，文化水平低，法治意识不强，接受教育培训不足，加上待遇低，工作压力大，职业前景不明，很容易将积累的压力和不满宣泄到不听劝阻的行政相对人身上，通过暴力手段解决问题。

（8）城管打人事件具有追责性。在各个城管打人事件中，行政管理相对人固然有轻重不同的违法原因，但城管执法人员代表政府从事管理与执法活动，无论如何也不能挥起拳头解决问题。这样不但无助于问题的解决，反而积累了更大的矛盾，同时也是一种严重的违法行为。正因为如此，打人事件发生后，当地城管部门和地方政府往往会严厉问责，对有关人员进行行政处罚，情节严重的还要追究刑事责任。部分城管人员还会被开除出城管队伍，因此丢掉了工作。总体来看，城管人员相比于行政管理相对人，总会承担更大的责任，付出更大的代价，是得不偿失的。

（9）城管打人事件对政府影响的恶劣性。打人事件多发生在光天化日、众目睽睽之下，极易引起社会各界关注。在互联网时代，信息传播的速度很快、范围很广，打人事件的文字、图片和视频很容易在短时间内形成大面积扩散态势。同时，这个时代人人都是自媒体，人人都是信息源，一些人对打人事件不加分析，随意添油加醋进行转发，对城管打人事件带来更大的负面影响。由于人都有同情弱者的心理，加上对打人事件背后的真相不明，网民往往会一边倒地支持被打的商贩，而谴责打人的城管，并将城管与政府画等号，往往形成对人民政府的不满，最终严重损害政府在人民群众心中的地位和形象，造成十分恶劣的影响。这样的教训，实在太深刻、太沉重了。

三、城管打人事件的反思与矫治

近年来，城管打人事件此起彼伏，层出不穷，每次发生的城管打人事件总能刺激公众敏感的神经，引发社会各界的广泛关注，也一再加深人们对城管的不良印象。

为此，我们不禁要问：这是怎么了？同样作为国家行政机关，同样作为政府公务人员，恐怕没有任何其他行政机关，没有任何其他公务人员像城管部门和城管人员这样令人侧目相看的了，更没有哪个行政机关及其公务人员动辄与行政管理相对人发生打架的事。人们谈起城管，总难产生信任感、亲近感，恰恰相反的是产生排斥感、疏离感，甚至是厌恶感。城管打人事件的发生，既违背了中国共产党密切联系群众的宗旨，也违反了宪法关于各级国家机关及其工作人员努力为人民服务的规定，无论如何都是不能允许，也是不能接受的。针对这种现象，如果不从理念上、制度上、方法上找原因，而是单纯就事论事，发生打人事件后有关部门快速处罚几个人，或者敷衍塞责、找几个协管员作为“替罪羊”了事，那就永远不能从根源上解决问题。本书认为，以下三点应当引起我们认真反思，并努力加以改进：

（一）城管理念的落后与纠正

（1）城市“高、大、上”的理念。不管城市规模大小、类型状况、发展阶段差异，[1]都一律要求“高、大、上”，即要求城市时时处处都要干净整洁、光鲜靓丽、井然有序，而不考虑城市的宜居、居民生活的方便。这种理念在许多城管部门和主管领导那里都可谓根深蒂固。对此，我们不仅要问：我们建立城管部门、成立城管执法队伍，其目的是什么？难道就是为了把城市管理得干净整洁、光鲜靓丽、井然有序吗？很显然，长期以来，我们的一些城市领导们可能都是这种理念，而且是在这种理念下要求着、考核着城管部门和城管执法队伍。“上有所好，下必甚焉。”上面的指挥棒往哪里指，下面的工作就往哪里用力，根本不切合我国经济社会发展的水平，不考虑城市规模大小、城市类型和城市化发展的阶段差异，一味地参照欧美城市的标准把城市建设管理得“高、大、上”。到头来，搞的

〔1〕 本书认为，在城市规模上，有大小之分，规模大的城市由于人口多、空间小、交通紧张，更强调秩序和环境；在城市类型上，有工业城市、商业城市、文化旅游城市等类型，应当采取不同的管理；在发展阶段上，有的属于老城市，有的属于新城市，有的发展比较成熟，而有的不够成熟，也需要不同的管理思维和方法。

“城市像欧洲，农村像非洲”，大量在城市生活的低收入者没法通过个人经营活动获得经济收入，也使城市市民方便快捷的购物需求得不到满足，人为制造了许多不便，也为城管与商贩的冲突以及众多城管打人事件埋下了祸根。

对此问题，李克强总理指出，没有百姓便利的生活条件，大城市就会萎缩，流通业发展也就失去了根基。他进而强调，政府必须要提高规划、管理能力，决不能光图省事，“一禁了之”。[1]分规模大小、分城市类型、分发展阶段差异规划城市、管理城市，应当作为基础性的城市建设与管理理念。

（2）官本位理念。所谓“官本位”，就是以“官”的意志为转移的利益特权、“唯上是从”的制度安排、以“官”为本的价值取向。与“官本位”相对应的是“民本位”，即以“民”的利益至上，尊重民意、听取民声、维护民权。“官本位”理念在中国有悠久的历史，不是短期内能改变的现象，这种理念带来的消极作用，直接影响着城管部门和城管执法人员。在这种理念作用下，城管部门和城管执法人员会努力贯彻一些上级领导把城市建设得“高、大、上”的意志，以领导的标准和要求衡量城管工作的质量高低和成效大小，不顾社情民意和底层疾苦，只对上负责，而不对下负责，过度追求短期行为，没有长远打算，导致执法者努力追求部门和个人既得利益，着重管制约束，轻视公共服务和民生工程。“官本位”的危害委实不小，甚至可以说，这种思想文化上的作用比把城市建设得“高、大、上”的理念，影响更为深远。消除“官本位”思想的影响绝非易事，一时无法彻底消除，但我们可以通过完善法治建设、加强权力监督、扩大公众参与、健全干部考核制度等措施加以完

---

〔1〕 王念兹：“推进‘互联网+流通’，李克强要求破除四大‘瓶颈’”，载 http://www.gov.cn/xinwen/2016-04/08/content_5062517.htm，2018 年 7 月 20 日访问。

善。完善的民主制度和监督保障机制是“官本位”理念的天敌。保证包括商贩在内的各阶层人民当家作主，推进民主的制度化、规范化和程序化，健全民主制度，丰富民主形式，保证社会公众依法行使知情权、参与权、表达权、监督权，为社会各阶层提供利益表达的制度平台，建构起反应灵敏、沟通快捷、运转高效的利益诉求机制，应当作为城管执法进一步的努力方向。

（3）僵硬管理理念。城管理念上的问题，不仅仅是思想上要求城市“干净整洁、光鲜靓丽、井然有序”，还包括在执法理念上常有行政处罚、行政强制等单方性、命令性、强制性理念，而缺乏行政指导、行政奖励、行政协助等双方性、合作性、非强制性理念。概言之，就是“僵硬管理过多，柔性管理缺乏”。僵硬管理就是干预式、单项式、命令式、服从式、强制式、处罚式的管理，而不是协商式、双向式、对话式、合作式、协助式、服务式的管理。简单地说，就是“管理有余，服务不足”，走向了“强制—对抗—再强制—再对抗”的恶性循环。这种理念下的执法，为管而管，不择手段，只要能“管住”就是目的，至于是否“管好”，行政管理相对人是否满意，他们的利益是否受到了损害，损害后是否要给予救济以及如何救济，都在所不问。僵硬管理的理念在文化水平不高、法治意识淡薄、人治观念较浓的地方，往往表现得更为充分。要扭转僵硬管理的理念，在健全完善有关制度的同时，应当着力提高执法人员的文化水平，强化思想教育和法治考核培训，增强法治观念和民主意识，加强对习近平新时代中国特色社会主义法治思想的学习教育，牢固树立宪法意识和宪法权威，使执法日益法治化、人性化、文明化。

（二）城管制度的欠缺与完善

城管打人事件的发生，除了内在理念上的问题，还有外在制度上的问题。这里所谓的制度，主要是指法律制度，也包括日常管理制度、执法规范化制度、权利救济制度等。城管之所以打人，固然有以上管理理念上的问题，也有行政管理相对人违法行为的诱因，但是，制度欠缺是最直接性的原因。这主要表现为：

（1）法律制度。城管执法是综合执法，综合了工商、市政、环卫、园林、交通、住建、食药监等部门的有关行政管理职能，行使的是相对集中行政处罚权。上述部门基本上都有各自领域的专门立法，当把相关职能划转给城管部门后，这些部门仍然有一定的管理权力。城管部门既没有专门的国家立法，也没有完全掌握相关的管理权，而是要“借用”各个部门的立法去执法，同时还要协调好与相关职能部门的关系。这就意味着城管部门及其执法人员要对大量分散在各处的立法进行系统学习和掌握，在人手不足、人才缺乏、压力繁重、要求苛刻的条件下，在执法工作中极容易产生认识理解上的偏差，形成和行政管理相对人之间的冲突。为解决城管执法存在的问题，住房和城市建设部制定了《城市管理执法办法》，并于 2017 年 5 月 1 日起施行。地方立法上，不少地方制定了有关城管综合执法或相对集中行政处罚权方面的地方性法规或者地方政府规章。上述立法规范了有关执法中存在的问题，起到了积极的作用。但总体而言，还处于探索之中，国家的统一立法，有待条件成熟后及时制定出来。

（2）日常管理制度。日常管理制度包括考勤制度、请假制度、会议制度、学习制度、培训制度、卫生制度、保卫制度、接待制度、用车制度，以及经费使用、工资社保、网站使用、新闻发言人制度等。这些制度越健全，城管执法人员越能遵章守法，纪律严明，越能避免打人事件发生。

（3）执法规范化制度。执法规范化是避免城管打人事件发生的重要约束，越规范的执法，越能公开透明、规范有序，越能保障当事人的合法权益。2018 年 12 月 5 日发布的《国务院办公厅关于全面推行行政执法公示制度执法全过程记录制度重大执法决定法制审核制度的指导意见》，针对实践中执法中不严格、不规范、不文明、不透明等问题进行了规范，根据《中共中央关于全面推进依法治国若干重大问题的决定》和《法治政府建设实施纲要（2015-2020 年）》对全面推行行政执法公示制度、执法全过程记录制度、重大执法决定法制审核制度的部署和要求，聚焦行政执法的源头、过程、结果等关键环节，全面推行“三项制度”，对进一步促进严格规范公正文明执法起到基础性、整体性、突破性作用，对切实保障人民群众合法权益，维护政府公信力，营造更加公开透明、规范有序、公平高效的法治环境，具有重要意义。

（4）权利救济制度。应该看到的是，在城管打人事件中，行政管理相对人也有一定的过错，甚至过错在先。发生打人事件后，仅仅处罚城管队员是不够的，还应当加强对行政管理相对人的教育，依法对其作出应有的惩戒。这样做，既能体现法律的公平正义精神，也能教育广大人民群众遵章守法、依法经营，不能让任何人从违法行为中获利。否则，虽然打人的人受到了惩罚，违法经营的人却逍遥法外，就很难让城管部门和执法人员从心理上接受，也不能对其他违法者起到应有的警示作用。

（三）城管方法的不足与改进

这个部分在第七章“城管综合执法的方法”中，已做了详细论述，此处不再赘述。本书认为，新时代要加强城市管理工作，提高城市的承载力、包容度和宜居性，增进人民群众的获得感、安全感和幸福感。为此，要改进城市管理和服务，多做惠民利民、增加群众获得感、让人民满意的事情，把城市管理从末端走向前端，使70%的问题通过服务解决，20%的问题通过管理解决，10%通过执法解决。合理划分服务、管理与执法的不同功能，正确处理好三者之间的关系，构建共建、共治、共享的城市治理新格局。执法方法的改进，服务理念的加强，必然换来包括商贩在内的社会公众的认可与支持，城管打人事件也必然大幅下降，直至消失。

第二节　群众围观拍摄事件

在城管执法过程中，围观群众是否有拍摄执法过程的权利？如果没有，依据何在？如果有，那么是否应当遵循一定的规则，不能超越一定的限度？近年来，随着微信、微博等现代通讯软件的普及，城管执法尤其是暴力执法场面被围观群众拍摄后上传导致的冲突和争议，一直没有停止过，有的事件还造成了非常大的负面影响。不仅是城管部门，公安机关等其他执法机关也经常面临同样的问题。就此而言，围观群众拍摄执法过程的行为就具有了分析研究的普遍意义。为便于探讨，先从三个案例说起。

一、围观群众拍摄执法过程典型案例

案例一：2008年湖北天门魏某华事件。

2005年，湖北省天门市环卫部门与市郊湾坝村委会签订为期两年的合同，将路旁集体所有的两个鱼塘作为垃圾填埋场。到了2008年元月，原合同到期，村委会与已划归城管局的环卫部门续签了合同，并收取半年使用费约8000元。但垃圾填埋场

周边的村民认为，垃圾填埋场距居住区不到百米，臭味太大，尤其是夏天蚊蝇成群，地下水质明显变坏，严重影响日常生活，不同意再倒垃圾。从2008年元旦开始，他们采取挖路、堵车等方式阻拦垃圾车进场。但由于天门市另一垃圾处理场只够填埋城区的垃圾，即使出现村民抗议，城管部门还是要硬着头皮把一部分垃圾往湾坝拉。2008年1月7日15时，垃圾车到湾坝村时遭村民阻挡。17时许，环卫局工作人员向城管局分管领导报告此事，城管局分管领导通知50多名城管执法人员赶到现场，随即与村民发生激烈冲突，多名村民被打伤。17时10分左右，天门市水利建筑公司总经理魏某华驾车返回天门城区，因城管人员与村民冲突已造成交通堵塞，遂下车用手机进行拍摄。发现魏某华在拍摄，十几名城管执法人员蜂拥而上对其进行殴打，魏某华拍摄的手机也被夺走，甚至还有人“跳起来打”，殴打行为持续了5分钟左右。魏某华之后瘫倒在地，后被城管人员送至天门市第一人民医院抢救，但未及抢救已经死亡。魏某华曾获“天门市水利系统十佳标兵”“天门市优秀共产党员”等荣誉称号。事件发生后，包括天门市政府副秘书长、城管局局长祁正军在内的上百名相关人员接受了公安、纪检、监察、检察等机关的调查，公安机关控制涉嫌人员24人，其中4人被刑事拘留。[1]

案例二：2014年浙江苍南群体性打砸事件。

2014年4月19日8时许，浙江省温州市苍南县灵溪镇城管局工作人员带领协管员、搬运民工，对该镇康乐路与大门路路口一商店物品占道责令整改时，被过路的黄某拔用手机拍摄。黄某拔的拍摄行为被执法人员制止，要求其删除拍摄的执法画

〔1〕 贾如军：“魏某华事件上政府是否依法行政?”，载 http://www.scol.com.cn，2019年5月12日访问。

面。但黄某拔拒不删除，随即被三名协管员及搬运民工赵三某、沈某贤、周某强等人殴打在地。执法过程引起大量群众围观、起哄，赵三某、沈某贤、周某强和未参与打人的申某洋、赵二某因无法离开现场，便躲进现场的一辆中巴车中。9 时 15 分许，灵溪中心派出所民警出警到现场，欲将被围堵的人员带离现场调查处置时，遭到围堵群众阻拦。当日 10 时许至 18 时许，灵溪中心派出所、特巡警大队陆续增派人员支援现场。在此期间，不少人乘机滋事，持石头、木棍等物品或拳打脚踢殴打被害人，打砸执法车辆，造成申某洋、沈某贤、周某强、赵三某、赵二某受伤，包括警车、救护车等 6 辆汽车及车上医疗设备不同程度受损，灵溪镇康乐路与大门路路口的公共秩序严重混乱。后鉴定，申某洋伤势程度评定为重伤二级，沈某贤伤势程度综合评定为轻伤一级，周某强伤势程度综合评定为轻伤二级，赵三某、赵二某伤势程度均已达轻微伤。黄某拔伤势程度为轻微伤。此外，6 辆车辆及车上设备损失价值人民币 114 289 元。浙江省温州市苍南县人民法院于 2015 年 3 月 20 日作出一审判决，以故意伤害罪、故意毁坏财物罪分别判处涉案的 22 名被告人一年至五年六个月不等的有期徒刑。现场参与殴打黄某拔的城管工作人员陈某鹏、刘某进、曾某辽被处行政拘留。[1]

案例三：2017 年甘肃环县微信转发事件。

2017 年 6 月 9 日 9 时许，甘肃省庆阳市环县城市管理行政执法局在县城新区农行门口依法执行公务时，受到乱摆摊点的两名庆城籍妇女阻挠，遂向公安机关报案。当日 9 时 11 分许，环县公安局城关派出所接到报警后，3 名值班民警赶赴现场，发现行为人温某躺在地上，其同行的温某某称温某有心脏病。民

〔1〕 苍轩："浙江苍南城管执法冲突案宣判 22 名现场打砸者获刑"，载 http://news.163.com/15/0320/18/AL60CIAM00014SEH.html#，2019 年 5 月 15 日访问。

警一面打电话通知120急救车，一面现场了解情况，过程中遭到温某某推搡，执法民警依法对其口头警告，并予以处置。其间，现场围观人员郭某用手机录制现场视频两段，并将一段时长10秒的视频发到他的朋友圈中，将另一时长1分53秒的视频片段发至微信群中，致使大部分网民误认为现场躺在地上的妇女系城管、民警执法不当造成，引发不明真相的网民不满和谩骂，且大量转发和评论，很快造成不良社会影响。2017年6月12日，环县公安机关依据《治安管理处罚法》之规定，对郭某作出行政拘留5日的处罚。[1]

上述三个案例，只是众多围观群众拍摄执法过程引起冲突事件的一部分，除了城管部门外，在公安、海关、渔政、环保、文化、农业、应急管理、市场监管等享有行政执法权的行政机关，其执法过程面临被围观群众拍摄的情形，也比比皆是。

二、围观群众拍摄执法过程事件的一般特点

仅仅描述围观群众拍摄执法过程事件的过程与结果，是远远不够的，更不是本书研究这些案例素材的本意。需要我们思考的是，这些事件背后存在着什么样的规律和特点？我们可以从中得到哪些教训与启发？

先说围观群众拍摄执法过程事件的规律和特点。本书认为，通过以上围观群众拍摄执法过程的三个事件，我们可以概括出这么几个特点：

首先，拍摄者都是围观群众，与事件本身无关。与事件无关者更容易持有中立的立场，态度相对比较客观。但拍摄行为也说明拍摄者对事件本身比较“感兴趣”，希望有更多的人对其

〔1〕 赵野：“两女子阻挠城管执法　围观男子拍摄视频片段误导网民被行政拘留”，载《兰州晨报》2017年6月16日。

所拍摄的照片、视频关注，借以引起他人对此类现象的重视，避免类似行为对自身造成不应有的影响。实际上，行为本身就说明了自身所持的立场，亦即“行为就是立场”。毋庸置疑，拍摄者的行为因此受到执法人员的反感乃至排斥，是可以理解的。

其次，拍摄者都蒙受了一定的“损失”，有的还付出了生命的代价。上述三个事件中，魏某华被城管人员当场围殴，未来得及送到医院就已死亡，代价最为惨烈；黄某拔被城管人员和其他协助人员打倒在地，受伤害的后果虽然不那么严重，但也构成了轻微伤；郭某虽然没有遭受城管人员的“皮肉之苦”，但却受到了行政拘留 5 日的处罚，代价也不可谓不小。不过，郭某承受代价的性质与魏某华、黄某拔不同，郭某是擅自发布片段视频被公安机关加以处罚，属于违法行为者；而魏某华、黄某拔二人是单纯的围观拍摄，还未来得及发布拍摄内容就遭受了城管人员的殴打，属于违法行为的受害者。不管如何，拍摄者都因为拍摄行为付出了代价，也说明了拍摄行为的危险性和付出代价的普遍性。

再次，拍摄行为受到执法者的强烈反对。面对执法行为被现场拍摄，几乎所有的执法人员都十分反感，更不能容忍将执法视频片段在网上公开发布。而最不能容忍的，是将执法视频片段配以片面性、诱导性文字加以发布，对执法人员和执法机关的形象造成负面影响，也使执法机关和执法人员面临被追究法律责任、政治责任的风险。可以说，当前的执法人员和执法机关还非常不适应执法行为被围观群众现场拍摄的行为。

最后，拍摄执法行为已成为一种普遍的现象。当今时代通讯技术日益发达，互联网络遍布各地，各种社交平台类型各异、相互连通，各种讯息都会在极短的时间内快速传遍各地。人人都是自媒体，人人都是信息源，手机的功能日益强大，其所具备的强大的拍摄、传播功能也是最为标志性的功能之一。在这样的时代条件下，不仅是执法行为，几乎所有社会行为都曝光在手机镜头之下，要想躲避手机的拍摄几乎是不可能的事。这就要求执法人员和执法机关调整心态、与时俱进，“习惯在镜头下执法”，而不是一味阻拦，更不能暴力制止或删除。否则，非但不能杜绝拍摄行为，反而极易恶化执法机关与人民群众的关系，造成执法方式与时代发展脱节，导致出现南辕北辙的效果，这是令人遗憾的。

三、围观群众拍摄执法过程事件的启示

为什么围观群众喜欢用手机拍摄？拍摄行为受法律保护吗？为什么执法人员不喜欢执法行为被围观群众拍摄？执法人员的阻止行为有法律依据吗？面对围观群众拍摄，执法人员和执法机关怎样做才是合理的、恰当的？面对以上问题，如果不给予学理上正当化的解释，这类现象和其产生的困惑将永远持续下去。本书认为，上述问题应当做如下理解和对待。

（一）为什么围观群众喜欢用手机拍摄

首先，作为一种生活方式，用手机拍摄各种美景、美食或者新鲜事物，既是热爱生活的表现，也是保存、收藏便捷化的需要。通过镜头将某些转瞬即逝的画面即时保留下来，没有比手机更方便的方式了。

其次，将拍摄的画面通过即时通信工具如微信、微博等及时传递至朋友圈，有利于增加个人“人气”，拓展“朋友圈”，得到更多的关注度，获得更大的影响力和话语权。

最后，围观群众拍摄执法场面，既有好奇心的作用，也有行使公民监督权的意图。当然，监督是双面性的，既包括对行政执法人员的监督，也包括对行政相对人的监督。只不过，执

法人员往往只看到对自身行为的监督，却忽视了对行政相对人监督的因素，反应过度、意气用事，导致与拍摄者的冲突，这是片面理解拍摄行为和冲动行事的结果。

（二）拍摄行为是否受法律保护

围观群众拍摄执法场面，是否是一种受法律保护的行为？本书认为，对此问题不能一概而论，具体问题要做具体分析。

首先，如果执法行为涉及国家秘密、商业秘密或个人隐私，或者围观群众拍摄的画面外泄后可能危及执法人员的人身安全，以及有可能产生其他严重不当影响，那么这种拍摄行为应当受到严格限制。即使执法人员未能及时采取措施加以防范，当发现执法过程被拍摄后，他们也有权力要求拍摄者删除所拍摄资料；如果拍摄者不配合，那么执法人员有权依法采取强制措施予以删除。

其次，如果执法行为不涉及国家秘密、商业秘密或个人隐私，或者围观群众拍摄的画面外泄后不会危及执法人员的人身安全，以及不可能产生其他严重不当影响，那么执法人员对围观群众的拍摄行为就不应当干涉，更不应当采取强行删除、抢夺手机等方式进行粗暴对待。如果将拍摄者的拍摄行为进行权利归类的话，该行为可归入公民监督权的范畴。对此，我国宪法进行了规定。《宪法》第 27 条第 2 款规定："一切国家机关和国家工作人员必须依靠人民的支持，经常保持同人民的密切联系，倾听人民的意见和建议，接受人民的监督，努力为人民服务。"第 41 条第 1 款规定："中华人民共和国公民对于任何国家机关和国家工作人员，有提出批评和建议的权利；对于任何国家机关和国家工作人员的违法失职行为，有向有关国家机关提出申诉、控告或者检举的权利，但是不得捏造或者歪曲事实进行诬告陷害。"拍摄者拍摄执法现场并将照片、视频发布到网上的行为，如果没有上述不当情形，那么就应当视为公民行使监督权的表现，也是提出批评和建议权利的一种方式，应当受法律保护。

（三）为什么执法人员不喜欢执法行为被围观群众拍摄

执法人员不喜欢执法行为被围观群众拍摄，有多重原因，大致说来，至少包含以下几个方面：

第一，在众目睽睽之下执法，等于有无数只眼睛在监视着自己的一举一动。如果执法过程再被拍摄、上传，就等于将执法行为的细节被无数人反复审查、检视。一旦心里有这个障碍，执法人员必然束手束脚、瞻前顾后，导致注意力不集中，降低执法效率，影响执法效果。

第二，被拍摄者拍摄的场面，一般是执法人员与执法对象产生冲突的场面，甚至冲突十分激烈。在此情况下，难免执法方式有欠妥当之处，执法行为的规范化也未必能够保证。如果这些执法过程恰好被拍摄了，等于将自己的不规范执法行为公之于众。在行政问责日益严厉的当下，谁也不愿意将自己的不当甚至违法之处暴露出来，而拍摄者恰好在做这个执法人员很敏感的事，双方的冲突就是必然的了。

第三，有些执法行为是具有危险性的，即既有现场可能发生的危险，也有执法结束后潜在的危险，因此执法人员的个人信息安全保护就显得十分重要。但是拍摄者却不了解执法行为的危险性，只顾一时兴趣随手拍照、随意上传，在此情况下，执法人员的阻拦乃至强制删除行为就必然发生。

第四，传统法制思想文化的影响。中国历来有“官本位”的思想文化传统，官为贵、民为轻，官民之间是不平等的。虽然当代法治思想宣传普及了许多年，但一些执法人员骨子里的传统观念却根深蒂固，很难在短时间内彻底扭转。执法人员的执法行为被围观群众拍摄、监督，等于将自身置于与拍摄者平等的位置，失去了骨子里的尊贵感和威严感，矮化了执法者的形象。因而执法者对拍摄行为在心底里是排斥的，而不是接受的。

第五，缺乏明确的法律规定。当前，我国在立法上还没有对拍摄行为进行规范化的法律规定，对围观群众拍摄行为既没有明确的保护性规定，也没有明确的限制性规定，这给执法人员和执法机关提供了干预和强制的空间。制度供给不足是产生冲突乱象的一个重要原因。

（四）执法人员的阻止行为是否有法律依据

以上分析了执法人员为何不喜欢被拍摄。接下来需要讨论的问题是，执法人员对拍摄者的阻止行为是否有法律依据呢？对此问题，上文述及的是，如果执法行为涉及国家秘密、商业秘密或个人隐私，或者围观群众拍摄的画面外泄后可能危及执法人员的安全，以及有可能产生其他严重不当影响，那么这种拍摄行为就应当受到严格限制。这里的几个限制条件是从实质意义上讲的，尚没有给出形式意义上的现行立法依据。对此，现行立法的规定又是怎样的呢？本书认为，虽然不够明确，也不够全面，但执法人员对拍摄者的阻止行为是有一定法律依据的。

第一是《宪法》的规定。该法第41条第1款规定：“中华人民共和国公民对于任何国家机关和国家工作人员，有提出批评和建议的权利；对于任何国家机关和国家工作人员的违法失职行为，有向有关国家机关提出申诉、控告或者检举的权利，但是不得捏造或者歪曲事实进行诬告陷害。”可见，如果将拍摄行为归入公民的监督权，那么这种监督权的行使也不是随心所欲的，而是有底线、有原则的，即“不得捏造或者歪曲事实进行诬告陷害”。这就要求拍摄者对其所拍摄、上传的照片、视频要负责任，不能断章取义，不能添油加醋，不能弄虚作假，否则可能被追究法律责任。

第二是《刑法》的规定。该法第 111 条规定了为境外窃取、刺探、收买、非法提供国家秘密、情报罪，规定：“为境外的机构、组织、人员窃取、刺探、收买、非法提供国家秘密或者情报的，处五年以上十年以下有期徒刑；情节特别严重的，处十年以上有期徒刑或者无期徒刑；情节较轻的，处五年以下有期徒刑、拘役、管制或者剥夺政治权利。”拍摄者拍摄带有国家秘密的执法行为难以认为是窃取、刺探、收买行为，但却有可能涉嫌“非法提供”，因而会构成为境外非法提供国家秘密、情报罪。该法第 277 条规定了妨害公务罪，其中第 1 款规定：“以暴力、威胁方法阻碍国家机关工作人员依法执行职务的，处三年以下有期徒刑、拘役、管制或者罚金。”拍摄者拍摄执法场面不能说是采用了“暴力”方法，但却可能属于“威胁”的方法，情节严重的足以认定为妨害公务罪。第 291 条之一第 2 款规定了故意传播虚假信息罪，规定：“编造虚假的险情、疫情、灾情、警情，在信息网络或者其他媒体上传播，或者明知是上述虚假信息，故意在信息网络或者其他媒体上传播，严重扰乱社会秩序的，处三年以下有期徒刑、拘役或者管制；造成严重后果的，处三年以上七年以下有期徒刑。”拍摄者拍摄后对拍摄资料添油加醋、断章取义，借此故意散布弄虚作假的信息，编造虚假的险情、疫情、灾情、警情等，严重扰乱社会秩序的，可以认定为故意传播虚假信息罪。

第三是《保守国家秘密法》的规定。该法第 3 条规定：“国家秘密受法律保护。一切国家机关、武装力量、政党、社会团体、企业事业单位和公民都有保守国家秘密的义务。任何危害国家秘密安全的行为，都必须受到法律追究。”该法第 9 条还规定了涉及国家安全和利益、应当确定为国家秘密的具体事项。行政执法的事项有些可能涉及国家秘密，而拍摄者未必知晓，在此情况下盲目拍摄将会面临执法人员的强制干预。

第四是《网络安全法》的规定。该法第 12 条第 2 款规定：“任何个人和组织使用网络应当遵守宪法法律，遵守公共秩序，尊重社会公德，不得危害网络安全，不得利用网络从事危害国家安全、荣誉和利益……编造、传播虚假信息扰乱经济秩序和社会秩序，以及侵害他人名誉、隐私、知识产权和其他合法权益等活动。”拍摄者拍摄执法行为进行公开发布，既可能通过有意加工，编造、传播虚假信息，扰乱经济秩序和社会秩序，也可能侵害他人名誉权、隐私权等其他合法权益。

从以上宪法法律的规定可知，拍摄者的行为在现行立法状况下，最有可能因为以下情形受到责任追究：①利用所拍摄资料捏造或者歪曲事实后，对执法人员和执法机关进行诬告陷害，严重者构成诬告陷害罪；②拍摄者拍摄带有国家秘密的执法行为，明知而向境外非法提供，构成为境外非法提供国家秘密、情报罪；③带有威胁性的拍摄行为，属于妨害公务，严重者构成妨害公务罪；④利用所拍摄资料编造虚假的险情、疫情、灾情、警情等进行传播，严重扰乱社会秩序的，可认定为故意传播虚假信息罪；⑤拍摄者拍摄后，通过加工编造、传播虚假信息，扰乱经济秩序和社会秩序，属于扰乱社会治安管理秩序的行政违法行为，应当按照《治安管理处罚法》的规定进行行政处罚，严重者可追究刑事责任；⑥拍摄、传播含有他人名誉、隐私内容的照片、视频，属于侵害他人名誉权、隐私权的行为，应当按照《民法总则》《侵权责任法》等规定承担民事责任。

（五）执法人员和执法机关如何恰当应对拍摄行为

通过以上讨论可知，对拍摄者影响最大、也是威慑最大的法律责任主要是刑事责任。但根据刑法的罪刑法定原则，对一个人的刑事责任追究必须贯彻“慎刑”精神，不能动辄出入人罪。再根据日常生活经验，执法人员尤其是城管执法人员的执法行为，大多面对的是乱摆卖、乱张贴、乱停放、乱倾倒，以及无照经营、私搭乱建等行为，执法的对象大多是收入低下的本地商铺店主和外来游走商贩，执法内容基本上与国家秘密和情报无关，很多情况下也难以说明侵害了他人的名誉权、隐私权。另外，拍摄者大多也不具有捏造或者歪曲事实进行诬告陷害、以威胁性的方式妨害公务，以及编造虚假的险情、疫情、灾情、警情进行传播等非法动机。我们有理由认为，拍摄者进行拍摄，绝大多数纯粹属于好奇，感情上往往夹杂有对粗暴执法方式的反感。在此情况下，执法人员和执法机关如何恰当应对拍摄行为就显得非常重要了。

本书认为，面对群众围观拍摄，执法机关和执法人员应当遵循以下原则、采取以下态度：

一是宽容性原则。即对于围观群众的拍摄行为，要持宽容的态度，不能动辄呵斥、干涉，更不能对拍摄者手机里的拍摄资料进行强行删除，或暴力抢夺手机。当今时代是科技高度发达，几乎手机无人不有、不处不网、无地不连的时代，也是民主人权观念高涨、法治意识日益浓厚的时代。在这样的时代条件下，不但人民群众日益养成了随手拍摄的生活习惯，而且随着宪法和其他法律的健全完善，公众的参与意识、监督意识也日益增强，拍摄自身亲历的执法场面也是人民群众行使宪法赋予的公民监督权的具体表现。对此，执法机关和执法人员应当持以宽容式的理解，在思想和行为上能不干涉就不干涉。2016年7月26日，公安部举办全国公安机关规范执法视频演示培训会，会上提出要求：民众拍摄若不影响执法，民警不得干涉。

这种要求就体现了宽容性原则。[1]

二是完整性原则。即拍摄者拍摄时，可以要求他们拍摄完整的执法过程，注意事件发生的前因后果，不能将可能引起误解的视频片段或个别镜头随意发布，更不能故意增添虚假性、导向性文字损害执法机关和执法人员的形象与权威。若发现有群众拍摄，执法人员有权利也有义务提出以上要求。

三是合法性原则。这有两个方面的要求：一方面对执法机关和执法人员来讲，对拍摄者的拍摄行为要依照法定职权和程序实施干预，而不能违法干预，更不能侵害拍摄者的人身权、财产权；另一方面对拍摄者而言，要在合法的权限范围内进行拍摄，不能侵犯国家秘密、商业秘密和个人隐私，不能妨碍公务执行，也不能对拍摄资料断章取义、添油加醋、随意上传、不当利用。

四是规范性原则。这是对执法机关和执法人员提出的要求，既要严格、规范、公正、文明执法。2018 年 12 月，为推动严格规范公正文明执法，《国务院办公厅关于全面推行行政执法公示制度执法全过程记录制度重大执法决定法制审核制度的指导意见》提出，全面推行行政执法公示制度、执法全过程记录制度、重大执法决定法制审核制度（以下简称“行政执法三项制度”）。行政执法三项制度其中之一就是要求规范音像记录，即行政执法机关要根据行政执法行为的不同类别、阶段、环节，采用相应音像记录形式，充分发挥音像记录直观有力的证据作用、规范执法的监督作用、依法履职的保障作用。对查封扣押财产、强制拆除等直接涉及人身自由、生命健康、重大财产权益的现场执法活动和执法办案场所，要推行全程音像记录；对现场执法、调查取证、举行听证、留置送达和公告送达等容易引发争

---

〔1〕 朱昌俊：“‘习惯在镜头下执法’就是要习惯被监督”，载《西安晚报》2016 年 7 月 28 日。

议的行政执法过程，要根据实际情况进行音像记录。同时要建立健全执法音像记录管理制度，明确执法音像记录的设备配备、使用规范、记录要素、存储应用、监督管理等要求；研究制定执法行为用语指引，指导执法人员规范文明开展音像记录。

行政执法三项制度尤其是执法全过程记录制度的出台，从制度层面推动了行政执法的规范化。对执法机关和执法人员而言，与其被动地应付围观群众拍摄，还不如主动地做好自我拍摄，化被动为主动。这样不但能进一步推动执法的规范化，而且还能在关键时候“拿出证据”，将全程录音录像的资料作为抗辩某些断章取义的视频、照片，化解不良影响，纠正不当行为，惩戒违法现象。

第三节　城管换装事件

所谓城管换装事件，是指按照党中央国务院的要求，全国各地城管执法人员要在 2017 年年底前实现执法制式服装和标志标识统一，以体现严格规范公正文明执法的要求，做到着装整齐、用语规范、举止文明。〔1〕

城管换装和其他行政机关执法人员的换装并没有本质区别，其目的就在于体现规范执法、文明执法的要求，以彰显法的形式正义精神。〔2〕但是，与其他行政机关执法人员的换装相比，

〔1〕“中共中央、国务院关于深入推进城市执法体制改革改进城市管理工作的指导意见”，载《人民日报》2015 年 12 月 31 日。

〔2〕法律有形式正义和实质正义之分。形式正义，即严格按照法律规定办事，它着眼于形式和手段的正义性；实质正义是指法律必须符合人们的道德理想、价值诉求，它着眼于内容和目的的正义性。在法律范围内，实质正义可以说是法律制定中的正义，形式正义则是法律执行和适用中的正义。参见张文显主编：《法理学》（第 5 版），高等教育出版社 2018 年版，第 339 页。

城管换装似乎格外引起社会公众的关注，全国各地的城管执法人员统一换装既引起了新闻媒体铺天盖地的报道，也使整个城管执法队伍的形象焕然一新，获得了广泛肯定和赞誉。[1]可见，城管换装带来的影响和意义有多大。

一、城管换装的细节与亮点

城管换装不是一时一地在换，而是全国各地几乎同时在换；换装也不是简单地脱掉旧制服、穿上新制服，而是举行庄重的仪式，地方有关领导参加换装活动；所换制服不是随意制作的，而是有着具体的法规文件和技术标准；制式服装和标志标识制作精良，可谓用心良苦。可以说，城管换装背后体现了诸多细节和亮点：

一是全国各地几乎都在同时举行换装仪式。《中共中央、国务院关于深入推进城市执法体制改革改进城市管理工作的指导意见》明确要求，根据执法工作需要，统一制式服装和标志标识，制定执法执勤用车、装备配备标准，到2017年年底，实现执法制式服装和标志标识统一。通过新闻报道可知，全国各地的城管换装大多在2017年下半年举行，年底也几乎全部换装完毕。

二是党政领导和社会各界十分重视。如2017年10月8日，北京全市城管队员开始着新式制服开展执法巡查，市城管执法局对全市城管系统执法人员制式服装和标志标识进行统一换发，有关领导出席，北京青年报进行了采访、报道。[2]2017年11月

〔1〕 笔者于2019年5月24日上午通过百度搜索“城管换装”词条，找到相关结果约1 400 000个，相关图片7367张。

〔2〕 李涛、汪震龙、崔峻：“北京城管换新式制服 每个队员胸前均有号码”，载《北京青年报》2017年10月9日。

7日，湖北省武汉市2800名城管执法人员正式换上全国城管统一的制式服装，600名执法人员代表，在汉口江滩庄严宣誓，有关领导和媒体出席，楚天都市报进行了采访、报道。[1]2017年11月8日，广东省韶关市城管执法队伍换装仪式在浈江区体育馆举行，广东省住房和城乡建设厅执法监察局局长刘耿辉，韶关市人民政府副市长李欣，韶关市住建局党组书记、局长谢天友出席活动并讲话，韶关市及市辖浈江区、武江区150名执法人员参加了本次活动。韶关广播电视台、韶关日报进行了采访、报道。[2]

三是相关法规文件和技术标准非常全面。这包括但不限于2015年12月发布的《中共中央、国务院关于深入推进城市执法体制改革改进城市管理工作的指导意见》、2017年5月实施的住房和城乡建设部《城市管理执法办法》、2017年2月住房和城乡建设部、财政部颁布的《城市管理执法制式服装和标志标识供应管理办法》、2017年4月住房和城乡建设部、城市管理监督局《城市管理执法制式服装和标志标识技术指引（试行）》等。上述法规文件为城管换装工作提供了政策和法律支持。

四是制式服装和标志标识制作精良、用心良苦。在服装上，服装颜色为藏青色及天空蓝色，搭配金色标志，参考了公安、工商、食药监、海关等统一着装部门的经验做法，覆盖了热区、寒区等全部6个气候区域，明确供应种类为帽类、服装类、鞋类、标志标识类等5大类18小类。在标志标识设计上，采用了国徽、人字飘带、盾牌、牡丹花、橄榄枝等元素。

---

〔1〕卢成汉："武汉城管15年来第三次换装"，载《楚天都市报》2017年11月8日。

〔2〕袁少华："韶关市区城市管理执法队伍举行换装仪式"，载《韶关日报》2017年11月12日。

其中国徽象征国家；以飘带组成“人”字代表人民，体现了为人民管理城市的理念；盾牌象征依法行政；牡丹花和橄榄枝组成装饰图案，表示城市让生活更美好；五朵牡丹花表示构建权责明晰、服务为先、管理优化、执法规范、安全有序的城市管理体制。而胸徽、胸号代表所属行政区域和个人编号，便于识别和监督。其中胸号第一、二位为省份编号，第三、四位为城市编号，末四位为人员编号。

二、城管换装背后的原因

2017 年的城管换装事件引起了广泛的社会关注和好评。这里的问题是，城管为什么要换装？不换装不行吗？其必要性何在？笔者认为，这与长期以来我国各地城管部门和城管执法人员的着装、标识不统一有关，也与城管部门和城管执法人员给公众留下的“形象不好”的印象有关，更与国家法治建设的时代要求有关。概括起来，城管换装背后的原因存在以下几点：

（一）城管换装是法治统一的需要

表面上看，长期以来全国各地城管执法人员着装不一、标识不一，各行其是，显得十分杂乱，影响着整个城管队伍的形象和权威；实质而言，背后反映着城管职责边界不清、管理事务各自为战的尴尬局面。城管换装的背后，是城管体制的统一、理念的统一、法治的统一，体现了法治统一的精神。

（二）城管换装是规范执法的需要

规范执法既要求执法的理由、依据和程序规范，也要求执法的证件、文书和着装规范，二者是内容与形式、实质与表象的关系，构成相互统一、相互支撑的一个整体，不可或缺。

（三）城管换装是政府形象的需要

长期以来，全国各地城管部门按照各自的理解对城管执法人员的着装自行设计，可以说没有一个地方的城管部门的着装是完全一样的，许多人对此开玩笑说，城管和单位的保安差不多了！同样从事行政管理工作，在全国范围内一个系统的工作人员的着装竟然千差万别，显得很不规范，也很不严肃。不统一的着装严重损害了政府的形象。

与其他行政机执法关相比，为什么城管更容易被“污名化”甚至是“妖魔化”？原因固然很多，但城管形象不统一、着装不一致也是一个不容忽视的原因。概括其原因，主要存在以下几点：①与其他执法机关和执法人员相比，城管执法大多直接暴露在公众视野之下，容易引起群众围观和“群聚”效应。大庭广众之下，城管执法人员的一举一动都会被放大，从而引起质疑和指责。②城管执法面对的对象大多是弱势群体，与强势的城管执法部门和执法人员相比较，他们更容易博取公众的同情心。③沿街摆卖摊贩的经营行为能满足市民的一些生活需要，城管执法人员对他们的驱逐行为容易引起群众的不满和反感。④由于城管执法属于综合执法，没有一个针对性的专门立法，加上执法人员整体文化素质、法律素质不高，执法手段欠缺，执法水平不高，常导致城管执法缺乏应有的正当性和威慑力。⑤部分城管队员执法方式不当，态度恶劣，因而授人以柄。⑥最后但并非最不重要的原因是，城管执法体制不健全、标准不统一、形象不完美，也在很大程度上影响着城管的形象。

（四）城管换装是队伍建设的需要

城管执法队伍存在的问题，既有人员素质的问题，也有福利待遇的问题，以及体制机制的问题，同时，还有外在形象不统一、管理不规范、发展不均衡的问题。统一着装，是一个外塑形象、内强素质的过程，也是一个从法治初级阶段向更高阶段发展的一个环节，是提升队伍建设的重要步骤，绝非可有可无、无足轻重的事。

（五）城管换装是城市发展的需要

中国城市化发展日益加快，随着新型城镇化建设的推进和人民群众生活水平的提高，对城市管理和行政执法水平的要求也逐渐提高，精细化管理提上日程。对此，习近平总书记提出，“城市管理要像绣花一样精细”，[1]而不能像过去一样粗枝大叶。城管着装，也应当与时俱进，更加规范化、标准化、严正化。

（六）城管换装是体制改革的需要

长期以来，在我国的城市管理体制里，“省里无厅局，中央无部委”，不但中央缺乏一个主管部、委，而且每个省、每个市、每个县也没有完全相同的管理主体和主管机构，管辖范围上也有很大的不同，城管执法人员的着装自然也是自行设计、各不相同。城管换装的背后，即统一着装，也意味着统一管理，使城市管理体制规范化往前走了一大步。

三、城管换装体现的法治思想

城管换装不是一项孤立的、城管部门的内部事务，更不是一个没有价值追求和法治意蕴的形式化的“走秀”活动，恰恰相反，城管换装事件蕴含着丰富的法治思想。

（一）法治统一思想

行政权力是一种国家权力，反映着政府的功能，代表着法律的权威。行政机关的一举一动，既事关政府的形象，也贯彻着法律的精神。行政行为作为一种活动，在现实中表现为若干个单独的行动，但这种具体行动与国家职能和政策的整体相关

---

〔1〕 董少东：“城市管理要像绣花一样精细”，载《北京日报》2017年10月16日。

联，必须始终一致，在整体上保持统一性和连续性。因此，行政是由若干具体行动构成的整体。[1]在一个主权国家范围内，任何一个行政机关的行政事务和执法活动，都应当保持上下一致、前后连贯、左右均衡，这样才能树立政府形象、贯彻法律精神、维护法治统一。行政权力的行使与执法装备的配置是内容与形式的统一，二者互为表里、相互支撑，外在的着装与内在的思想都是法治精神不可或缺的重要元素，片面地重视一个方面而忽视另一个方面，绝不是法治的成熟形态。有时甚至可以说，只有统一着装，才能统一思想；只有统一标准，才能统一行动；只有统一行动，才能统一秩序。2017 年的城管换装事件将多年来全国各地城管着装混乱不堪的局面彻底打破，这不仅仅是形式上、形象上“看起来更美”，实际上也蕴含着强烈的法治统一思想，这是不能忽视的。

（二）依法行政思想

依法行政，是指行政机关根据法律法规的规定设立，依法取得和行使其行政权力，并对其行政行为的后果承担相应责任的原则。依法行政的本质，是有效制约和合理运用行政权力，要求一切国家行政机关和工作人员都必须严格按照法律的规定，在法定职权范围内，充分行使管理国家和社会事务的行政职能，做到既不失职，又不越权，更不能非法侵犯公民的合法权益。城管换装通过凸显国徽、盾牌和庄重的藏青色服装，体现法的威严性、强制性和严肃性，贯彻依法行政的精神。通过《城市管理执法办法》《城市管理执法制式服装和标志标识供应管理办法》等一系列法规文件的制定，实现城市管理执法依据的明确化和规范化。城管换装，可以说是城管部门优化形象、转变作

〔1〕 应松年主编：《行政法与行政诉讼法学》（第 2 版），法律出版社 2009 年版，第 4 页。

风的重要举措。通过换装，不仅是要统一城管服装标识，更是要严格规范执法行为，以提高人员素质，提升执法水平。

（三）以人为本思想

城管换装体现的以人为本思想，既表现为以人民群众为本，也表现为以城管队员为本。所谓以人民群众为本，主要指服装的标志标识上用橄榄枝、牡丹花图案。橄榄枝在西方文化中象征着友好、和平，牡丹花在中国文化中象征着富贵、吉祥，而不是刀和剑、枪和炮，表达着“城市，让生活更美好”的治理愿景，体现着以人民为中心的发展理念。所谓以城管队员为本，是指执法制式服装和标志标识充分考虑到了城管执法的不同特点，以及区域、气候、男女等因素，做了人性化的设计和配置。如《城市管理执法制式服装和标志标识供应管理办法》对城市管理执法制式服装和标志标识的配发范围、供应种类、气候区域、供应标准等内容进行了明确。统一制作的服装包括女式夏装（长袖衬衣）、女式春秋装、男式短袖夏装、男式冬装、作训服，还有协勤服装。服装功能主要考虑适应城市管理执法工作场所多在户外、街头的实际，便于执法活动的开展。

（四）协同共建思想

协同共建思想主要体现在标志标识上的五朵牡丹花，表示构建权责明晰、服务为先、管理优化、执法规范、安全有序的城市管理体制。其中权责明晰是前提，服务为先是起点，管理优化是途径，执法规范是关键，安全有序是目标。只有权责明晰了，城管执法才有边界、才有方向；服务是基础，是前提，先把服务工作做好，以服务为宗旨，才能赢得人民群众的信赖与支持；理顺管理体制，科学配置管理职能，才能确保城管工作的高效运行；落实“行政执法三项制度”，加强规范化管理，才能避免不必要的争议和麻烦；最终，要实现安全、有序的城市管理目标。

（五）权责一致思想

所谓权责一致思想，主要指城管服装标志标识的身份识别功能。一方面是指服装标志标识为每个城管执法人员分配了不同的编码，通过编码能查询到每个执法人员所在的区域和单位，便于监督；另一方面是指服装标志标识区分了执法人员和协管人员，定位了他们的身份，区分了他们的权力，既便于明确各自的职责权限，也便于社会公众的监督，体现了权责一致的思想。

四、换装后的城管工作发展走向

城管换装带来许多积极的影响，产生了良好的社会效果，无论是社会公众还是城管部门，对此大多持有正面、积极的评价。但换装本身只是城管体制改革的一个方面，或者可以说只是一个具有外在性的、可视化的一个环节，换装本身并不能带来多少实质性的改变。但作为整个执法体制改革的一部分，城管换装及背后的体制变化，必将带动城管执法工作向更深层次发展。换装后的城管工作，还应当做好以下几点：

（一）制定统一的《城市管理法》

我国缺乏统一的城管立法一直被学界和城管部门所诟病。对此，专家学者们提出应当制定涵盖实施相对集中行政处罚权制度的目的、原则、作用，执法主体的设立、性质、地位、职责，执法的管理体制、运作方式、执法程序等一系列内容的《城市管理法》，内容主要可包括：①城市管理体制和调整范围、管辖的事项；②城管执法主体、辅助主体和法律责任事项；③城管执法权力、执法手段事项；④城管执法程序事项；⑤城管执法的保障机制；等等。目前来看，我国制定有单项的《行政许可法》《行政处罚法》《行政强制法》和《行政复议法》《行政诉讼法》等法律，住房和城乡建设部于2017年1月颁布了行政规章《城市管理执法办法》，但缺乏国家级的城市管理法律。为了避免重复性立法，也为了克服《城市管理执法办法》立法位阶过低的不足，同时吸收该办法的成熟内容，可以考虑在上述立法基础上，针对城市管理的具体情况和自身特性，制定一部综合性的《城市管理法》。

（二）完善城市管理和执法体制

为了更好地开展城管执法工作，应当建立“大城管”格局，考虑做好以下几点：①建立健全以市长或者主管副市长为领导的城市管理委员会，成立综合协调办事机构，相关部门领导参加，再以协调机构为基础，建立信息共享平台和联动机制；②统一机构名称和公务标识，将城市管理机构纳入政府组成序列，列入正式行政编制；③统一行政执法人员的公务员身份，在明确城管协管员不具有执法权的基础上，进一步明确城管协管员的职责范围和法律责任；④健全财政保障机制，确保城管执法工作预算经费足额使用。

（三）做好城管执法规范化建设

应当看到，当前城管执法规范化水平还存在许多不足，主要表现为：①重实体、轻程序；②重处罚、轻教育；③重管理、轻服务；④重结果、轻过程；⑤重单干、轻协作；⑥重实践、轻宣传；⑦重封闭、轻开放。针对以上问题，应当调整、改变以上执法中存在的不足，努力做好以下规范化建设：①牢固树立行政执法的程序意识、主体意识、告知说明意识、证据意识，掌握格式、期限、听证、管辖权等要求，严格落实“行政执法三项制度”；②贯彻处罚与教育相结合的原则，做到“每罚必教、罚前须教、罚中伴教、罚后仍教”；③倡导“721工作法”，以服务为先，管理、执法辅助，在管理中提供服务，在服务中实现管理；④执法结果与执法过程并重，确保全过程得到有效监督；⑤建立健全城管工作各部门共同参与的协商平台和联动机制，做好协同执法；⑥加大宣传力度、改进宣传方式，增强开放意识，切实扩大公众参与。

（四）加强城管执法队伍建设

城管换装并不能直接带来执法队伍素质的提高，充其量换装本身只是一个促进城管队伍素质提升的外因，而没有内因的推动和内心的自觉，城管执法队伍的素质不会得到真正的提高。为加强城管执法队伍建设，应当做好以下几点：①严格教育培训制度，落实效果，提高教育培训质量；②强化工作责任心，完善案件责任追究制度；③建立健全执法考评制度，规范执法程序和细节，保证执法质量；④建立奖惩制度，激发工作热情，提高办案水平；⑤明确城市管理执法和城市管理协管的职责边界，既要各司其职，又要打通执法人员和协管人员连接贯通的渠道，给城管协管员提供发展的条件、机会和平台，实现优胜劣汰、共同发展；⑥健全城管执法的人身安全保障制度，解决后顾之忧。

（五）扩大开放窗口，增强公众参与

换装后的城管部门和执法人员，更容易吸引社会各界的关注，相比以往也会受到更多的监督。为做好今后的城管工作，应当：①进一步办好“城管开放日”活动，将之打造成城管工作的一张“名片”；②建立、维护好城管部门的门户网站，并及时发布、更新信息，避免成为“僵尸网站”；③建立城管执法的微信公众号（如“城市管理人”），扩大感知面和影响力，使城管执法更加贴近人民群众；④ 举行“城管进校园”“城管进社区”“城管进企业”“城管进万家”等活动，与人民群众打成一片，赢得群众对城管工作的大力支持；⑤举办城管执法的学术论坛，邀请专家学者讲学，开设报纸专栏，编辑行业期刊，增强行业交流，提高思想认识和理论水平。

城管执法的典型事件非常多，也很值得全方位展开研究。限于篇幅和时间，本章仅讨论以上三个专题，其他典型事件待时间和条件允许后笔者将做进一步研究，敬请关注。

参考文献

一、著作

1. 罗豪才、湛中乐主编:《行政法学》(第 2 版),北京大学出版社 2006 年版。
2. 应松年主编:《行政法与行政诉讼法学》(第 2 版),法律出版社 2009 年版。
3. 应松年主编:《行政法与行政诉讼法》(第 3 版),中国政法大学出版社 2017 年版。
4. 张文显主编:《法理学》(第 3 版),高等教育出版社、北京大学出版社 2007 年版。
5. 张文显主编:《法理学》(第 5 版),高等教育出版社 2018 年版。
6. 熊文钊主编:《新时期城市管理综合行政执法指导全书》,新华出版社 2003 年版。
7. 王敬波主编:《城市管理与行政执法:理论·实务·案例》,研究出版社 2011 年版。
8. 王敬波主编:《城市管理执法办法理解与适用》,中国法制出版社 2017 年版。
9. 周旺生:《立法论》,北京大学出版社 1994 年版。
10. 江必新:《国家治理现代化与行政法治》,中国法制出版社 2015 年版。
11. 俞可平:《走向善治》,中国文史出版社 2016 年版。
12. 张良:《从管控到服务:城市治理中的"城管"转型》,华东理工大学出版社 2016 年版。
13. 杨书文:《中国城市管理综合执法体制研究》,天津人民出版社 2009 年版。

14.《相对集中行政处罚权工作读本》编写组编写:《相对集中行政处罚权工作读本》,中国法制出版社 2003 年版。
15. 张树义主编:《行政许可法简明读本》,国家行政学院出版社 2004 年版。
16. 莫于川等:《行政执法新思维》,中国政法大学出版社 2017 年版。
17. 上海世博会事务协调局编:《城市与法治》,法律出版社 2010 年版。
18. 中国国务院发展研究中心与新加坡国家发展部(宜居城市中心)联合课题组:《城市发展的挑战与改革:中国与新加坡的治理经验》,中国发展出版社 2017 年版。
19. 张志铭等:《世界城市的法治化治理——以纽约市和东京市为参照系》,上海人民出版社 2005 年版。
20. 杨宏山编著:《城市管理理论与实务》,中国人民大学出版社 2016 年版。
21. 王震国主编:《城市管理综合执法概论》,中国建筑工业出版社 2015 年版。
22. 王震国、王宇辰主编:《城市管理行政综合执法》,中国建筑工业出版社 2017 年版。
23. 陈瑞华:《程序正义理论》,中国法制出版社 2010 年版。
24. 陈瑞华:《看得见的正义》(第 2 版),北京大学出版社 2013 年版。
25. 叶必丰:《行政法的人文精神》,北京大学出版社 2005 年版。
26. 周佑勇:《行政法原论》(第 2 版),中国方正出版社 2005 年版。
27. 关保英:《执法与处罚的行政权重构》,法律出版社 2004 年版。
28. 莫于川:《行政指导要论——以行政指导法治化为中心》,人民法院出版社 2002 年版。
29. 翁岳生编:《行政法 2000》(上册),中国法制出版社 2002 年版。
30. 刘平:《法治与法治思维》,世纪出版集团、上海人民出版社 2013 年版。
31. 牛文元主编:《中国新型城市化报告 2012》,科学出版社 2012 年版。
32. 王国平:《城市论》,人民出版社 2009 年版。
33. 林家彬等:《城市病:中国城市病的制度性根源与对策研究》,中国发展出版社 2012 年版。
34. 朱未易:《城市法治建设的法理与实证》,中国社会科学出版社 2014

年版。
35. 黄成峰：《城市综合管理理论与实务》，中国建筑工业出版社 2018 年版。
36. 刘春成：《城市隐秩序：复杂适应系统理论的城市应用》，社会科学文献出版社 2017 年版。
37. 蔡定剑主编：《公众参与：风险社会的制度建设》，法律出版社 2009 年版。
38. 中国社会科学院语言研究所词典编辑室编：《现代汉语词典》（第 6 版），商务印书馆 2012 年版。
39. ［美］E. 博登海默：《法理学：法律哲学与法律方法》，邓正来译，中国政法大学出版社 1999 年版。
40. ［德］威廉·冯·洪堡：《论国家的作用》，林荣远、冯兴元译，中国社会科学出版社 1998 年版。
41. ［美］刘易斯·芒福德：《城市发展史：起源、演变和前景》，倪文彦、宋峻岭译，中国建筑工业出版社 1989 年版。

二、论文

1. 姜明安：“论行政执法”，载《行政法学研究》2003 年第 4 期。
2. 姜明安：“城管执法何以不难”，载《人民日报》2016 年 5 月 22 日。
3. 刘鹤：“深化党和国家机构改革是一场深刻变革”，载《人民日报》2018 年 3 月 13 日。
4. 邵景均：“深化党和国家机构改革”，载《中国行政管理》2018 年第 4 期。
5. 中国行政管理学会课题组：“推进综合执法体制改革：成效、问题与对策”，载《中国行政管理》2012 年第 5 期。
6. 王敬波：“相对集中行政处罚权改革研究”，载《中国法学》2015 年第 4 期。
7. 张步峰、熊文钊：“城市管理综合行政执法的现状、问题及对策”，载《中国行政管理》2014 年第 7 期。
8. 夏德峰：“综合行政执法改革的难题及其破解”，载《中国行政管理》

2016年第6期。
9. 李志红："广东深化行政执法体制改革的探索"，载《中国机构改革与管理》2016年第9期。
10. 安东："论法律的安全价值"，载《法学评论》2012年第3期。
11. 张璁："今天的城管怎么管（法治头条·城市管理中的法治问题②）"，载《人民日报》2016年1月13日。
12. 任勇："服务型政府建设在改革开放中深入推进"，载《人民日报》2018年9月9日。
13. 彭志芳："关于相对集中行政处罚权有关问题的思考"，载《河北法学》2005年第1期。
14. 叶敬涛："论我国城市综合行政执法的立法研究"，南京师范大学2014年硕士学位论文。
15. 魏声然："我国城市管理行政执法的困境与对策研究"，扬州大学2016年硕士学位论文。
16. 徐婧："综合行政执法体制研究"，中国社会科学院2012年硕士学位论文。
17. 董少东："城市管理要像绣花一样精细"，载《北京日报》2017年10月16日。
18. 孙永正、王秀秀："中国城市化和城市治理的反思与转型"，载《城市问题》2016年第1期。
19. 刘士林："关于中国式城市化的若干问题与启蒙思考"，载《江苏社会科学》2013年第5期。
20. 许婷婷："现代城市管理的认识误区及对策"，载《环球市场信息导报》2016年第8期。
21. 黄静："如何加强城市建设管理"，载《中国房地产业》2016年第12期。
22. 田勇："太原通报'城管打人'事件后续报道 暴力执法队员被除名"，载《生活晨报》2018年6月22日。
23. 刘健："'新余城管打人'？事情经过是这样的……"，载《江南都市报》2018年6月6日。

24. 赵野："两女子阻挠城管执法　围观男子拍摄视频片段误导网民被行政拘留"，载《兰州晨报》2017 年 6 月 16 日。

25. 朱昌俊："'习惯在镜头下执法'就是要习惯被监督"，载《西安晚报》2016 年 7 月 28 日。

26. 李涛、汪震龙、崔峻："北京城管换新式制服 每个队员胸前均有号码"，载《北京青年报》2017 年 10 月 2 日。

27. 卢成汉："武汉城管 15 年来第三次换装"，载《楚天都市报》2017 年 11 月 8 日。

28. 袁少华："韶关市区城市管理执法队伍举行换装仪式"，载《韶关日报》2017 年 11 月 12 日。

POSTSCRIPT

后 记

中国人想了解什么事，都喜欢先上网查查，看是否有可以利用的信息，我也如此。为开始这个“城管综合执法理论与实践研究”的写作，我先上网查了“城管”这个名词，看看网上会显示出哪些信息。不管如何，搜索引擎显示的信息多少及其出现的先后顺序，总会说明特定话题的受关注度和舆情走向，也能表明社会公众的情感偏好和认知现状。

带着这个问题，我于2018年4月6日上午10：00开始分别登陆了360导航和hao123网站。很快，在网页的下拉框，“360百科”前五条显示的信息是“城管局长赖账吃鲍鱼”“城管制服”“城管打了军队军长”“城管撤梯案”“城管局领导挖地下室”等，而“百度百科”前五条显示的是“城管服装”“城管执法仪”“城管招聘”“城管局”和“城管打人”。上述信息有的具有丰富的链接内容，有的只是一个吸引人的噱头，没有实际内容，或者内容被屏蔽了。如果把简单搜索的两个结果放在一起可以看出，除了“城管服装”“城管执法仪”“城管招聘”等一些中性的词语外，几乎近半数都是负面的词语，它们基本上都对城管有着不利影响，甚至是带有诋毁性质的。如果把这个搜索工作提前到五年前，甚至三年前，得到的结果恐怕更加负面。这说明，即使近年来国家已经下了很大力气在整顿、改革城市管理与执法工作，但与公众逐渐累积起来的固定看法相比，城管依然没有摆脱长期以来留给公众的负面形象。

城管留给中国公众的印象及这个群体得到的评价，也似乎影响到了海外。在“360百科”和“百度百科”显示的页面内容中，对于“城管”这个词条，这两个搜索引擎使用了相同的概念，也使用了相同的似乎是来自四个国际性传播媒体的解释，虽然读起来有点滑稽。解释一：“中国地方执法者，在执行任务过程中常常会卷入一些公众冲突事件。——《泰晤士报》”；解释二：“主要的任务就是驱赶街头无照商贩，以及检查各类许可证。——印度媒体”；解释三：“一些处理轻微犯罪和无序状态的雇员。——《卫报》”；解释四：“一种警察力量。——《每日电讯报》”。

这四个解释看似中立、客观，部分说法也真实地反映了中国城管的实际工作方法和内容，但是它们的用词是带有感情色彩的，观点是较为片面的，口吻是充满着嘲讽的，甚至是完全不符合实际的，如“处理轻微犯罪”“一种警察力量”。实际上，中国城管不处理轻微犯罪问题，更不是一种警察力量。应当看到，与传统媒体相比，互联网对公众的影响力要强大、持久得多，网络上对某些词条的解释所造成的影响，一方面给公众造成强烈的暗示和指引，另一方面也反映了搜索内容的时代特征和发展变化。这些解释之所以长期存在，与解释本身的社会认同度不无关系，要不然，早就被淘汰、更新了。

不但网络上搜索的结果是如此，而且生活中周围人的看法也同样如此。笔者近年来每年都组织、带领一些大学生到城管部门做专业见习、毕业实习，每次结束后都会让他们写一份心得体会交给我。阅读他们亲身经历后的所见所闻、所思所想时，有一种感觉十分强烈——几乎每个大学生都会谈到相同的认识，那就是这么多年来对城管的看法一直都不好，其原因要么是受到媒体报道的影响，要么是个人的亲身感受。直到来到城管局接触到城管的具体工作，参与了行政执法等活动，了解了城管工作的艰辛与重要之后，他们的看法才有了大的转变——原来城管不像一些媒体报道的那样“坏”，看似强势的城管，实际上非常弱小；看似工作简单机械的城管，实际上内容庞杂无边，穷于应付各种局面常造成他们疲惫不堪。比如，网上看到的一个普通的“城管暴力执法”事件，表面上是城管工作方式简单粗暴、不讲情理，实际上城管在背后可能对摊贩做了多次的批判教育和指导帮助。但不少摊贩表面上服从，内心里抗拒，口是而心非，与城管打“游击战”，时刻准备上演“猫捉老鼠”的游戏。城管在百般劝说无效后，不得已采取强制执行措施，引起了摊贩等行政相对人的抗拒，最终出现媒体报道的“城管暴力执法”事件，而背后多次的劝说、沟通工作，又有多少人会知道呢？

这个现状是令人遗憾的。虽然我国对城管执法体制的改革和对城管队伍的整顿一直没有停止过，但公众的认同度还没真正提高，城管留给社会的负面形象似乎是根深蒂固的，要想彻底扭转这一局面，还需要一段时间，甚至这个时间还不会很短。对此，我们的思想上一定要有清醒的认识，在城管执法体制、行政执法范围、行政执法手段、行政执法保障以及行政执法队伍建设等方面，还有很多体制性的问题需要解决，还有许多困难需要克服，还有深层次的原因需要探索和分析。基于此，我通过对我国近年来城管行政执法理论研究成果与实践经验的总结，系统梳理背后的制度变迁和社会思潮，结合法律法规和相关案例素材，对我国城市管理综合行政执法进行了一次大胆的学术探索，希望在城管综合行政执法的理论与实践层面，都能起到一定的推动作用。

本书能够面世，与广东省教育厅、韶关市社科联和韶关学院的课题经费资助是分不开的，写作过程中不断得到韶关学院政务学院曾宇辉院长、法学院韩登池院长等领导的关心，得到原韶关市城市管理综合执法局陈卫国副局长和法制科同仁的无私帮助，得到家人的理解和支持。我所兼职的广东众同信律师事务所的领导陈小雄、游北灵等对拙作出版给予热心鼓励，中国政法大学出版社的丁春晖主任让人如沐春风，对本书的出版做了大量辛苦的工作。在此，我对他们的关心与厚爱一并表示衷心感谢！同时，由于作者对城市管理综合行政执法问题的研究还比较肤浅，加上时间仓促，难免有不够严谨、不够成熟的地方，不当之处，敬请读者批评指正。